中国建筑史

梁思成 著

廣東旅游出版社
GUANGDONG TRAVEL & TOURISM PRESS
中国·广州

图书在版编目（CIP）数据

中国建筑史 / 梁思成著. -- 广州 : 广东旅游出版社，2025. 3. -- ISBN 978-7-5570-3538-9

Ⅰ. TU-092

中国国家版本馆CIP数据核字第2025YW6322号

出 版 人：刘志松

责任编辑：张晶晶　黎懿君

责任校对：李瑞苑

责任技编：冼志良

中国建筑史

ZHONGGUO JIANZHU SHI

广东旅游出版社出版发行

（广州市荔湾区沙面北街71号首层、二层　邮编：510130）

电话：020-87347732（总编室）

020-87348887（销售热线）

投稿邮箱：2026542779@qq.com

印刷：水印书香（唐山）印刷有限公司

（河北省唐山市芦台经济开发区农业总公司三社区）

880毫米×1230毫米　32开　10.5印张　210千字

2025年3月第1版　2025年3月第1次印刷

定价：68.00元

前言

梁思成先生是我国著名的建筑学家，毕生致力于中国古代建筑的研究和保护，被誉为“中国近代建筑之父”。

自上世纪30年代起，梁思成先生带领团队成员林徽因、莫宗江等人先后到当时中国境内的近200个县城进行考察，以科学的古建筑研究方法，测绘和拍摄了2000余处唐、宋、辽、金、元、明、清各个时期保留下来的古建筑遗物，包括天津蓟州区（原为河北蓟县）辽代建筑独乐寺观音阁、天津宝坻区（原为河北宝坻县）辽代建筑广济寺、河北正定隋代建筑隆兴寺、山西辽代应县木塔等，并在此期间撰写了大量考察报告。这些重大考察成果引起了国际对中国古建筑的广泛关注。1942年，梁思成先生开始编写《中国建筑史》，在极其艰苦的抗战条件下，耗时两年完成。同时，他还完成了专供外国读者的英文版《图像中国建筑史》。1946年，他受聘于美国耶鲁大学，所讲授的中国建筑史和中国雕塑史获得了国际学术界的肯定与赞誉。

《中国建筑史》是中国建筑学的开山之作，它以历史文献与实例调查相结合的方法，揭示了中国古代建筑的设计规律、技术要点，总结出中国建筑各时代的主要特征及成就。它使中国建筑的研究从蒙昧走向科学，形成一门独立学科，在中国建筑学发展史上意义重大。

遗憾的是，由于时局及印刷技术的限制，除了上世纪50年代初期因高校教学需要以油印的方式印刷过50册以外，这本1944年版的《中国建筑史》迟迟未能出版。直到本世纪初，它才得以正式面世。

此次出版，以油印本为底本，除了重新校注外，主要做了以下工作。第一，统一了标题格式。按照原著“上古时期”案例，为后续几章标题加上“时期”。第二，插入相关梁思成先生的建筑手绘稿及高清摄影图片。梁思成先生非常重视建筑的美学欣赏，所以每举一个建筑案例都会附上相应的摄影照片以及手绘图纸。其中，手绘建筑图纸主要来自于梁思成先生的《图像中国建筑史》及《宋<营造法式>图注》,建筑摄影图片出自于现代摄影家之手。

为什么研究中国建筑（代序）

研究中国建筑可以说是逆时代的工作。近年来中国生活在剧烈的变化中趋向西化，社会对于中国固有的建筑及其附艺多加以普遍的摧残。虽然对于新输入之西方工艺的鉴别还没有标准，对于本国的旧工艺，已怀鄙弃厌恶心理。自“西式楼房”盛行于通商大埠以来，豪富商贾及中产之家无不深爱新异，以中国原有建筑为陈腐。他们虽不是蓄意将中国建筑完全毁灭，而在事实上，国内原有很精美的建筑物多被拙劣幼稚的所谓西式楼房或门面取而代之。主要城市今日已拆改逾半，芜杂可哂，充满非艺术之建筑。纯中国式之秀美或壮伟的旧市容，或破坏无遗，或仅余大略，市民毫不觉可惜。雄峙已数百年的古建筑（Historical Landmark），充沛艺术特殊趣味的街市（Local Colar），为一民族文化之显著表现者，亦常在“改善”的旗帜之下完全牺牲。近如去年甘肃某县为扩宽街道，“整顿”市容，本不需拆除无数刻工精美的特殊市屋门楼，而负责者竟悉数加以摧毁，便是一例。这与在战争炮火下被毁者同样令人伤心，国人多熟视无睹。盖这种破坏，三十余年来已成为习惯也。

市政上的发展，建筑物之新陈代谢本是不可免的事。但即在抗战之前，中国旧有建筑荒顿破坏之范围及速率，亦有甚于正常的趋势。这现象有三个明显的原因：一，在经济力量之凋敝，许多寺观衙署，已归官有者，地方任其自然倾圮，无力保护；二，在艺术标准之一时失掉指南，公私宅第园馆街楼，自西艺浸入后忽被轻视，拆毁剧烈；三，缺乏视建筑为文物遗产之认识，官民均少爱护旧建的热心。

在此时期中，也许没有力量能及时阻挡这破坏旧建的狂潮。在新建设方面，艺术的进步也还有培养知识及技术的时间问题。一切时代趋势是历史因果，似乎含着不可免的因素。幸而同在这时代中，我国也产生了民族文化的自觉，搜集实物，考证过往，已是现代的治学精神。在传统的血流中另求新的发展，也成为今日应有的努力。中国建筑既是延续了两千余年的一种工程技术，本身已造成一个艺术系统，许多建筑物便是我们文化的表现，艺术的大宗遗产。除非我们不知尊重这古国灿烂文化，如果有复兴国家民族的决心，对我国历代文物，加以认真整理及保护时，我们便不能忽略中国建筑的研究。

以客观的学术调查与研究唤醒社会，助长保存趋势，即使破坏不能完全制止，亦可逐渐减杀。这工作即使为逆时代的力量，它却与在大火之中抢救宝器名画同样有急不容缓的性质。这是珍护我国可贵文物的一种神圣义务。

中国金石书画素得士大夫之重视。各朝代对它们的爱护欣赏，并不在文章诗词之下，实为吾国文化精神悠久不断之原因。独是建筑，数千年来，完全在技工匠师之手。其艺术表现大多数是不自觉的师承及演变之结果。这个同欧洲文艺复兴以前的建筑情形相似。这些无名匠师，虽在实物上为世界留下许多伟大奇迹，在理论上却未为自己或其创造留下解析或夸耀。因此一个时代过去，另一时代继起，多因主观上失掉兴趣，便将前代伟创加以摧毁，或同于摧毁之改造。亦因此，我国各代素无客观鉴赏前人建筑的习惯。在隋唐建设之际，没有对秦汉旧物加以重视或保护。北宋之对唐建，明清之对宋元遗构，亦并未知爱惜。重修古建，均以本时代手法，擅易其形式内容，不为古物原来面目着想。寺观均在名义上，保留其创始时代，其中殿宇实物，则多任意改观。这倾向与书画仿古之风大不相同，实足注意。自清末以后突来西式建筑之风，不但古物寿命更无保障，连整个城市，都受打击了。

如果世界上艺术精华，没有客观价值标准来保护，恐怕十之八九均会被后人在权势易主之时，或趣味改向之时，毁损无余。在欧美，古建实行的保存是比较晚近的进步。19世纪以前，古代艺术的破坏，也是常事。幸存的多赖偶然的命运或工料之坚固。19世纪中，艺术考古之风大炽，对任何时代及民族的艺术才有客观价值的研讨。保存古物之觉悟即由此而生。即如此次大战（第二次世界大战），盟国前线部队多附有专家，随军担任保护沦陷区或敌国古建筑之责。我国现时尚在毁弃旧物动态中，自然还未到他们冷静回顾的阶段。保护国内建筑及其附艺，如雕刻壁画均须萌芽于社会人士客观的鉴赏，所以艺术研究是必不可少的。

今日中国保存古建之外，更重要的还有将来复兴建筑的创造问题。欣赏鉴别以往的艺术，与发展将来创造之间，关系若何我们尤不宜忽视。

西洋各国在文艺复兴以后，对于建筑早已超出中古匠人不自觉的创造阶段。他们研究建筑历史及理论，作为建筑艺术的基础。各国创立实地调查学院，他们颁发研究建筑的旅行奖金，他们有美术馆博物院的设备，又保护历史性的建筑物任人参观，派专家负责整理修葺。所以西洋近代建筑创造，同他们其他艺术，如雕刻，绘画，音乐，或文学，并无二致，都是结合理解与经验，而加以新的理想，作新的表现的。

我国今后新表现的趋势又若何呢？

艺术创造不能完全脱离以往的传统基础而独立。这在注重画学的中国应该用不着解释。能发挥新创都是受过传统熏陶的。即使突然接受一种崭新的形式，根据外来思想的影响，也仍然能表现本国精神。如南北朝的佛教雕刻，或唐宋的寺塔，都起源于印度，非中国本有的观念，但结果仍以中国风格造成成熟的中国特有艺术，驰名世界。艺术的进境是基于丰富的遗产上，今后的中国建筑自亦不能例外。

无疑，将来中国将大量采用西洋现代建筑材料与技术。如何发扬光大我民族建筑技艺之特点，在以往都是无名匠师不自觉的贡献，今后却要成近代建筑师的责任了。如何接受新科学的材料方法而仍能表现中国特有的作风及意义，老树上发出新枝，则真是问题了。

欧美建筑以前有“古典”及“派别”的约束，现在因科学结构，又成新的姿态，但它们都是西洋系统的嫡裔。这种种建筑同各国多数城市环境毫不抵触。大量移植到中国来，在旧式城市中本来是过分唐突，今后又是否让其喧宾夺主，使所有中国城市都不留旧观？这问题可以设法解决，亦可以逃避。到现在为止，中国城市多在无知匠人手中改观。故一向的趋势是不顾历史及艺术的价值，舍去固有风格及固有建筑，成了不中不西乃至于滑稽的局面。

一个东方老国的城市，在建筑上，如果完全失掉自己的艺术特性，在文化表现及观瞻方面都是大可痛心的。因这事实明显地代表着我们文化衰落，致于消灭的现象。四十年来，几个通商大埠，如上海、天津、广州、汉口等，曾不断地模仿欧美次等商业城市，实在是反映着外国人经济侵略时期。大部分建设本是属于租界里外国人的，中国市民只随声附和而已。这种建筑当然不含有丝毫中国复兴精神之迹象。

今后为适应科学动向，我们在建筑上虽仍同样地必需采用西洋方法，但一切为自觉的建设。由有学识，有专门技术的建筑师，担任指导，则在科学结构上有若干属于艺术范围的处置必有一种特殊的表现。为着中国精神的复兴，他们会作美感同智力参合的努力。这种创造的火炬已曾在抗战前燃起，所谓“宫殿式”新建筑就是一例。

但因为最近建筑工程的进步，在最清醒的建筑理论立场上看来，“宫殿式”的结构已不合于近代科学及艺术的理想。“宫殿式”的产生是由于欣赏中国建筑的外貌。建筑师想保留壮丽的琉璃屋瓦，更以新材料及技术将中国大殿轮廓约略模仿出来。在形式上它模仿清代宫衙，在结构及平面上它又仿西洋古典派的普通组织。在细项上窗子的比例多半属于西洋系统，大门栏杆又多模仿国粹。它是东西制度勉强的凑合，这两制度又大都属于过去的时代。它最像欧美所曾盛行的“仿古”建筑（Period Architecture）。因为靡费侈大，它不常适用于中国一般经济情形，所以也不能普遍。有一些“宫殿式”的尝试，在艺术上的失败可拿文章作比喻。它们犯错的是堆砌文字，抄袭章句，整篇结构不出于自然，辞藻也欠雅驯。但这种努力是中国精神的抬头，实有无穷意义。

世界建筑工程对于钢铁及化学材料之结构愈有彻底的了解，近来应用愈趋简洁。形式为部署逻辑，部署又为实际问题最美最善的答案，已为建筑艺术的抽象理想。今后我们自不能同这理想背道而驰。我们还要进一步重新检讨过去建筑结构上的逻辑；如同致力于新文学的人还要明了文言的结构文法一样。表现中国精神的途径尚有许多，“宫殿式”只是其中之一而已。

要能提炼旧建筑中所包含的中国质素，我们需增加对旧建筑结构系统及平面部署的认识。构架的纵横承托或联络，常是有机的组织，附带着才是轮廓的钝锐、彩画雕饰，及门窗细项的分配诸点。这些工程上及美术上措施常表现着中国的智慧及美感，值得我们研究。许多平面部署，大的到一城一市，小的到一宅一园，都是我们生活思想的答案，值得我们重新剖视。我们有传统习惯和趣味：家庭组织、生活程度、工作、游憩，以及烹饪、缝纫、室内的书画陈设、室外的庭院花木，都不与西人相同。这一切表现的总表现曾是我们的建筑。现在我们不必削足适履，将生活来将就欧美的布署，或张冠李戴，颠倒欧美建筑的作用。我们要创造适合于自己的建筑。

在城市街心如能保存古老堂皇的楼宇、夹道的树荫、衙署的前庭或优美的牌坊，比较用洋灰建造卑小简陋的外国式喷水池或纪念碑实在合乎中国的身份，壮美得多。且那些仿制的洋式点缀，同欧美大理石富于"雕刻美"的市心建置相较起来，太像东施效颦，有伤尊严。因为一切有传统的精神，如欧美街心伟大石造的纪念性雕刻物是由希腊而罗马而文艺复兴延续下来的血统，魄力极为雄厚，造诣极高，不是我们一朝一夕所能望其项背的。我们的建筑师在这方面所需要的是参考我们自己艺术藏库中的遗宝。我们应该研究汉阙、南北朝的石刻、唐宋的经幢、明清的牌楼，以及零星碑亭、泮池、影壁、石桥，华表的布署及雕刻，加以聪明的应用。

艺术研究可以培养美感，用此驾驭材料，不论是木材、石块、化学混合物或钢铁，都同样地可能创造有特殊富于风格趣味的建筑。世界各国在最新法结构原则下造成所谓"国际式"建筑，但每个国家民族仍有不同的表现。英、美、苏、法、荷、比、北欧或日本都曾造成他们本国的特殊作风，适宜于他们个别的环境及意趣。以我国艺术背景的丰富，当然有更多可以发展的方面。新中国建筑及城市设计不但可能产生，且当有惊人的成绩。

在这样的期待中，我们所应做的准备当然是尽量搜集及整理值得参考的资料。

以测量绘图摄影各法将各种典型建筑实物做有系统秩序的记录是必须速做的。因为古物的命运在危险中，调查同破坏力量正好像在竞赛。多多采访实例，一方面可以做学术的研究，一方面也可以促社会保护。研究中还有一步不可少的工作，便是明了传统营造技术上的法则。这好比是在欣赏一国的文学之前，先学会那一国的文字及其文法结构一样需要。所以中国现存仅有的几部术书，如宋李诫《营造法式》《清工部工程做法则例》，乃至坊间通行的《鲁班经》等，都必须有人能明晰地用现代图解译释内中工程的要素及名称，给许多研究者以方便。研究实物的主要目的则是分析及比较冷静地探讨其工程艺术的价值，与历代作风手法的演变。知己知彼，温故知新，已有科学技术的建筑师增加了本国的学识及趣味，他们的创造力量自然会在不自觉中雄厚起来。这便是研究中国建筑的最大意义。

本文原载于1944年《中国营造学社汇刊》第7卷第1期

目录

History of Chinese Architecture

第一章 绪论

第二章 上古时期

第三章 两汉时期

第七章 元、明、清时期

第八章 结 尾

第一章

绪论

History of Chinese Architecture

第一节　中国建筑之特征

建筑之始，产生于实际需要，受制于自然物理，非着意创制形式，更无所谓派别。其结构之系统，及形式之派别，乃其材料环境所形成。古代原始建筑，如埃及、巴比伦、伊琴、美洲及中国诸系，莫不各自在其环境中产生，先而胚胎，粗具规模，继而长成，转增繁缛。其活动乃赓续的依其时其地之气候、物产材料之供给；随其国其俗、思想制度、政治经济之趋向；更同其时代之艺文、技巧、知识发明之进退，而不自觉。建筑之规模、形体、工程、艺术之嬗递演变，乃其民族特殊文化兴衰潮汐之映影；一国一族之建筑适反鉴其物质精神，继往开来之面貌。今日之治古史者，常赖其建筑之遗迹或记载以测其文化，其故因此。盖建筑活动与民族文化之动向实相牵连，互为因果者也。

中国建筑乃一独立之结构系统，历史悠长，散布区域辽阔。在军事、政治及思想方面，中国虽常与他族接触，但建筑之基本结构及布署之原则，仅有和缓之变迁，顺序之进展，直至最近半世纪，未受其他建筑之影响。数千年来无遽变之迹，掺杂之象，一贯以其独特纯粹之木构系统，随我民族足迹所至，树立文化表志，都会边疆，无论其为一郡之雄，或一村之僻，其大小建置，或为我国人民居处之所托，或为我政治、宗教、国防、经济之所系，上自文化精神之重，下至服饰、车马、工艺、器用之细，无不与之息息相关。中国建筑之个性乃即我民族之性格，即我艺术及思想特殊之一部，非但在其结构本身之材质方法而已。

建筑显著特征之所以形成，有两因素：有属于实物结构技术上之取法及发展者；有缘于环境思想之趋向者。对此种种特征，治建筑史者必先事把握，加以理解，始不致淆乱一系建筑自身优劣之准绳，不惑于他时他族建筑与我之异同。治中国建筑史者对此着意，对中国建筑物始能有正确之观点，不作偏激之毁誉。

今略举中国建筑之主要特征：

一、属于结构取法及发展方面之特征，有以下可注意者四点：

（一）以木料为主要构材。凡一座建筑物皆因其材料而产生其结构法，更因此结构而产生其形式上之特征。世界他系建筑，多渐采用石料以替代其原始之木构，故仅于石面浮雕木质构材之形，以为装饰，其主要造法则依石料垒砌之法，产生其形制。中国始终保持木材为主要建筑材料，故其形式为木造结构之直接表现。其在结构方面之努力，则尽木材应用之能事，以臻实际之需要，而同时完成其本身完美之形体。匠师既重视传统经验，又忠于材料之应用，故中国木构因历代之演变，乃形成遵古之艺术。唐宋少数遗物在结构上造诣之精，实积千余年之工程经验，所产生之最高美术风格也。

（二）历用构架制之结构原则。既以木材为主，此结构原则乃为“梁柱式建筑”之“构架制”。以立柱四根，上施梁枋，牵制成为一“间”（前后横木为枋，左右为梁）。梁可数层重叠称“梁架”。每层缩短如梯级，逐级增高称“举折”，左右两梁端，每级上承长槫，直至最上为脊槫，故可有五槫，七槫至十一槫不等，视梁架之层数而定。每两槫之间，密布栉篦并列之椽，构成斜坡屋顶之骨干；上加望板，始覆以瓦葺。四柱

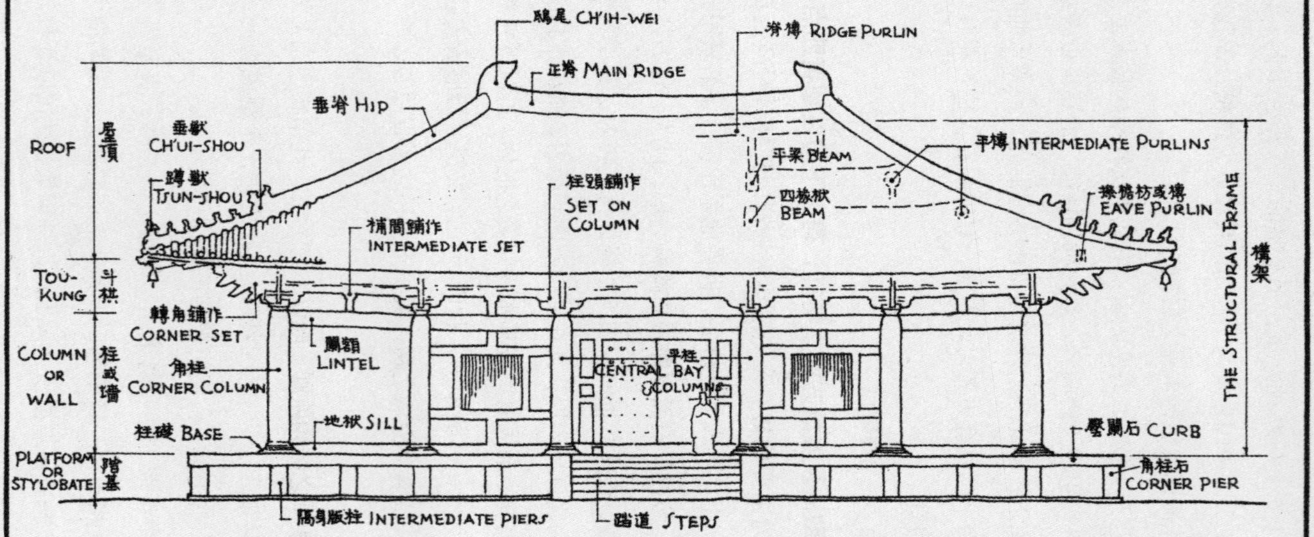

NAMES OF PRINCIPAL PARTS OF A CHINESE BUILDING

中國建築主要部份名稱圖

图1-1　中国建筑主要部分名称图

间之位置称“间”。通常一座建筑物均由若干“间”组成。此种构架制之特点，在使建筑物上部之一切荷载均由构架负担；承重者为其立柱与其梁枋，不藉力于高墙厚壁之垒砌。建筑物中所有墙壁，无论其为砖石或为木板，均为“隔断墙”（Curtain Wall），非负重之部分。是故门窗之分配毫不受墙壁之限制，而墙壁之设施，亦仅视分隔之需要。欧洲建筑中，唯现代之钢架及钢筋混凝土之构架在原则上与此木质之构架建筑相同。所异者材料及科学程度之不同耳。中国建筑之所以能自热带以至寒带；由沙漠以至两河流域及滨海之地，在极不同之自然环境下始终适用，实有赖于此构架制之绝大伸缩性也。

（三）以斗拱为结构之关键，并为度量单位。在木构架之横梁及立柱间过渡处，施横材方木相互垒叠，前后伸出作“斗拱”，与屋顶结构有密切关系。其功用在以伸出之栱承受上部结构之荷载，转纳于下部之立柱上，故为大建筑物所必用。后世斗栱之制日趋标准化，全部建筑物之权衡比例遂以横栱之“材”为度量单位，犹罗马建筑之柱式（Order）以柱径为度量单位，治建筑学者必习焉。一系统之建筑自有其一定之法式，如语言之有文法与辞汇，中国建筑则以柱额、斗栱、梁、槫、瓦、檐为其“辞汇”，施用柱额、斗栱、梁、槫等之法式为其“文法”。虽砖石之建筑物，如汉阙、佛塔等，率多叠砌雕凿，仿木架斗栱形制。斗栱之组织与比例大小，历代不同，每可藉其结构演变之序，以鉴定建筑物之年代，故对于斗栱之认识，实为研究中国建筑者所必具之基础知识。

（四）外部轮廓之特异。外部特征明显，迥异于他系建筑，乃造成其自身风格之特素。中国建筑之外轮廓予人以优美之印象，且富于吸引力。今分别言之如下：

1. **翼展之屋顶部分**。屋顶为实际必需之一部，其在中国建筑中，至迟自殷代始，已极受注意，历代匠师不惮烦难，集中构造之努力于此。依

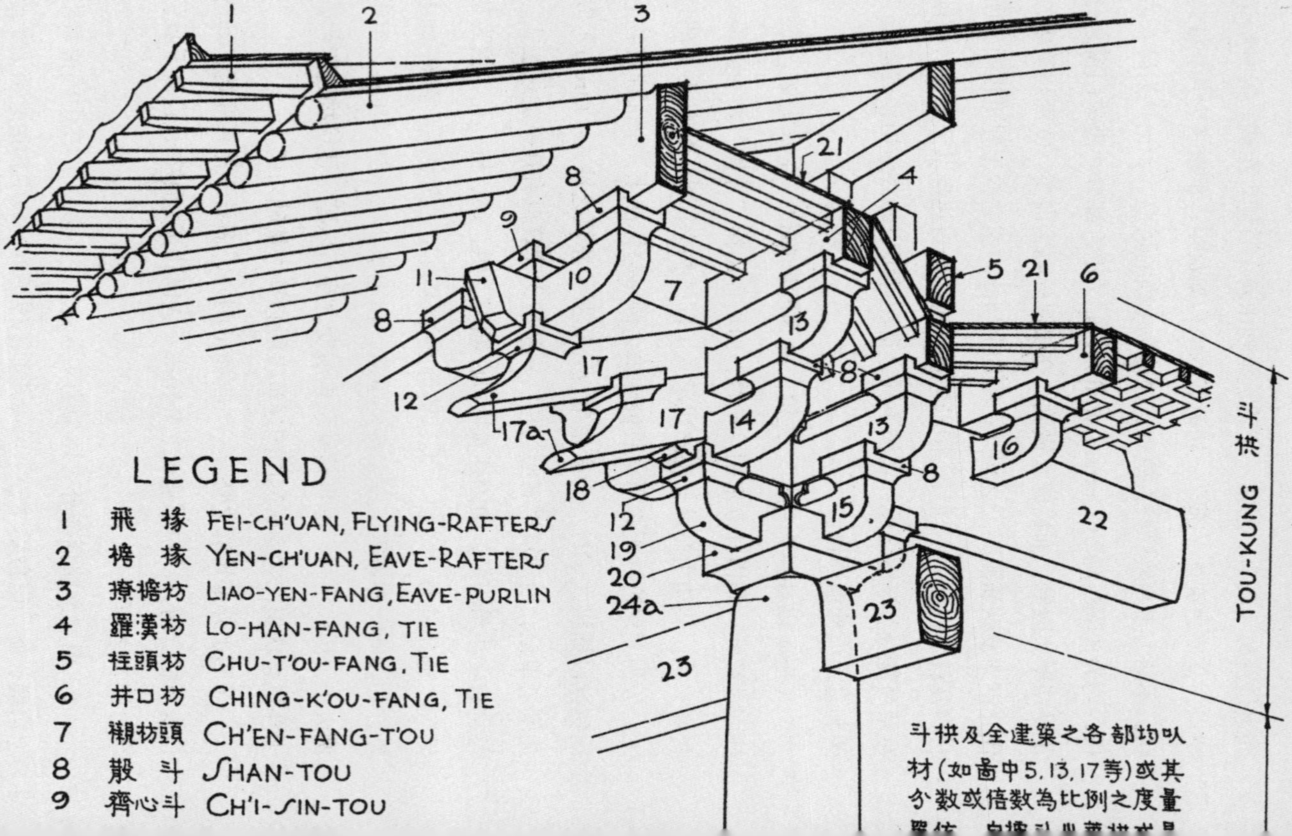

LEGEND

1 飛椽 FEI-CH'UAN, FLYING-RAFTERS
2 檐椽 YEN-CH'UAN, EAVE-RAFTERS
3 撩檐枋 LIAO-YEN-FANG, EAVE-PURLIN
4 羅漢枋 LO-HAN-FANG, TIE
5 柱頭枋 CHU-T'OU-FANG, TIE
6 井口枋 CHING-K'OU-FANG, TIE
7 襯枋頭 CH'EN-FANG-T'OU
8 散斗 SHAN-TOU
9 齊心斗 CH'I-SIN-TOU

斗拱及全建築之各部均以
材(如畫中5,13,17等)或其
分数或倍数為比例之度量

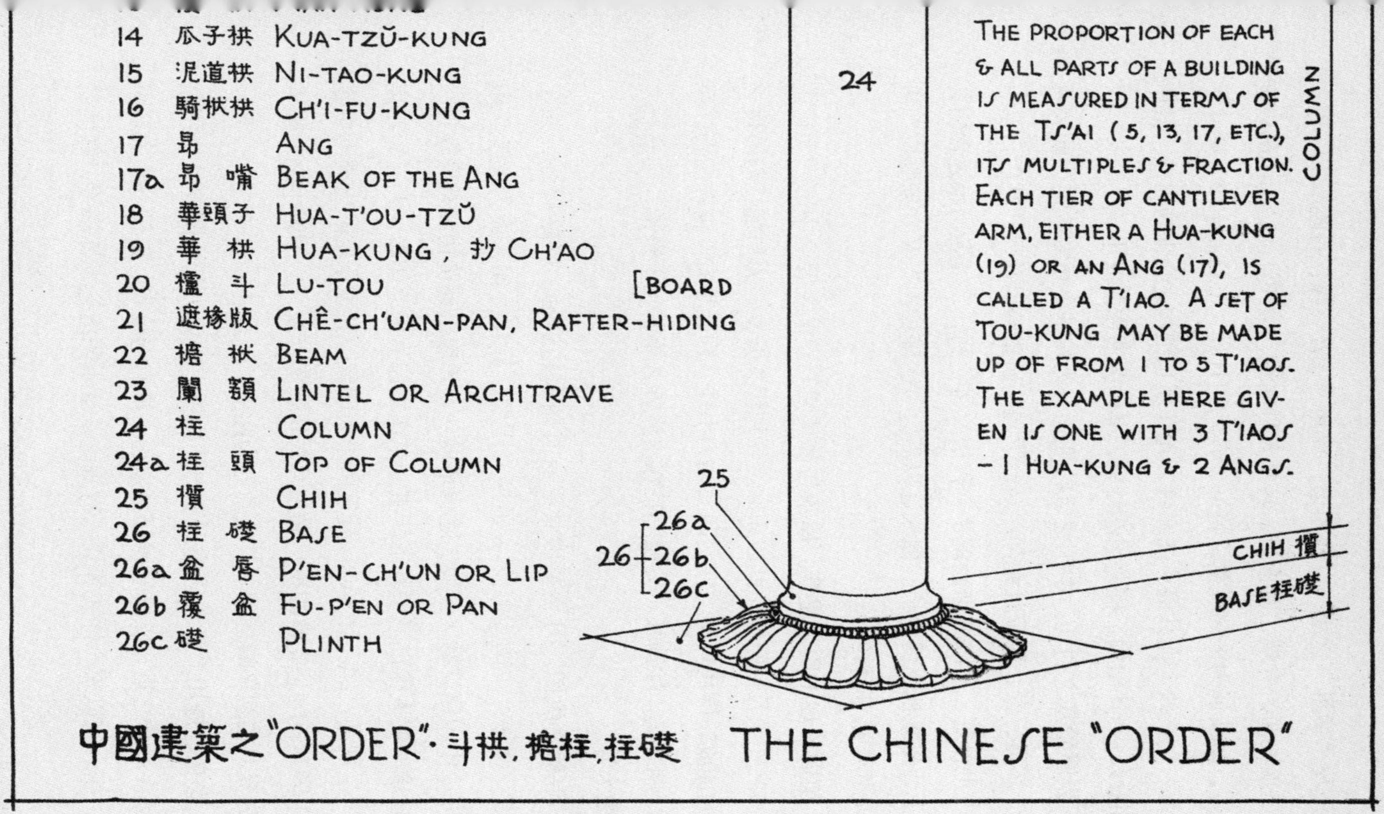

图1-2 中国建筑之“ORDER”

梁架层叠及“举折”之法，以及角梁，翼角，椽及飞椽，脊吻等之应用，遂形成屋顶坡面，脊端，及檐边，转角各种曲线，柔和壮丽，为中国建筑物之冠冕，而被视为神秘风格之特征，其功用且收“上尊而宇卑，则吐水疾而霤远”之实效。而其最可注意者，尤在屋顶结构之合理与自然。其所形成之曲线，乃其结构工程之当然结果，非勉强造作而成也。

2. **崇厚阶基之衬托**。中国建筑特征之一为阶基之重要，与崇峻屋瓦互为呼应。周、秦、西汉时尤甚。高台之风与游猎骑射并盛，其后日渐衰弛，至近世台基、阶陛遂渐趋扁平，仅成文弱之衬托，非若当年之台榭，居高临下，作雄视山河之势。但宋辽以后之“台随檐出”及“须弥座”等仍为建筑外形显著之轮廓。

3. **前面玲珑木质之屋身**。屋顶与台基间乃立面主要之中部，无论中国建筑物之外表若何魁伟，此段正面之表现仍为并立之木质楹柱与玲珑之窗户相间而成，鲜用墙壁。左右两面如为山墙，则又少有开窗辟门者。厚墙开辟窗洞之法，除箭楼、仓廒等特殊建筑外，不常见于殿堂，与垒石之建筑状貌大异。

4. **院落之组织**。凡主要殿堂必有其附属建筑物，联络周绕，如配厢、夹室、廊庑、周屋、山门、前殿、围墙、角楼之属，成为庭院之组织，始完成中国建筑物之全貌。除佛塔以外，单座之建筑物鲜有呈露其四周全部轮廓，使人得以远望其形状者。单座殿屋立面之印象，乃在短距离之庭院中呈现其一部。此与欧洲建筑所予人印象，独立于空旷之周围中者大异。中国建筑物之完整印象，必须并与其院落合观之。国画中之宫殿楼阁，常为登高俯视鸟瞰之图。其故殆亦为此耶。

5. **彩色之施用**。彩色之施用于内外构材之表面，为中国建筑传统之法。虽远在春秋之世，藻饰彩画已甚发达，其有逾矩者，诸侯、大夫且引以为戒，唐、宋以来，样式等级已有规定。至于明清之梁栋彩绘，鲜焕者尚黟。其装饰之原则有严格之规定，分划结构，保留素面，以冷色青绿与纯丹作反衬之用，其结果为异常成功之艺术，非滥用彩色，徒作无度之涂饰者可比也。在建筑之外部，彩画装饰之处，均约束于檐影下之斗栱、横额及柱头部分，犹欧洲石造建筑之雕刻部分约束于墙额（Frieze）及柱顶（Capital），而保留素面于其他主要墙壁及柱身上然。盖木构之髹漆为实际必需，木材表面之纯丹纯黑犹石料之本色；与之相衬之青绿点金、彩绘花纹，则犹石构之雕饰部分。而屋顶之琉璃瓦，亦依保留素面之原则，庄严殿宇，均限于纯色之用。故中国建筑物虽名为多色，其大体重在有节制之点缀，气象庄严，雍容华贵，故虽有较繁缛者，亦可免淆杂俚俗之弊焉。

6. **绝对均称与绝对自由之两种平面布局**。以多座建筑合组而成之宫殿、官署、庙宇乃至于住宅，通常均取左右均齐之绝对整齐对称之布局。庭院四周，绕以建筑物。庭院数目无定。其所最注重者，乃主要中线之成立。一切组织均根据中线以发展，其布置秩序均为左右分立，适于礼仪（Formal）之庄严场合；公者如朝会大典，私者如婚丧喜庆之属。反之如优游闲处之庭园建筑，则常一反对称之隆重，出之以自由随意之变化。布署取高低曲折之趣，间以池沼、花木，接近自然，而入诗画之境。此两种传统之平面布署，在不觉中，含蕴中国精神生活之各面，至为深刻。

7. **用石方法之失败**。中国建筑数千年来，始终以木为主要构材，砖石常居辅材之位，故重要工程，以石营建者较少。究其原因有二：

（1）匠人对于石质力学缺乏了解。盖石性强于压力，而张力、曲力、弹力至弱，与木性相反，我国古来虽不乏善于用石之哲匠，如隋安济桥之建造者李春，然而通常石匠用石之法，如各地石牌坊、石勾栏等所见，大多凿石为卯榫，使其构合如木，而不知利用其压力而垒砌之，故此类石建筑之崩坏者最多。

（2）垫灰之恶劣。中国石匠既未能尽量利用石性之强点而避免其弱点，故对于垫灰问题，数千年来尚无设法予以解决之努力。垫灰材料多以石灰为主，然其使用，仅取其黏凝性，以为木作用胶之替代，而不知垫灰之主要功用，乃在于两石缝间垫以富于黏性而坚固耐压之垫物，使两石面完全接触以避免因支点不匀而发生之破裂。故通常以结晶粗沙砾与石灰混合之原则，在我国则始终未能发明应用。古希腊罗马对于此方面均早已认识。希腊匠师竟有不惜工力，将石之每面磨成绝对平面，使之全面接触，以避免支点不匀之弊者，罗马工师则大刀阔斧，以大量富于黏性而坚固之垫灰垫托，且更进而用为混凝土，以供应其大量之建筑事业，是故有其特有之建筑形制之产生。反之，我国建筑之注重木材，不谙石性，亦互为因果而产生现有现象者也。

二、属于环境思想方面，与其他建筑之历史背景迥然不同者，至少有以下可注意者四：

（一）不求原物长存之观念。此建筑系统之寿命，虽已可追溯至四千年以上，而地面所遗实物，其最古者，虽待考之先秦土垣残基之类，已属凤毛麟角，次者如汉、唐石阙、砖塔，不止年代较近，且亦非可以居止之殿堂。古者中原为产木之区，中国结构既以木材为主，宫室之寿命固乃限于木质结构之未能耐久，但更深究其故，实缘于不着意于原物长存之观念。盖中国自始即未有如古埃及刻意求永久不灭之工程，欲以人工与自然物体竟久存之实，且既安于新陈代谢之理，以自然生灭为定律；视建筑且如被服舆马，时得而更换之，未尝患原物之久暂，无使其永不残破之野心。如失慎焚毁亦视为灾异天谴，非材料工程之过。此种见解习惯之深，乃有以下之结果：

1. 满足于木材之沿用，达数千年；顺序发展木造精到之方法，而不深究砖石之代替及应用。

2. 修葺原物之风，远不及重建之盛；历代增修拆建，素不重原物之保存，唯珍其旧址及其创建年代而已。唯坟墓工程，则古来确甚着意于巩固永保之观念，然隐于地底之砖券室，与立于地面之木构殿堂，其原则互异，墓室间或以砖石模仿地面结构之若干部分，地面之殿堂结构，则除少数之例外，并未因砖券应用于墓室之经验，致改变中国建筑木构主体改用砖石叠砌之制也。

（二）建筑活动受道德观念之制裁。古代统治阶级崇尚俭德，而其建置，皆征发民役经营，故以建筑为劳民害农之事，坛社宗庙、城阙朝市，虽尊为宗法、仪礼、制度之依归，而宫馆、台榭、第宅、园林，则抑为君王骄奢、臣民侈僭之征兆。古史记载或不美其事，或不详其实，恒因其奢侈逾制始略举以警后世，示其"非礼"，其记述非为叙述建筑形状方法而作也。此种尚俭德，诎巧丽营建之风，加以阶级等第严格之规定，遂使建筑活动以节约单纯为是。崇伟新巧之作，既受限制，匠作之活跃进展，乃受若干影响。古代建筑记载之简缺亦有此特殊原因；史书各志，有舆服、食货等，建筑仅附载而已。

（三）着重布署之规制。古之政治尚典章制度，至儒教兴盛，尤重礼仪。故先秦两汉传记所载建筑，率重其名称方位、布署规制，鲜涉殿堂之结构。嗣后建筑之见于史籍者，多见于五行志及礼仪志中。记宫苑寺观亦皆详其平面布署制度，而略其立面形状及结构。均足以证明政治、宗法、风俗、礼仪、佛道、风水等中国思想精神之寄托于建筑平面之分布上者，固尤深于其他单位构成之因素也。结构所产生立体形貌之感人处，则多见于文章诗赋之赞颂中。中国诗画之意境，与建筑艺术显有密切之关系，但此艺术之旨趣，固未尝如规制布署等第等之为史家所重也。

（四）建筑之术，师徒传授，不重书籍。建筑在我国素称匠学，非士大夫之事。盖建筑之术，已臻繁复，非受实际训练，毕生役其事者，无能为力，非若其他文艺，为士人子弟茶余酒后所得而兼也。然匠人每闇于文字，故赖口授实习，传其衣钵，而不重书籍。数千年来古籍中，传世术书，唯宋、清两朝官刊各一部耳。此类术书编纂之动机，盖因各家匠法不免分歧，功限料例，漫无准则，故制为皇室官府营造标准。然术书专偏，士人不解，匠人又困于文字之难，术语日久失用，造法亦渐不解，其书乃为后世之谜。对于营造之学作艺术或历史之全盘记述，如画学之《历代名画记》或《宣和画谱》之作，则未有也。至如欧西，文艺复兴后之重视建筑工程及艺术，视为地方时代文化之表现而加以研究者，尚属近二三十年来之崭新观点，最初有赖于西方学者先开考察研究之风，继而社会对建筑之态度渐改，愈增其了解焉。

本篇之作，乃本中国营造学社十余年来对于文献术书及实物遗迹互相参证之研究，将中国历朝建筑之表现，试作简略之叙述，对其蜕变沿革及时代特征稍加检讨，试作分析比较，以明此结构系统之源流而已。中国建筑历史之研究尚有待于将来建筑考古方面发掘调查种种之努力。

第二节　中国建筑史之分期

中国建筑自其源始以至于今，未尝一时停止其活动，其蜕变为继续的，故欲强为划分时期，本为一种不合理且不易为之事。然因历朝之更替，文化活动潮平之起落，以及因现存资料之多寡，姑分为下列各时期。

（一）上古或原始时期（公元前200年以前）。自上古以至秦。此期间文献与实物双方资料皆极缺乏。殷周战国以来城郭、宫室、陵墓遗址虽已有多处确经认定，但尚有待于考古家之发掘。殷以前则尚无实物可考焉。

（二）两汉时期（公元前204年至公元220年）。此四百余年间为中国建筑发育时期，建筑事业极为活跃，史籍中关于建筑之记载颇为丰富，建筑之结构形状则有遗物可考其大略。但现存真正之建筑遗物，则仅墓室、墓阙数处，其他为间接之材料，如冥器汉刻之类。

（三）魏、晋、南北朝时期（公元220至590年）。虽在当时政治动荡、战争频繁、民不聊生的情况下，宫殿与佛寺之建筑活动仍极为澎湃。而佛教之兴盛则为建筑活动之一大动力。实物之在艺术表现上吸收有“希腊佛教式”（Greece Buddhist）之种种圆和生动之雕刻，饰纹、花草、鸟兽、人物之表现，乃脱汉时格调，创新作风，遗存至今者有石窟、佛塔、陵墓等。

（四）隋、唐时期（公元590至906年）。隋再一统中国，定都长安，大兴土木，为唐代之序幕。唐为中国艺术之全盛及成熟时期。因政治安定，佛、道两教兴盛，宫殿、寺观之建筑均为活跃。天宝乱后，及会昌、后周两次灭法，建筑精华毁灭殆尽。现存实物除石窟寺及陵墓外，砖石佛塔最多。隋代一石桥、唐末一木构佛殿，则为此期间最可贵之遗物。唐之建筑风格，既以倔强粗壮胜，其手法又以柔和精美见长，诚蔚然大观。

（五）五代、宋、辽、金时期（公元906年至1280年）。五代、赵宋以后，中国之艺术，开始华丽细致，至宋中叶以后乃趋纤靡文弱之势。宋、辽、金均注重于宫殿之营建；其宫殿虽已毁尽，其佛寺殿宇之现存者，尚遍布华北各省；至于塔、幢，为数尤夥。作风手法，特征显著，规例谨慎，循旧制之途径，增减嬗变不已。此期除遗留实物众多外，更有《营造法式》一书，为研究中国历代建筑变迁之重要资料。

（六）元、明、清时期（公元1280年至1912年）。元、明、清三代，奠都北京，都市、宫殿之规模，近代所未有。此期间建筑传统仍一仍古制。至明清之交，始有西藏样式之输入外，更由耶稣会士输入西洋样式。清工部《工程做法则例》之刊行，则为清官式建筑之准绳。最后至清末，因与欧美接触频繁，醒于新异，标准摇动，以西洋建筑之式样渗入都市，一时呈现不知所从之混乱状态。于是民居市廛中，旧建筑之势力日弱。

（七）民国时期（公元1912年以后）。民国初年，建筑活动颇为沉滞。殆欧美建筑续渐开拓其市场于中国各通商口岸，而留学欧美之中国建筑师亦起而抗衡，于是欧式建筑之风大盛。近二十年来，建筑师始渐回顾及中国固有之建筑，遂有采其式样以营建近代新建筑者。自此而后，建筑师对于其设计样式均有其地域或时代式样之自觉，不若以前之唯传统是遵。今后之中国建筑，亦将如今后世界各处之建筑，将减少其绝对之地方性。然因传统、背景、民族气质等等元素之不同，亦将自成一家，但其形成，则尚有所待耳。

第三节 《营造法式》与清工部《工程做法则例》

《营造法式》[1]

我国关于营造之术书极少，宋、清两朝，各刊官书一部，为研究我国建筑技术方面极重要资料。以下本篇所有术语及比较研究之标准，胥以此两书为准绳焉。

《营造法式》，宋李诫著。诫，徽宗朝将作少监也。全书三十四卷，其中关于样式制度者，有壕寨制度，说基础城寨等做法。石作制度，说石作之结构与雕饰；大木作制度，说木构架方法，柱、梁、枋、额、斗栱、椽、槫等；小木作制度，说门、窗、隔扇、藻井，乃至佛龛、道帐之形制；瓦作制度，说用瓦及瓦饰之法；彩画作制度，说各级各色彩画。此外尚有估工算料等方法。最后更附以壕寨、石作、大木、小木、彩画、雕作等图样焉。

书初刊于崇宁二年（公元1103年），八百余年来，名词改变，样式演变，加之士大夫之蔑视匠术，故其书已几无法解读。民国十八年，中国营造学社成立，十余年来，从事于是书之研究，先自清代术书着手，加以实物之发展与研究，其书始渐可读。

1 商务印书馆民国八年石印本；民国十四年仿宋重刊本，见梁思成《营造法式注释》。

RULES FOR STRUCTURAL CARPENTRY ACCORDING TO YING-TSAO-FA-SHIH.

宋營造法式

大木作制度

圖樣要略

A TREATISE ON ARCHITECTURE BY LI CHIEH, COURT ARCHITECT OF THE SUNG DYNASTY, FIRST PUBLISHED IN 1103 A.D.

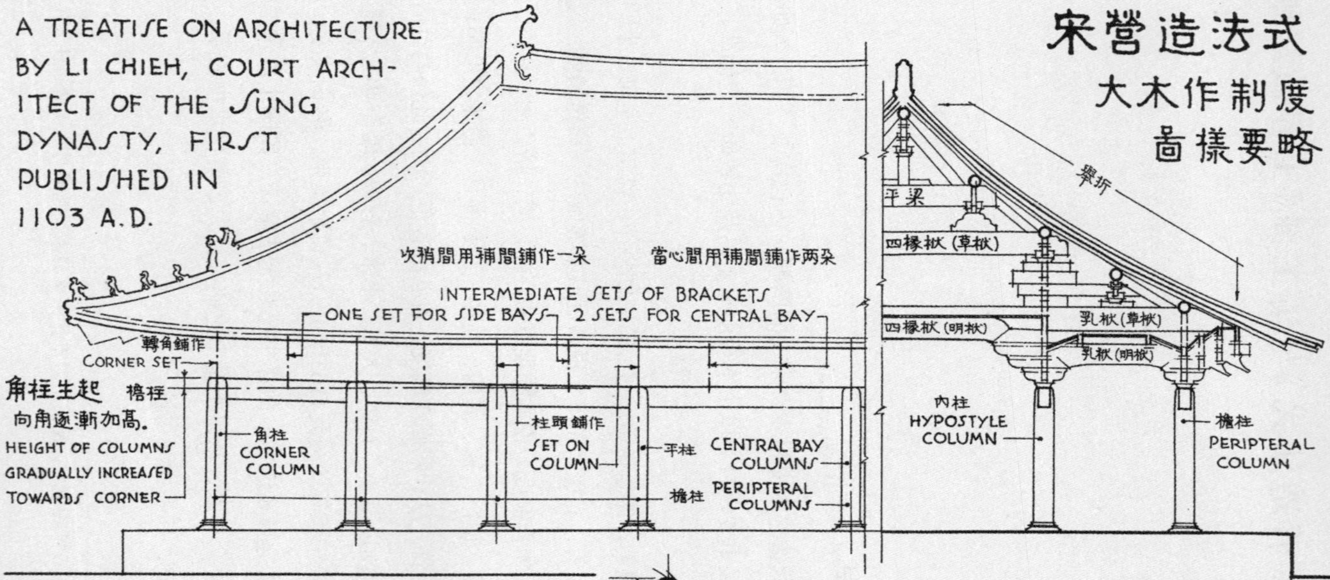

梁 BEAM 梁有直梁月梁二種。月梁梁首以六瓣卷殺,依跳数留斜項,梁底顱起。 2 TYPES OF BEAMS: STRAIGHT BEAM & "CRESCENT BEAM"

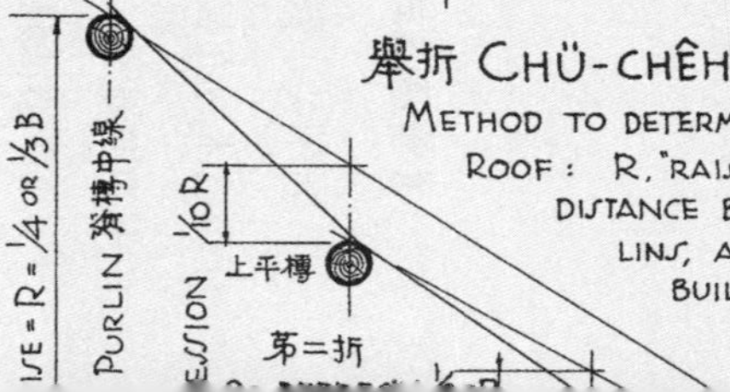

舉折 CHÜ-CHÊH OR "RAISE & DEPRESS"

METHOD TO DETERMINE PITCH & CURVATURE OF ROOF: R, "RAISE", VARIES FROM 1/4 TO 1/3 OF B, DISTANCE BETWEEN FRONT & REAR EAVE PURLINS, ACCORDING TO TYPE & SIZE OF BUILDING. 1ST. "DEPRESSION" = 1/10 R; NEXT ONE BELOW, 1/20 R; NEXT, 1/40 R; ETC.; ETC.

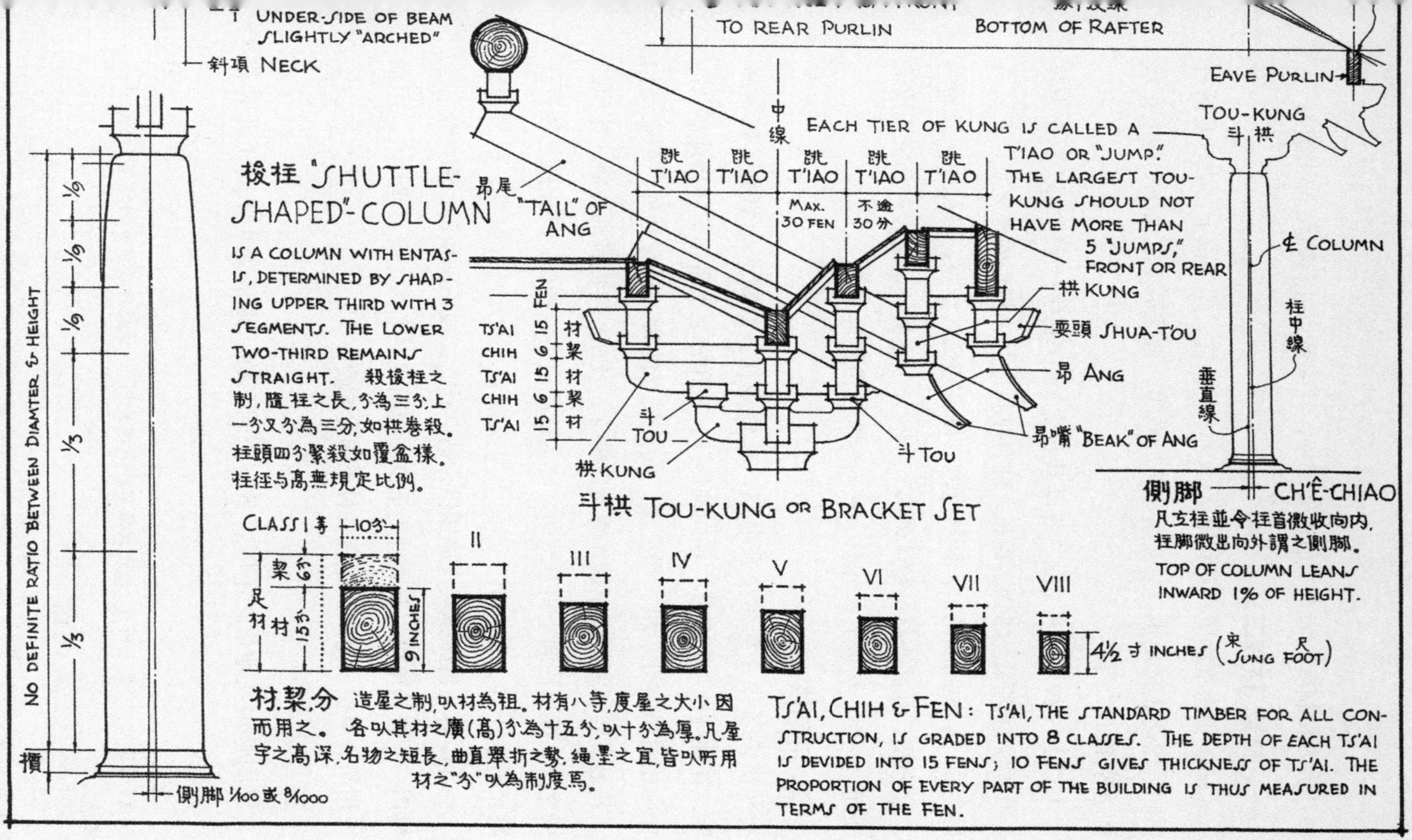

图1-3　宋《营造法式》大木作制度图样要略

“大木作制度”为全书最重要部分，其中要点可归纳为下列诸项：

一、材栔 材有二义

（一）指建筑物所用某标准大小之木材而言，即斗栱上之栱，及所有与栱同广厚之木材是也。材之大小共分八等，视建筑物之大小等第而定其用材之等第。

（二）一种度量单位：“各以其材之广，分为十五分，以十分为其厚。凡屋宇之高深，名物之短长，曲直举折之势，规矩绳墨之宜，皆以所用材之分，以为制度焉”。两材之间，以斗垫托其空隙，其空隙距离为六分，称为栔。凡高一材一栔（即高二十一分）之材，谓之足材。宋式建筑各部间之比例，皆以其所用材之材栔分为度量标准。[2]

二、斗与栱

斗栱由若干斗与栱垒叠而成，总称铺作。在柱头上者称“柱头铺作”，在柱与柱之间者称“补间铺作”，在角柱之上者称“转角铺作”。铺作中构材虽有斗、栱、昂三类，而斗又有四种，栱有五种，但在结构上，其最重要者为集中全铺作重量之栌斗，及由栌斗向前后出跳之华栱。华栱之上，或更用向下斜垂之昂，亦为出跳之主要构材，其出跳之数目自一跳至五跳不等。昂尾斜上，压于梁或槫下，利用杠杆原理，以挑起檐部。栌斗中心及每跳跳头或施横栱，谓之计心，或不施横栱，谓之偷心。横栱用一层者为单栱，双层者为重栱。由出跳之多寡、偷心或计心，用华栱或用昂、单栱或重栱，遂有各种不同之配合。

三、梁

梁因长短及地位之不同，各有不同名称。殿阁如用平闇（即天花

2 根据《营造法式》近来研究，规定建筑部件之间比例，以及构件度量单位均用“分”。——编者注。

板），则平闇以下梁栿，谓之明栿，或作月梁，或作直梁，平闇以上另有草栿以承屋盖之重，不加刨整。梁断面之大小，按长短而异，但其断面之高与厚，则一律以三与二之比例为准则。

四、柱

柱之长短，及柱径大小，虽有规定，但不甚严格，视屋之种类及大小，自径一材一栔至三材不等。柱有直柱及梭柱之别：梭柱上段三分之一，卷杀渐收，如希腊罗马柱之entasis。用柱之制，有特可注意者：（一）角柱生起，自当心间向角，将柱渐加高，可以加增翘起之感；（二）侧脚，立柱时令柱首微侧向内。此两者俱能增加安定之感。

五、举折

即定屋顶坡度及屋盖曲面线之方法也。求此曲面线，谓之定侧样。其坡度最缓和者，如两椽小屋，为二与一比之坡度，最陡峻者如殿阁，为三与二比之坡度，其余厅堂廊屋等各有差，谓之举高。其曲线则按每槫中线，自上每缝减去举高之十分之一，次缝减二十分之一，等等。愈低而减愈少，然后联缀以成屋顶断面之曲线，谓之折屋。

除上列五项外，其他如阑额、角梁、槫、椽、侏儒柱等，均各有规定。我国建筑以木材为主要构材，其大木作制度，几可谓建筑结构之全部。观各时期大木作之蜕变，即可得中国建筑结构沿革之泰半矣。

此外小木作制度，如门窗隔扇之制，后世尚沿其制，变迁不甚剧烈。平綦分格，或正方或长方无定。藻井多作小斗栱为饰。至于佛龛、道帐，亦均施小斗栱，在图案上甚为“建筑化”。建筑与家具等物关系之密切，自古即然也。

瓦及瓦饰，对于鸱尾、蹲兽之大小与数目，依殿屋之大小亦有规定。屋瓦有筒瓦、板瓦，为我国数千年传统定法。屋脊用板瓦堆叠，则后世所不见。

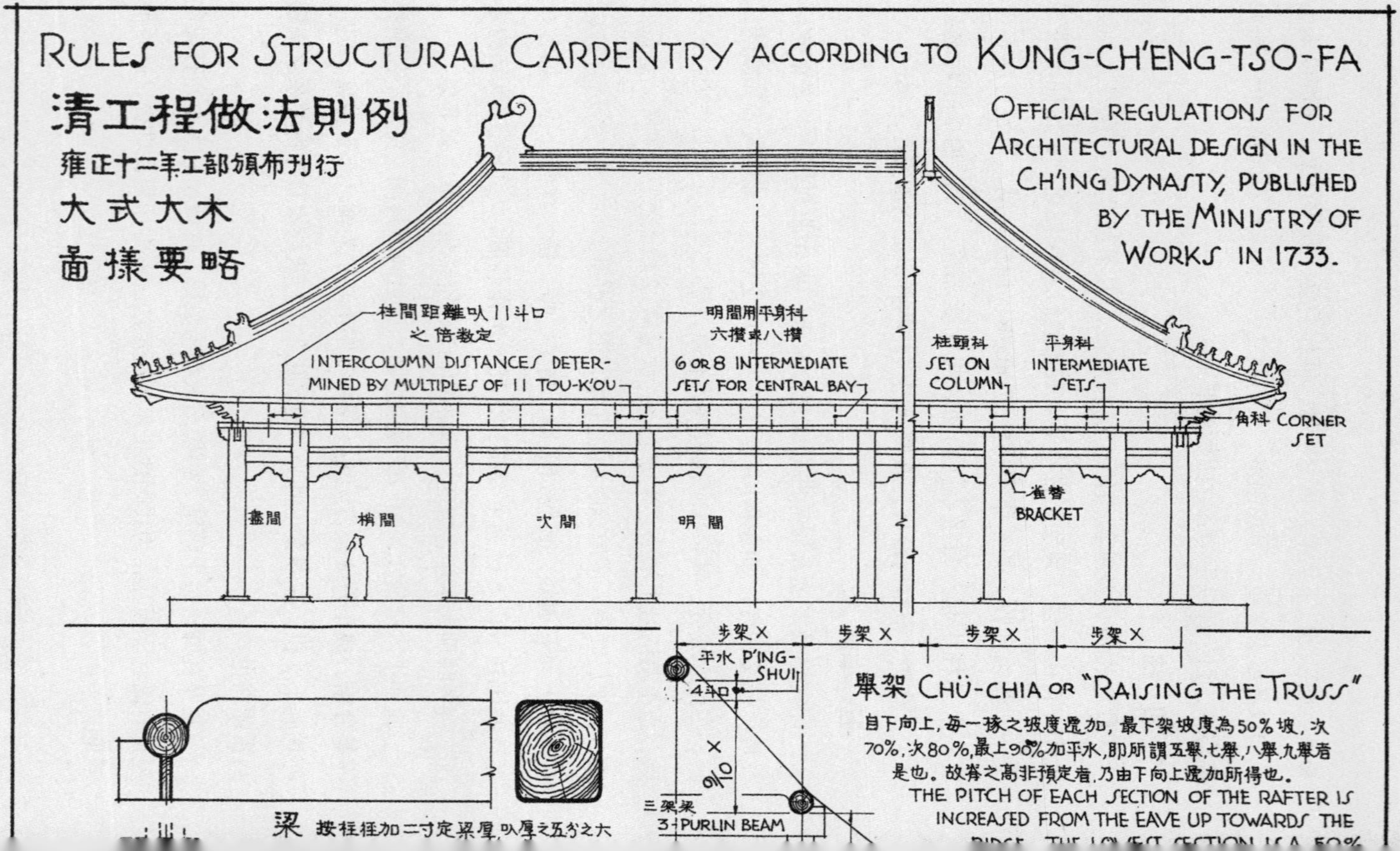
RULES FOR STRUCTURAL CARPENTRY ACCORDING TO KUNG-CH'ENG-TSO-FA
清工程做法則例
雍正十二年工部頒布刊行
大式大木
畫様要略
OFFICIAL REGULATIONS FOR ARCHITECTURAL DESIGN IN THE CH'ING DYNASTY, PUBLISHED BY THE MINISTRY OF WORKS IN 1733.
柱間距離以11斗口之倍數定
INTERCOLUMN DISTANCES DETERMINED BY MULTIPLES OF 11 TOU-K'OU
明間用平身科六攢或八攢
6 OR 8 INTERMEDIATE SETS FOR CENTRAL BAY
柱頭科
SET ON COLUMN
平身科
INTERMEDIATE SETS
角科 CORNER SET
雀替
BRACKET
盡間
梢間
次間
明間
步架 X
步架 X
步架 X
步架 X
平水 P'ING-SHUI
4斗口
X
9/10
三架梁
3-PURLIN BEAM
梁 按柱徑加二寸定梁厚,以厚之五分之六
舉架 CHÜ-CHIA OR "RAISING THE TRUSS"
自下向上,每一椽之坡度遞加,最下架坡度為50%坡,次70%,次80%,最上90%加平水,即所謂五舉,七舉,八舉,九舉者是也。故脊之高非預定者,乃由下向上遞加所得也。
THE PITCH OF EACH SECTION OF THE RAFTER IS INCREASED FROM THE EAVE UP TOWARDS THE

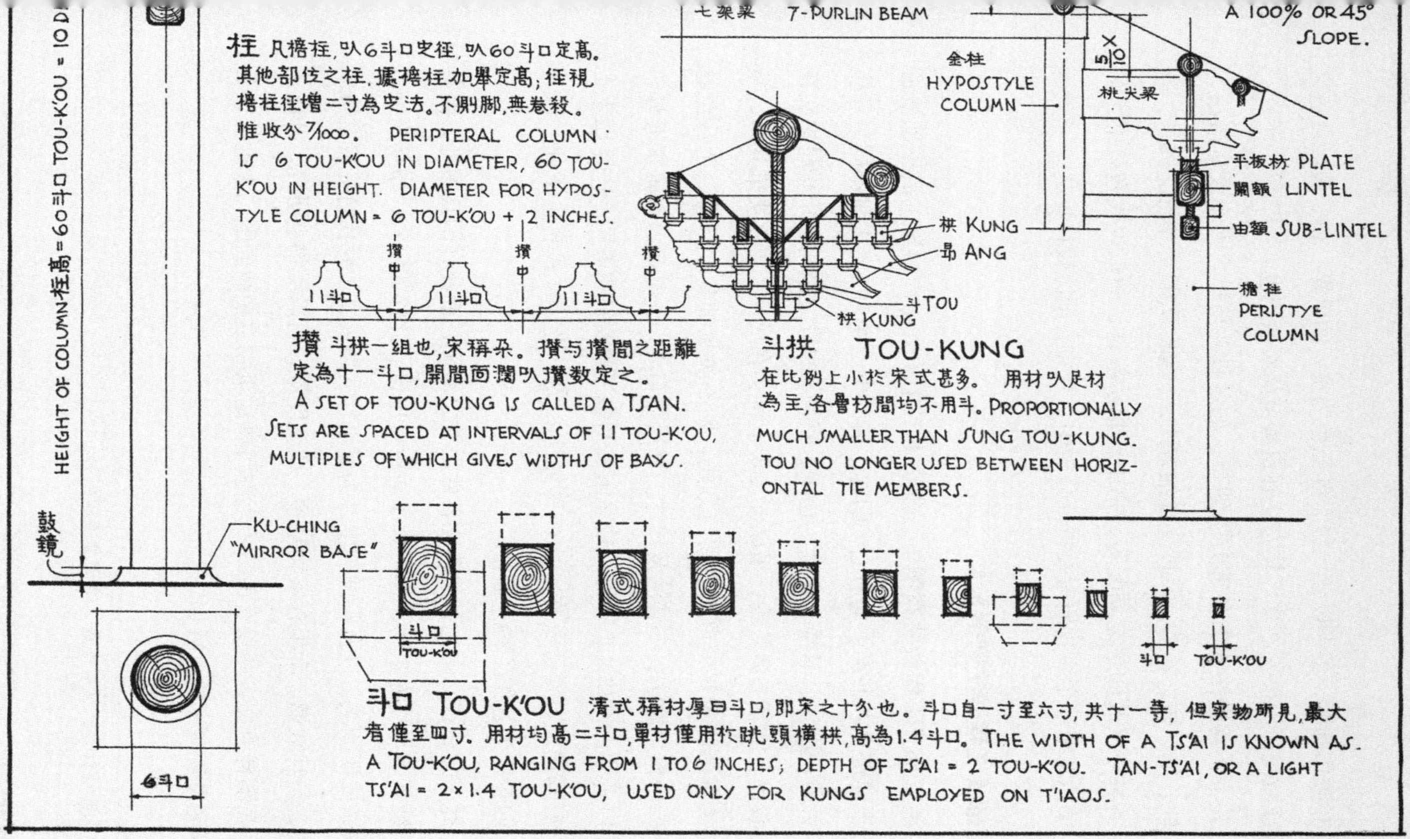

图1-4 清《工程做法则例》大式大木图样要略

彩画作制度，色调以蓝、绿、红三色为主，间以墨、白、黄。凡色之加深或减浅，用叠晕之法。其方法亦自唐至清所通用也。

关于《营造法式》各部方法细节，如各种斗与栱之大小及斫造法，梁、柱、阑、枋之卷杀，举折之详细方法，柱础、勾栏等华饰之雕镌，彩画作各种华纹及颜色之调配等，书中皆指示极详，颇似现代教科书之体裁。第六章宋辽金实物研究及特征分析中，当将各项比较详论之。

清工部《工程做法则例》[3]

清工部《工程做法则例》，雍正十二年（公元1734年）清工部所颁布关于建筑之术书也。全书七十四卷，前二十七卷为二十七种不同之建筑物：大殿、厅堂、箭楼、角楼、仓库、凉亭等每件之结构，依构材之实在尺寸叙述。就著书体裁论，虽以此二十七种实在尺寸，可以类推其余，然较之《营造法式》先说明原则与方式，则不免见拙矣。自卷二十八至卷四十为斗栱之做法；安装法及尺寸。其尺寸自斗口一寸起，每等加五分，至斗口六寸止，共计十一等，较之宋式乃多三等焉。自卷四十一至四十七为门窗隔扇，石作、瓦作、土作等做法。关于设计样式者止于此。以下二十四卷则为各作工料之估计。

此书之长在二十七种建筑物各件尺寸之准确，而此亦即其短处，因其未归纳规定尺寸为原则，俾可大小适应可用也。此外如栱头、昂嘴等细节之卷杀或斫割法，以及彩画制度，为建筑样式所最富于时代特征者，皆未叙述，是其缺憾。幸现存实物甚多。研究匪难，可以实物之研究，补此遗漏。在图样方面，则仅有前二十七卷每种建筑物之横断面图二十七帧，各部详图及彩画图均付缺如。

---

3 清工部颁行本，见梁思成《清式营造则例》。

就此书之前四十七卷，可得若干原则，均对于图案样式有重大关系者。

一、材之减高

宋代材高（即材广）十五分，厚十分，栔六分，故足材高二十一分，清式似已完全失去材栔分之观念，而代以斗口。斗口者即宋式之材厚也。斗拱比例亦以斗口之倍数或分数为准。如斗口一寸，则栱高一寸四分，谓之单材栱，所谓正心枋或栱者，高二寸，此十与二十之比，即宋式材厚十分与足材广二十一分之比之变身也。在柱心线上，宋式用多层柱头枋，枋与枋间以斗垫托，其空隙或以灰泥抹塞。至清式则以多层正心枋（足材）相贴叠垒，不复留斗或栔之余隙矣。除此基本观念之改变外，铺作中各件间之比例与关系，仍大致保持古制。

二、柱径柱高之规定

清式柱径规定为六斗口，等于宋式四材，其柱高六十斗口，为径之十倍。于是比例上，柱大而斗栱小，遂形成斗栱纤小之现象，其补间铺作（清称“平身科”）乃增多至七八朵。

三、以斗栱攒数定修广

清式补间斗栱既增多，于是铺作间相互之距离遂亦规定，为十一斗口，因此柱之分配，柱间之距离，面阔进深之尺度，皆以两朵间距离十一斗口之倍数为准则焉。

四、角柱不生起

清式角柱与平柱同高，且柱均为直柱，无卷杀，故不若宋式轮廓之秀丽与柔和，但侧脚则仍为定法。

五、梁断面之加宽

宋式梁枋断面高宽均为三与二之比。至清式则改为五与四或六与五之比，在力学上不若宋式之合理。且其梁之宽，不问实物大小，一律为“以柱径加二寸定厚”，亦为最不合理之做法。梁均为直梁，月梁之制为清官式所无。

六、举架

宋所谓举折之制，清称举架，两者所得结果虽约略相同，但其基本观念则完全改变。宋式之举折，先定举高，然后自上而下，每槫缝下折少许，而成曲面线。清式则自下起，第一步（即宋所谓缝）五举（即第一步举之高等于第一步水平长度之十分之五）；第二步六举，第三步六·五举，第四步七·五举乃至九举等。各步举度递增，相缀而成曲线，其屋脊之地位，乃由下逐步递举而得，非若宋式之预定者。其结果清式屋盖较宋式屋盖陡峻，遂成为两时期各有特征之一。

清式殿阁之柱额梁枋等均以生硬之直线直角构成，其屋盖陡峻崇高，而檐下斗栱，则纤小繁缛，故其轮廓结构，均不若宋式之生动豪放及自然，盖各部所定规则，成为固执之尺寸问题，已有若干与先前结构部分之适当比例脱去联系也。

第二章

上古时期

History of Chinese Architecture

第一节　上古

中国建筑之原始，究起自何时，殆将永远笼罩于史前之玄秘中。“上古穴居而野处，后世圣人易之以宫室，上栋下宇，以蔽风雨”[1]。此固为后世之推测，然其所说穴居之习，固无疑义，直至今日，河南山西一带居民，穴居仍极普遍。宫室与穴居可以同时并存，未必前后相替也。

殷商以前，史难置信，姑集所记。黄帝（公元前二十七世纪顷？），“邑于涿鹿之阿。迁徙往来无常处，以师兵为营卫”[2]，当时显然未有固定之城郭宫室。至尧之时（公元前二十三世纪顷？），则“堂崇三尺，茅茨不翦”[见注2]，后世虽以此颂尧之俭德，实亦可解为当时技术之简拙。至舜所居，则“一年成聚，二年成邑，三年成都”[见注2]。舜“宾于四门，四门穆穆”，初期之都市已开始形成。“禹卑宫室，致费于沟淢”[3]，则因宫室已渐华侈，然后可以“卑”之。

至殷代末年（公元前十二世纪顷），纣王广作宫室，益广囿苑，“南

1 《易·系辞》。

2 《史记·五帝本纪》。

3 《史记·夏本纪》。

距朝歌，北据邯郸及沙丘，皆为离宫别馆”[4]。然周武王革命之后，已全部被毁。箕子自朝鲜“朝周，过殷虚，感宫室毁坏生禾黍”而伤之[5]。其后约三千年，乃由中央研究院历史语言研究所予以发掘，发现若干建筑遗址。其中有多数土筑殿基，上置大石卵柱础，行列井然。柱础之上，且有覆以铜櫍者。其中若干处之木柱之遗炭尚宛然存在，盖兵乱中所焚毁也。除殿基外，尚有门屋、水沟等遗址在。其全部布置颇有条理[6]。后代中国建筑之若干特征，如阶基上立木柱之构架制，平面上以多数分座建筑组合为一院之布置，已可确考矣。

与殷末约略同时者，有周文王之祖父太王由原始穴居之情形下，迁至岐下，相量地亩，召命工官匠役，建作家室、宗朝、门庭，咏于《诗经》[7]。

周文王都丰，武王都镐，在今长安之南。《诗经》亦有赋此区域之建筑者[8]。

据《诗经》所咏，得知陕西一带当时之建筑乃以版筑为主要方法，然而屋顶之如翼，木柱之采用，庭院之平正，已成定法。丰、镐建筑虽已无存，然其遗址尚可考。

文王于营国，筑室之余，且与民共台池鸟兽之乐，作灵囿，内有灵台、灵沼，为中国史传中最古之公园[9]。

成王之时，周公“复营洛邑，如武王之意”[10]。此为我国史籍中关于

4 《史记·殷本纪》。
5 《史记·宋微子世家》。
6 中央研究院历史语言研究所安阳发掘报告。
7 《诗·大雅·文王之什》。
8 《诗·小雅·祈父之什斯干篇》。
9 《孟子·梁惠王上》。
10 《史记·周公世家》。

都市设计最古之实录。

都市之制：天子都城“方九里，旁三门。国中九经九纬，经涂九轨。左祖右社，面朝后市……”[11]。盖自三代以降，我国都市设计已采取方形城郭，正角交叉街道之方式。

11 《周礼·考工记》。

第二节　春秋战国

春秋时代，因数百年来战争互相吞并之结果，仅余强大诸侯十余国。因物力人力渐集中，诸侯如晋平公、齐景公皆营建渐侈[1]。虽远在南服之吴王夫差，亦“次有台榭陂池焉”[2]。偏近西戎之秦国亦当“戎王使由余观秦，秦缪公示以宫室积聚。由余曰：‘使鬼为之，则劳神矣！使人为之，亦苦民矣！’”[3]

中国为崇奉祖先之宗法社会，自天子以至于庶人，其宗庙建筑，均有一定制度。有违规逾制者，则见于史传。其中如鲁庄公“丹桓宫之楹而刻其桷”[4]“子太叔之庙在道南，其寝在道北”[5]等皆此例。

卿大夫住宅“唯里人命次”[6]，规则尤严，故当鲁文公欲弛孟文子及郈敬子之宅，皆以违礼不敢闻命。自营居室，如赵文子“斫其椽而砻

1 《左传》。
2 《左传·哀公元年》。
3 《史记·秦本纪》。
4 《左传·庄公二十三年》。
5 《左传·昭公十八年》。
6 《国语·鲁记》。

之”，张老见而责其“贵而忘义，富而忘礼”，而惧其“不免”[7]。智襄子“为室美”，智伯亦曰：“美则美矣，抑臣亦有惧也。”[见注7]

当时盛游猎之风，故喜园囿。其中最常见之建筑物厥为台。台多方形，以土筑垒，其上或有亭榭之类，可以登临远眺。台之记录，史籍中可稽者甚多。

至战国之世，仅余七雄，诸侯已均“高台榭，美宫室”。苏秦且说齐湣王“厚葬以明孝；高宫室，大苑囿，以明得意”[8]。对建筑之观念，不若前此之简朴。且自周中世以降，尤尚殿基高巨之风，数殿相连如赵之丛台，即其显著之一例。今日燕故都巍然之台址，犹有三十余所。

关于此期建筑式样之资料，仅有少数器皿上所画之建筑物可供参考。故宫博物院藏采桑猎钫上有宫室图，屋下有高基，上为木构。屋分两间，故有立柱三，每间各有一门，门扉双扇。上端有斗栱承枋，枋上更有斗栱作平坐。上层未有柱之表现。但亦有两门，一门半启，有人自门内出。上层平坐似有四周栏杆，平坐两端作向下斜垂之线以代表屋檐，藉此珍罕之例证，已可以考知在此时期，建筑技术之发达至若何成熟水准，秦、汉、唐、宋、之规模，在此凝定，后代之基本结构，固已根本成立也。

秦始皇统一中国以后，在渭水流域秦亘古未有之建筑活动，自此萌芽[9]，古代工程闻名于世界之万里长城，于战国之世亦已由各国分段兴筑[10]。

---

7 《国语·晋记》。

8 《史记·苏秦列传》。

9 《史记·商君列传》。

10 《史记·赵世家，魏世家，秦本纪，苏秦列传》。

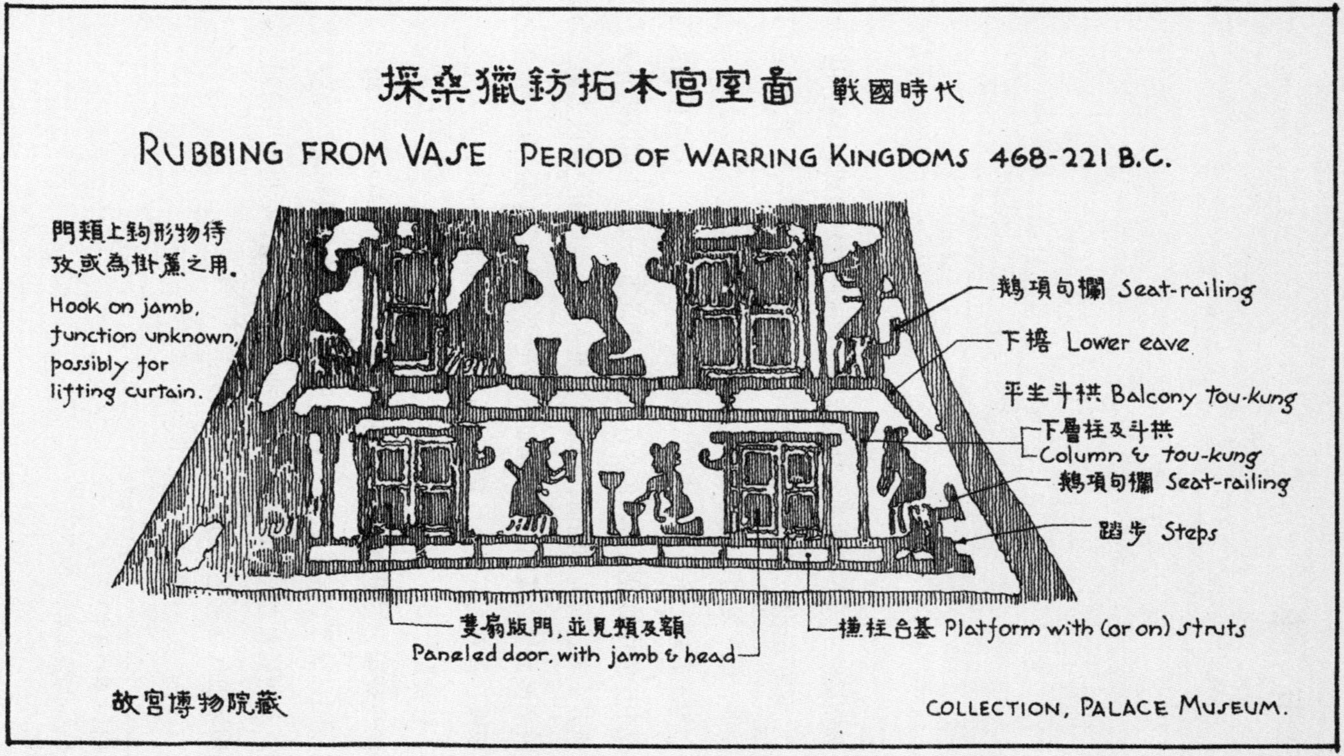

图2-1 采桑猎钫拓本宫室图

第三节　秦

秦始皇统一天下，以孝公时代商鞅所营咸阳宫廷翼阙为核心而扩大增益之。“秦每破诸侯，写放其宫室，作之咸阳北阪上，南临渭，自雍门以东至泾渭，殿屋复道，周阁相属”[1]。

“三十五年，始皇以为咸阳人多，先王之宫廷小……乃营作朝宫渭南上林苑中。先作前殿阿房，东西五百步，南北五十丈，上可以坐万人，下可以建五丈旗。周驰为阁道，自殿下直抵南山，表南山之颠以为阙。为复道自阿房渡渭属之咸阳……隐宫徒刑者七十余万人”[见注1]。“咸阳之旁二百里内，宫观二百七十，复道、甬道相连，帷帐、钟鼓、美人充之，各案署不移徙”[2]。

始皇死后，二世复继续营建[见注1]。然仅至公元前206年，项羽引兵西屠咸阳，烧秦宫室，火三月不灭[见注2]。周秦数世纪来之物资工艺之精华，乃遇最大之灾害，楚人一炬，非但秦宫无遗，后世每当易朝之际，故意破坏前代宫室之恶习亦以此为嚆矢。

---

1 《史记·秦始皇本纪》。

2 《史记·项羽本纪》。

始皇陵墓建筑豪侈，亦前所未有。初即位，“穿治郦山。及并天下，天下徙送诣七十余万人，穿三泉，下铜而致椁。宫观、百官、奇器、珍怪，从藏满之”[见注1]。“合采金石，冶铜锢其内，漆涂其外。被以珠玉，饰以翡翠”[3]。“以水银为百川江河大海，机相灌输，上具天文，下具地理……树草木以象山”[4]，以为可与天地同久；然仅三年，项羽入关，即被掘盗取其财物。

始皇因各国长城之旧，“使蒙恬将三十万众筑长城：因地形，用制险塞。起临洮，至辽东，延袤万余里”[5]。非此者，则北虏之侵，必更无阻障，二千年来中国历史之演成，其关系于此长城者实至钜。秦长城为土筑，今甘肃西，或尚有秦时原物。河北省一带砖甃长城，均明中叶以后增筑。

3《汉书·贾山传》。

4《长安志》。

5《史记·蒙恬传》。

第三章 两汉时期

History of Chinese Architecture

第一节　文献上两都建筑活动之大略

汉高祖（公元前202年）奠都长安，本秦离宫，城狭小，萧何据龙首山冈建长乐；嗣营未央，就秦宫而增补之，六年（公元前187年）城乃成[1]。城周回“六十五里”，每面辟三门，城下有池周绕，“石桥各六丈，与街相直”[2]。城之平面不作方形，其南北两面俱非直线。盖营建之始，增补长乐、未央，城南迂回迁就，包括二宫于内，而城北面又以西北隅滨渭水，故顺河流之势，亦筑成曲折之状，后人乃倡城像南北斗之说[3]。

长安城内诸宫散置，有长乐、未央、明光、长信、桂宫及北宫六处。有九市、百六十里、八街、九陌。市楼皆重屋，又有旗亭、令署、里门、弹室之设。城中地广人稀，故道衢里市均宏阔，而公卿田宅得求穷僻处，不乏城市山林之趣。宫阙之间，民居杂处，“又起五里于长安城中，宅二百区以居贫民。”全城之布置，既未遵古礼对称均齐之法，亦未若后代之有皇城宫城区分内外，实为历代都邑之变体[4]。

1 《史记》及《汉书》“高祖本纪”“惠帝纪”“吕后本纪”。

2 《三辅黄图》。

3 《长安志》。

4 刘敦桢《大壮室笔记》。

萧何营建长安，因秦故宫以修长乐，据龙首山以作未央。惠文景之世，均少增作。至武帝时，国库殷实，生活渐趋繁华，物质供应与工艺互相推动，乃大兴宫殿，广辟苑囿。在长安城中，修高祖之北宫，造桂宫，起明光宫，更筑建章宫于城西，于是离宫别馆，遍于京畿。此后王侯贵戚更大治府第，土木之功乃臻极盛。

汉代之称“宫”者，大都指由多数之殿乃至其他台榭阁廊簇拥而成之集体而言。全体之外，绕以宫垣，四面辟门，门外更或有阙。宫垣之内，除皇帝朝会之前殿，及综治政事之寝殿，后宫帝后妃嫔寝处殿舍之外，尚有池沼楼台林苑游观部分。诸殿均基台崇伟，仍承战国嬴秦之范，因山冈之势，居高临下，上起观宇，互相连属。其苑囿之中，或作池沼以行舟观鱼，或作楼台以登临远眺。充满理想，欲近神仙。各宫之间，阁道之设，亦因台而生，绵亘连属，若长桥飞虹，互相通达，以便行幸。秦汉以来，园庭设计，盖已与宫室并重，互为表里矣。汉宫殿繁复之布署，嵯峨之外观，实达高度标准，但其结构原则，仍以殿为单位，不因台榭相接而增烦难。元李好问曾述其所见曰：“予至长安，亲见汉宫故址，皆因高为基，突兀峻峙，崒然山出，如未央、神明、井干之基皆然，望之使人神志不觉森竦。使当时楼观在上又当何如！？”[见注4]此崇台峻基所予观者对于整个建筑之印象，盖极深刻也。

长安城内外，诸宫之中，其规模尤大，史籍记载较详者，为长乐、未央、建章三宫，兹分述其略：

一、长乐宫

故秦之兴乐宫，而汉修缮之。宫周回二十里，在长安城内之东南部，其前殿东西四十九丈七尺，两序中三十五丈、深十二丈[见注2]，除去两序，其修、广略如今北京清宫太和殿。秦阿房宫殿前铜人十二，亦移列此殿前。宫成，适当叔孙通习礼成，诸侯、群臣朝会、“竟朝置酒，无敢谨诎失礼者。于是高帝曰：‘吾乃今日知为皇帝之贵也’”[5]。

长乐宫殿各之见于记载者约十余，又有酒池、鸿台。后两者据传为秦始皇所造。鸿台“高四十丈，上起观宇”[见注2]。今传世瓦当有“长乐万岁”及“长乐未央”之铭文者。

二、未央宫

汉代新创之第一宫，高祖七年（公元前200年），萧何治未央宫，“上见其壮丽，甚怒。何曰：“……天子以四海为家，非令壮丽亡以重威；且亡令后世有以加也。”上悦，自栎阳徙居焉[6]。汉初之营未央，修长乐，其技术方面负责人为梧齐侯阳城延，延以军匠从起郏，入汉后为将作少府；筑长安城亦延之功也[7]。

未央宫周回二十八里，在长安城内之西南部。今计其殿角台池堂室门阙之名可考者八十余，其中形制或特征之较可考者有：

前殿，东西五十丈，深十五丈，高三十五丈，疏龙首山为殿台，不假板筑，高出长安城。“以木兰为棼橑，文杏为梁柱；金铺玉户，华榱壁珰；雕楹玉碣，重轩镂槛；青琐丹墀，左碱右平，黄金为壁带，间以和氏珍玉”[见注2]。“重轩三阶，闺房周通，门闼洞开，列钟虡于中庭，立金人于端闱”[8]。高帝所建而武帝增饰者也。

宣室殿当在前殿之北，为汉诸帝之正寝，又曰“布政教之室”，宣帝“常幸宣室，斋居而决事”[9]。

温室殿“冬处之温暖”，“以椒涂壁，被之文绣，香桂为柱。设火齐

5 《史记·刘敬叔孙通列传》。

6 《汉书·高帝纪》。

7 《汉书·高惠高后文功臣表》。

8 《西都赋》。

9 《汉书·刑法志及注》。

屏风，鸿羽帐。规地以罽宾氍毹”[见注2]。

清凉殿“中夏含霜”，“夏居之则清凉也”。“以画石为床，文如锦，紫琉璃帐”。“又以玉晶为盘，贮冰于膝前，玉晶与冰相洁”[见注2]。

殿阁之有特殊用途者，如天禄阁“以藏秘书，处贤才也”[见注2]。石渠阁“藏入关所得秦之图籍”[见注2]。承明殿“著述之所也”。又有金马门，为“宦者署，武帝得大宛马，以铜铸像立于署门，因以为名。东方朔……等皆待诏于此”[见注2]。麒麟阁则“宣帝图画功臣像于此”[10]。

未央宫后宫分为八区，其中如椒房殿皇后所居，“以椒和泥涂壁，取其温而芬芳也”[见注2]。昭阳舍成帝为昭仪又增华饰，“中庭彤朱，而殿上髹漆，切皆铜沓，冒黄金涂,白云阶，壁带往往为黄金釭，函蓝田璧，明珠翠羽饰之，自后宫未尝有焉”[11]。而漪澜殿尝称画殿，王夫人生武帝于此。后宫细靡绮丽之发展，略可想见。

游观建筑，则有柏梁台，“高二十丈，用香柏为梁殿，香闻数十里”[12]。又有仓池，池中有渐台，高十丈。

除朝会、起居、娱乐用各建筑外，宫中更有殿中庐供臣子止宿；“织作文绣郊庙之服”之织室[13]；藏冰之凌室[14]及“掌宫中舆马”之路軨厩等等实用部分焉[见注2]。

三、建章宫

武帝太初元年（公元前104年）建，尤为特殊[15]。宫周二十余里，在长

10《汉书·苏武传》。
11《汉书·外戚传》。
12《汉书·武帝纪》。
13《汉书·宣帝纪及外戚传》。
14《汉书·惠帝纪及注》。
15《汉书·武帝纪》。

安城外之西；“度为千门万户。前殿度高未央。其东则凤阙高二十余丈；其西则商中数十里虎圈。其北治大池，渐台高二十余丈，名曰太液，池中有蓬莱、方丈、瀛洲、壶果，象海中神山、龟鱼之属。其南有玉堂璧门大鸟之属。立神明台、井干楼，高五十丈。辇道相属焉”[16]。建章与未央之间，则“跨玑池，作飞阁，构辇道以上下”相属[见注2]。

宫南面正门曰阊阖，“玉堂璧门三层，台高三十五丈；玉堂内殿十二门，阶陛皆以玉为之。铸铜凤，高五尺，饰黄金，栖屋上，下有转枢，向风若翔。楼屋上椽首薄以璧玉，因曰‘璧门’[见注2]。门内列凤阙及宫之东阙，均高二十五丈，亦均以铜凤凰为饰。”

太液池在宫之北，有渐台及蓬莱、方丈等仙山[见注2]。其旁宵游宫，成帝所建，“以漆为柱，铺黑绨之幕，器服乘舆皆尚黑色；宫中美御皆服皂衣……”[17]。此外尚有虎圈及狮子园焉。

宫中更有神明台，在璧门右，武帝造以求神仙者[见注2]。高五十丈，上有九室，其上又有承露盘，高二十丈，大七围。“有铜仙人舒掌，捧铜盘玉杯，以承云表之露。以露和玉屑服之，以求仙道”[18]。井干楼与神明台对峙，亦高五十丈。“结重栾以相承，累层构而远济，望北辰而高兴”[19]。盖极复杂之木构架建筑也。

三辅离宫苑囿甚多。上林苑在长安东南，“周袤三百余里，离宫七十所，能容千乘万骑”[见注2]。甘泉宫在云阳甘泉山，本秦所造。武帝置前殿，紫殿，通天台，及宫馆数十，紫殿“雕文刻缕黼黻，以玉饰之”[见注3]。“通天台……以候神人”[见注16]。“台高三十丈，望云悉在

16 《汉书·郊祀志》。

17 《三辅黄图》。

18 《三辅旧事》。

19 《西京赋》。

下。去长安三百里，望见长安城”[20]；“上亦有承露仙人。”

王莽篡汉，“坏彻城西苑中建章、承光、包阳、大台、储元宫及平乐、当路、阳禄馆，凡十余所，取其材瓦以起九庙……太初祖庙东西南北各四十丈，高十七丈，余屋半之。为铜薄栌，饰以金银琱文，穷极百工之巧。带高增下，功费数百巨万，卒徒死者万数”[21]。

王莽之败，未央宫被焚，其余宫馆则无所毁。至光武建武二年（公元26年），赤眉焚西京宫室，长安汉故宫遂毁。光武之世，屡次修葺，终难复旧观焉。

东汉之洛阳略作长方形，“东西七里，南北十余里”，跨建洛河两岸。南宫在河南，北宫在河北。

洛阳诸殿中，史籍纪述唯北宫正殿德阳殿最详。殿南北七丈，东西三十七丈四尺。“周旋容万人。陛高二丈，皆文石作坛，激沼水于殿下，画屋朱梁，玉阶金柱，刻镂作宫掖之好，厕以青翡翠。一柱三带，韬以赤缇……偃师去宫四十三里，望朱雀五阙，德阳其上，郁律与天连”[22]。

终东汉之世，洛阳城邑宫阙规模气魄，均难与西汉之长安比拟。至初平元年（公元190年），董卓焚洛阳宫庙及人家，“火三日不灭，而京都为丘墟矣”[23]。

两汉季世，皇室衰微，王侯、外戚、宦官佞幸，竞起宅第、园囿，尤以东汉末叶为甚。前汉梁孝王武，鲁恭王馀，后汉济南安王康，琅玡孝王京，均好治宫室苑囿，尤以鲁恭王之灵光殿，因王延寿之赋而著名于

---

20 《长安志·引汉旧仪》。

21 《汉书·王莽传》。

22 《后汉书·礼仪志》。

23 《后汉书·董卓传》。

后世[24]。

至于外戚佞幸之宅第，则成帝之世，王氏五侯“大治第室，起土山、渐台、洞门、高廊阁道、连属弥望”[25]。

宅第之最豪侈者，莫如桓帝朝大将军梁冀。冀大起第舍，其妻孙寿“亦对街为宅，殚极土木，互相夸竞。连房洞户；柱壁雕镂，加以铜漆。窗牖皆有绮疏青琐，图以云气仙灵。台阁周通，更相临望。飞梁石蹬，陵跨水道……又广开园囿，采土筑山。深林绝涧，有若自然……又多拓林苑，禁同王家……又起菟苑于河南城西，经亘数十里，发属县卒徒，缮修楼观，数年乃成……”[26]。而帝都宫阙之工事反无所闻。建筑为社会情形之反映，信不诬也。

---

24 《汉书》及《后汉书·本传》及《灵光殿赋》。

25 《汉书·元后传》。

26 《后汉书·梁翼传》。

第二节　汉代实物

现存汉代建筑遗物之中，有墓、石室、阙、崖墓，为实物；明器、画像石之类，则为间接资料。

墓

西汉诸帝陵，均起园邑，缭以城垣，徙民居之，为造宅第，设官管理，蔚然城邑。今长安附近，汉帝诸陵虽仅存坟丘，其缭垣及门阙遗址尚可辨。坟丘名曰“方上”，多为平顶方锥体，或单层或二三层，最大者方二百六十余米，高三十米。其附属庙殿，均无存焉。至于地下工程，其制度虽载在史籍，然在未经发掘以前真相难明。文献所记，兹不赘述。

其余小墓，曾经发掘者颇多。墓之简单者，仅用木椁，或累石卵为外墙。其稍大者以砖石构成羡道及墓室。羡道多南向。墓室配列无定则，数目亦多寡不一。就结构言，约略可分为四种：（一）井干式木构墓，如朝鲜南井里彩画冢[1]；（二）叠涩券墓，如辽宁营城子“二号墓”[2]；（三）

1 《彩画冢》。

2 《营城子》。

发券墓，如山东金乡县朱鲔墓[3]；（四）空心砖墓，砖出土者多，墓完整者尚未见，仅能推想其结构，墓之地面配置，坟丘之前，或作石室、石阙及石人、石兽等，如朱鲔墓则有石室，山东嘉祥武氏墓则有石室、石阙、石狮。咸阳霍去病墓垒石以像祁连山，其石兽雕刻尤为雄壮。

石室

汉墓石室见于文献者甚多，然完整尚存者，仅山东肥城县孝堂山“郭巨”墓祠一处[4]。石室通常立于坟丘之前。室平面作长方形，后面及两山俱有墙，正面开敞，正中立八角石柱一，分正面为两间。屋顶“不厦两头造”，即清式所称悬山式，上施脊，瓦陇瓦当均由石块上刻成。著名之“武氏祠画像石”实为石室之毁后散乱者。美国费慰梅[5]（Wilma C.Fairbank）就现存石之拓本，归复原状，不唯藉知各画石之原位置及室内壁面画像之图案，且得以推知石室之结构及原形与“郭巨洞”相同，正面中间立一柱，且有后部另有小龛突出如后世所谓龟头者[见注3]。

---

3 Wilma C. Fairbank, The offering Shrines of “Wu Liang Tz'ŭ, ”, Harvard Journal of Asiatic Studies.Vol.6, No.1.

4 刘敦桢《河南省北部古建筑调查记》，刊发于《中国营造学社汇刊》第六卷第四期。

5 即注3，见费慰梅《汉武梁祠建筑原形考》（王世襄译），《营造学社汇刊》第七卷第二期。——陈明达注

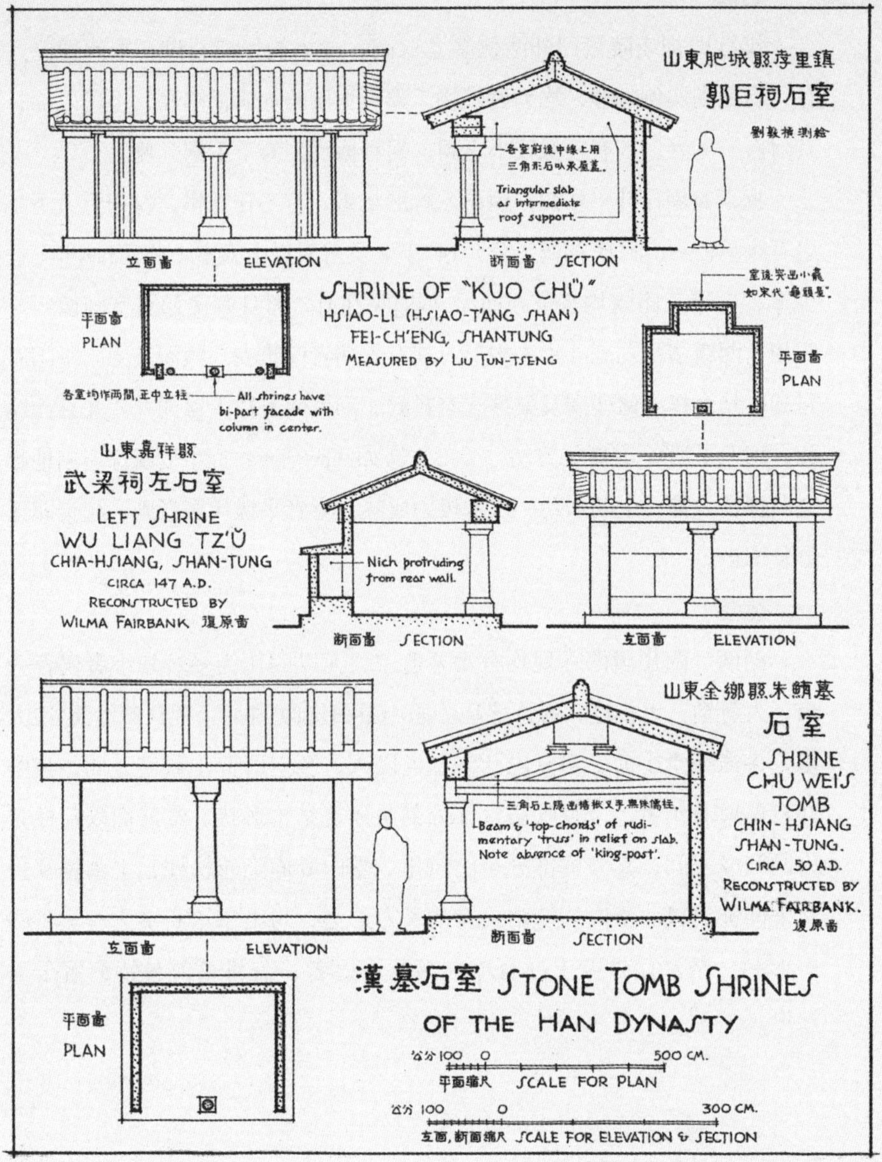

山東肥城縣孝里鎮
郭巨祠石室
劉敦楨測繪
各室前後中線上用三角形石以承屋蓋.
Triangular slab as intermediate roof support.
立面圖 ELEVATION
斷面圖 SECTION
SHRINE OF "KUO CHÜ"
HSIAO-LI (HSIAO-T'ANG SHAN)
FEI-CH'ENG, SHANTUNG
MEASURED BY LIU TUN-TSENG
平面圖 PLAN
各室均作兩間,正中立柱
All shrines have bi-part facade with column in center.
平面圖 PLAN
山東嘉祥縣
武梁祠左石室
LEFT SHRINE
WU LIANG TZ'Ŭ
CHIA-HSIANG, SHAN-TUNG
CIRCA 147 A.D.
RECONSTRUCTED BY
WILMA FAIRBANK 復原圖
Nich protruding from rear wall.
斷面圖 SECTION
立面圖 ELEVATION
山東金鄉縣朱鮪墓
石室
SHRINE
CHU WEI'S
TOMB
CHIN-HSIANG
SHAN-TUNG.
CIRCA 50 A.D.
RECONSTRUCTED BY
WILMA FAIRBANK.
復原圖
Beam & 'top-chords' of rudimentary 'truss' in relief on slab. Note absence of 'king-post'.
斷面圖 SECTION
立面圖 ELEVATION
平面圖 PLAN
漢墓石室 STONE TOMB SHRINES
OF THE HAN DYNASTY
公分 100 0 500 CM.
平面縮尺 SCALE FOR PLAN
公分 100 0 300 CM.
立面,斷面縮尺 SCALE FOR ELEVATION & SECTION

图3-1　汉墓石室

石阙

汉宫殿祠庙陵墓门外两侧多立双阙，或木构，或石砌；木阙现已无存，石阙则实例颇多，均为后汉物。阙身形制略如碑而略厚，上覆以檐；其附有子阙者，则有较低较小之阙，另具檐瓦，倚于主阙之侧。

檐下有刻作斗栱枋额，模仿木构形状者，有不作斗栱，仅用上大下小之石块承檐者。武氏祠阙（公元147年）及河南嵩山太室（公元118年）、少室、启母三庙阙均有子阙而无斗栱[见注4]。阙身画像如石室画像石。四川、西康诸阙均刻斗栱木构形；其有子阙者仅雅安高颐阙及绵阳平阳府君阙；其余梓潼诸残阙及渠县沈府君阙、冯焕阙及数无铭阙并江北县无铭阙，均无子阙[6]。其雕饰方法，一部平钑如武氏祠石，而主要雕饰皆剔地起突四神及力神，生动强劲，技术极为成熟。意者平钑代表彩画，起突即浮雕装饰也。

崖墓

湖南、四川境内，现均有崖墓遗迹，尤以四川为多。其小者仅容一棺，大者堂、奥相连，雕饰盛巧。乐山县白崖[见注1]，宜宾黄沙溪[7]诸大墓，多凿祭堂于前，自堂内开二墓道以入，墓室即辟于墓道之侧，其中亦有凿成石棺者。全墓唯祭堂部分刻凿建筑结构形状。堂前面以石柱分为两间或三间，其外檐部分多已风化。堂内壁面隐起枋柱，上刻檐瓦，瓦下间饰禽兽。堂内后壁中央有凿长方形龛，与山东诸石室之有龛者同一形制。祭堂门外壁上亦有雕刻阙及石兽者，盖将墓前各物缩置于一处也。

---

6 刘敦桢、梁思成等测绘；刘敦桢《西南建筑图录》（未刊稿）。

7 刘敦桢《西南建筑图录》。

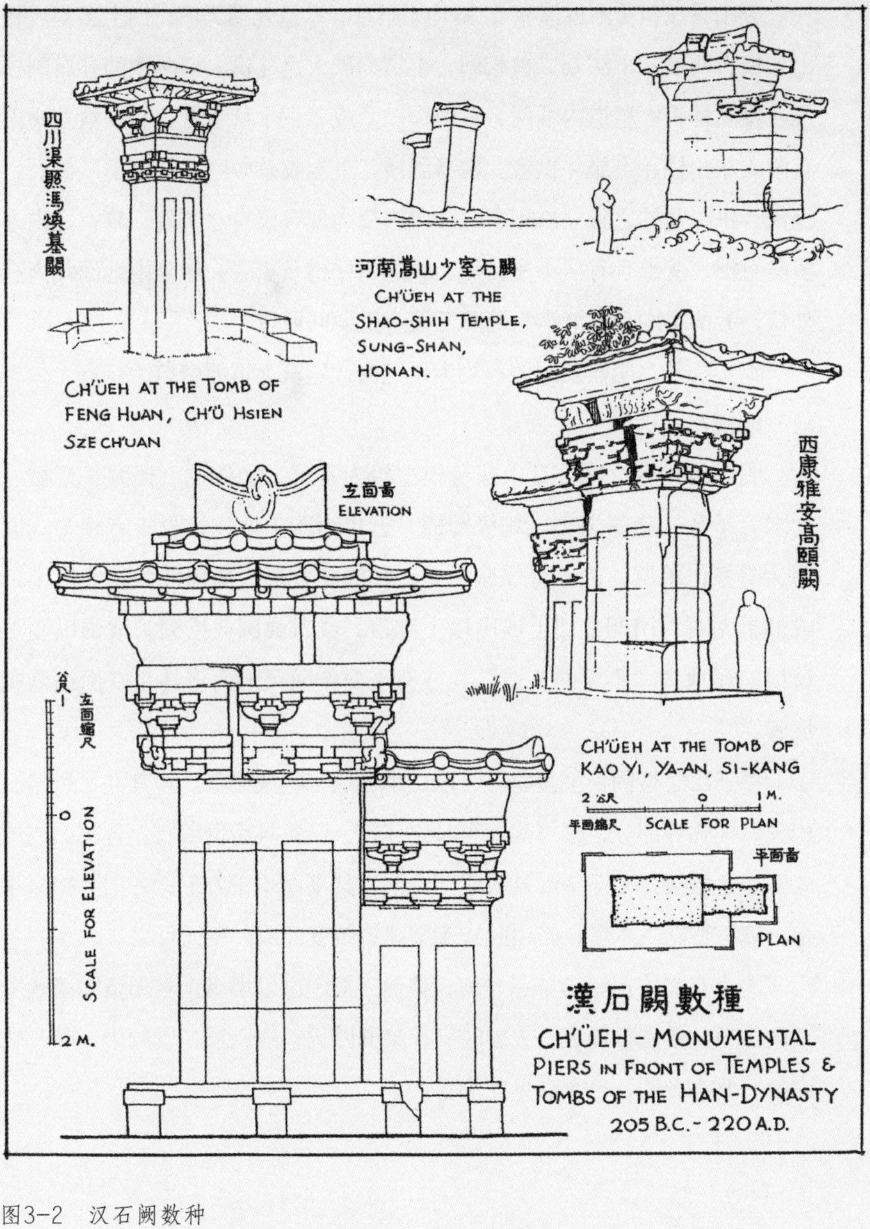
四川渠縣馮煥墓闕
CH'ÜEH AT THE TOMB OF
FENG HUAN, CH'Ü HSIEN
SZECH'UAN
河南嵩山少室石闕
CH'ÜEH AT THE
SHAO-SHIH TEMPLE,
SUNG-SHAN,
HONAN.
西康雅安高頤闕
CH'ÜEH AT THE TOMB OF
KAO YI, YA-AN, SI-KANG
立面圖
ELEVATION
立面縮尺
SCALE FOR ELEVATION
0
2 M.
2 公尺
0
1 M.
平面縮尺
SCALE FOR PLAN
平面圖
PLAN
漢石闕數種
CH'ÜEH - MONUMENTAL
PIERS IN FRONT OF TEMPLES &
TOMBS OF THE HAN-DYNASTY
205 B.C. - 220 A.D.

图3-2　汉石阙数种

彭山县江口镇附近崖墓[8]，则均无祭堂。墓道外端为门，门上多刻成叠出如檐者两层；下层刻二兽相向，上层刻硕大之斗栱。门两侧间亦有刻柱及斗栱承枋者。墓道内端两旁有辟作一个或二三个墓室者；有少数墓室内有凿成八角柱，上施斗栱者。柱身肥矮，上端收杀颇巨，其下承以础石。汉代斗栱，及柱之独立施用者，江口崖墓为现存仅有之实例。墓室之内亦多凿石棺，壁上且有凿小龛，灶，或隐出柱枋及窗者。崖墓内地面均内高外低，旁凿水沟，盖泄水为墓葬工程一重要问题也。

除实物外，明器及画像石均为研究汉代建筑之重要资料。

明器

明器为殉葬之物，其中建筑模型极为常见，如住宅、楼阁、望楼、仓囷、羊舍、猪圈之类，均极普通，近年为欧美博物馆收集者颇多。明器住宅多作单层，简单者仅屋一座，平面长方形，前面辟门，或居中，或偏于左右；门侧或门上或山墙上辟窗，或方或圆或横列，或饰以菱形窗棂。屋顶多“不厦两头造”。亦有平面作曲尺形而将其余二面绕以围墙者。

二三层之楼阁模型多有斗、以支承各层平坐或檐者。观其斗、栏楯、门窗、瓦式等部分，已可确考当时之建筑，已备具后世所有之各部。二层或三层之望楼，殆即望候神人之“台”，其平面均正方形，各层有檐有平坐。魏、晋以后木塔，乃由此式多层建筑蜕变而成，殆无疑义。

羊舍有将牧童屋与羊屋并列，其他三面围之以墙者。其屋皆如清式所谓硬山顶，羊屋低而大，人屋较高。猪圈四周，绕以墙，置厕于一隅，较高起，北方乡间，至今尚见此法焉。

---

8 刘敦桢、莫宗江、陈明达测绘；陈明达《彭山汉崖墓》（未刊稿）。

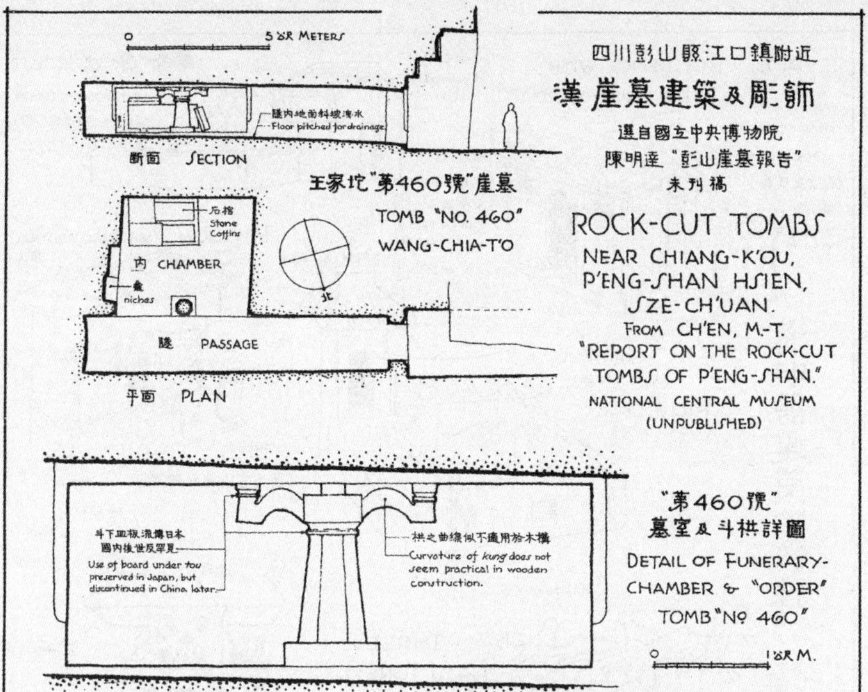

图3-3　四川彭山县江口镇附近汉崖墓建筑及雕饰

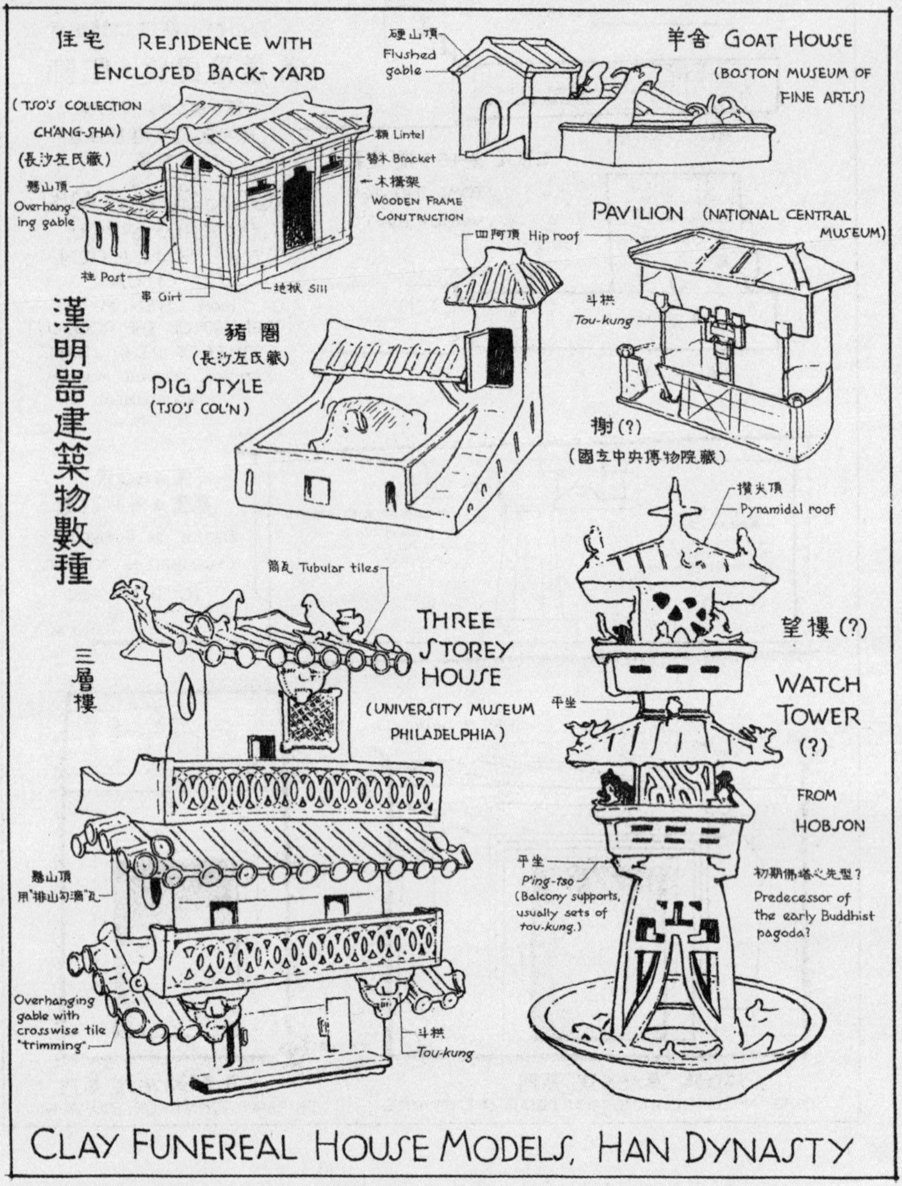

图3-4 汉明器建筑物数种

画像石

画像石中所见建筑，有厅堂、亭、楼、门楼、阙、桥等。其中泰半为极端程式化之图案，然而阶基、柱、枋、斗栱、栏杆、扶梯、门、窗、瓦饰等，亦均描画无遗，且可略见当时生活状况。波士顿美术博物馆所藏函谷关东门画像石，画式样相同之四层木构建筑两座并列，楼下为双扇门，上以斗栱承檐，二三层壁上均开小方窗，周以走廊，以斗栱承檐。第四层无廊，上覆四阿顶，脊上饰以凤凰。其所予人对于当时建筑之印象，实数明器及其他画像石均忠实准确也。

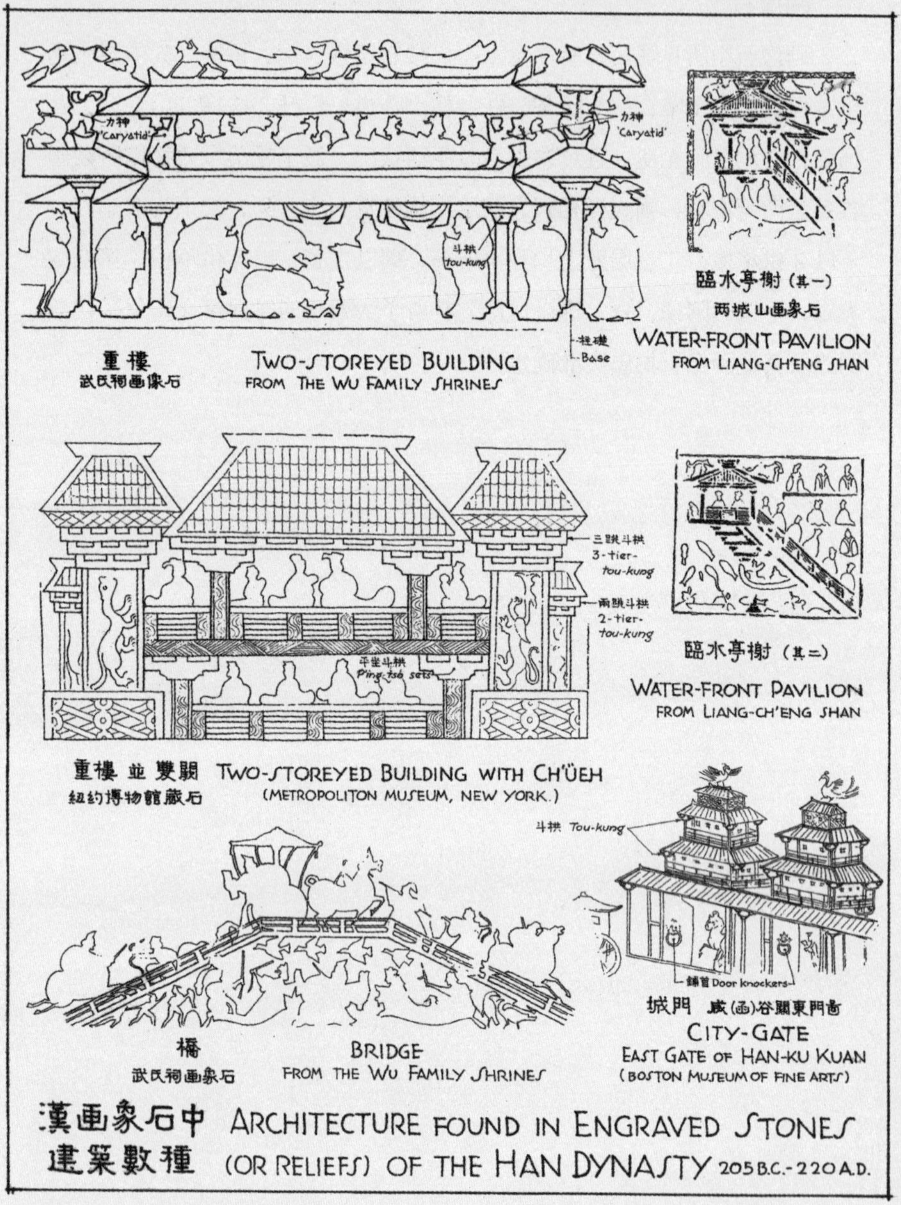

图3-5　汉画像石中建筑数种

第三节　汉代建筑特征之分析[1]

阶基

阶基为中国建筑三大部分之一。其在汉代，未央宫前殿，“疏龙首山以为殿台”；“重轩三阶”，文献可稽。川康诸阙亦有下以阶基承托，阶基四周刻作若干矮柱及斗者。画像石中，厅堂及阙下亦多有阶基，亦用矮柱以承阶面，柱与柱之间刻水平横线，殆以表示砖缝。直至唐五代，此法尚极通行。

柱及础

彭山崖墓中柱多八角形，间亦有方者，均肥短而收杀急。柱之高者，其高仅及柱下径之三点三六倍，短者仅一点四倍。柱上或施斗栱，或仅施大斗，柱下之础石多方形，雕琢均极粗鲁。孝堂山石室正中亦立一八角柱，高为径之三点一四倍，上下同径无收杀。其上施大斗一枚，其下以同形之斗覆置为础。出土汉墓砖中亦有上有斗下有斗形础之圆柱或八角柱，殆即此类柱之砖制者；但较为修长，其高可及径之五六倍。画像石中所见

1 参阅《中国营造学社汇刊》第五卷第二期，鲍鼎、刘敦桢、梁思成《汉代建筑式样与装饰》。

柱，难以判其为方为圆，柱下之础石似有向上凸起而将柱底凹入，使相卯合者。汉代若果有此法，虽可使柱稳定，然若上面重量过大或重心偏倚，则易使柱破裂，故后代无用此法者。

门窗

门之实物存者唯墓门。彭山墓门门框均方头，其上及两侧均起线两层。石门扇亦有出土者，均极厚而短，盖材料使然也。门上刻铺首，作饕餮衔环图案，明器所示，则门框多极清晰，门扇亦有作铺首者。函谷关东门画石，则门之两侧有腰枋及余塞板，门扉双合，扉各有铺首门环。明清所常见之门制，大体至汉代已形成矣。

窗之形状见于明器者，以长方形为多，间亦有三角、圆形或他种形状者。窗棂以斜方格为最普通，间有窗棂另做成如笼，扣于窗外者。彭山崖墓中有窗一处，为唯一之实例，其窗棂则为垂直密列之直棂。

平坐与栏杆

画像石与明器中之楼阁，均多有栏杆，多设于平坐之上。而平坐之下，或用斗栱承托，或直接与腰檐承接。后世所通用之平坐，在汉代确已形成。栏杆样式以矮柱及横木构成者最普通，亦有用连环或其他几何形者。函谷关东门图所见，则已近乎后世之做法与权衡矣。

斗拱

汉斗栱实物，见于崖墓、石阙及石室。彭山崖墓墓室内八角柱上，多有斗栱。柱头上施栌斗（即大斗），其上安栱，两头各施散斗一；栱心之上，出一小方块，如枋头。斗下或有皿板，为唐以后所不见，而在云冈石窟及日本飞鸟时代实物中则尚见之。栱之形有两种，或简单向上弯起，为圆和之曲线，或为斜杀之直线以相连，殆即后世分瓣卷杀之初型，如魏、唐以后通常所见；或弯作两相对顶之S字形，亦见于石阙，而为后世所不见，在真正木构上究否制成此形，尚待考也。川、康诸石阙所刻斗栱，则均于栌斗下立短柱，施于额枋上。栱之形式亦有上述单弯与复弯两种；栱心之上或出小枋头，或不出。斗下皿板则不见。朱鲔石室残址尚存石斗栱一朵，乃以简单弯拱托两散斗者，与后世斗栱形制较为相近。

明器中有斗栱者甚多，每自墙壁出拱或梁以挑承栌斗，其上施栱，间亦有柱上施栌斗者。“一斗三升”颇常见。又有散斗之上，更施较长之栱一层者，即后世所谓重栱之制。散斗之上又有施替木者。其转角处则挑出角枋，上施斗栱，抹角斜置，并无角栱。

画像石中所见斗栱多极程式化，然其基本单位则清晰可稽。其组合有一斗二升或三升者，有单栱或重栱者；有出跳至三四跳者；其位置则有在柱头或补间者。

综观上述诸例，可知远在汉代，斗栱之形式确已形成，其结构当较后世简单。在转角处，两面斗栱如何交接，似尚未获圆满之解决法。至于后世以栱身之大小定建筑物全身比例之标准，则遗物之中尚无痕迹可寻也。

构架

川、康诸阙，在阙身以上，檐及斗栱以下，刻作多数交叠之枋头，可借以略知其用材之法。朱鲔墓址所遗残石一块，三角形，上刻叉手，叉手之上刻两斗。其原位置乃以承石室顶板者。日本京都法隆寺飞鸟时代迴廊及五台山佛光寺大殿，均用此式结构，汉代建筑内部结构之实物，仅此一例而已[2]。

2 Wilma C.Fairbank, A Structural Key to Han Mural Art, Harvard Journal of Asiatic Studies, Vol.7, No.1.

屋顶与瓦饰

中国屋顶式样有四阿（清式称庑殿）、九脊（清称歇山）、不厦两头（清称悬山）、硬山、攒尖五种。汉代五种均已备矣。四阿、不厦两头、硬山见于画像石及明器者甚多。攒尖则多见于望楼之顶。九脊顶较少见，唯纽约博物院藏明器一例，乃由不厦两头四周绕以腰檐合成，二者之间成阶级形，不似后世之前后合成一坡者。此式实例，至元代之山西霍县东福昌寺大殿尚如此，然极罕见也。重檐之制见于墓砖，其实例则雅安高颐阙。汉代遗物之中，虽大多屋顶坡面及檐口均为直线，然屋坡反宇者，明器中亦偶见之。班固《西都赋》所谓“上反宇以盖载，激日景而纳光”，固以为汉代所通用之结构法也。嵩山太室石阙将近角瓦陇微提高，是翘角之最古实例。

檐端结构

石阙所示，由角梁及椽承托；椽之排列有与瓦陇平行者，有翼角展开者，椽之前端已有卷杀，如后世所常见。

屋顶两坡相交之缝，均用脊覆盖，脊多平直，但亦有两端翘起者。脊端以瓦当相叠为饰，或翘起，或伸出，正式鸱尾则未见也。

汉瓦有筒瓦、板瓦两种，石阙及明器所示多二者并用，如后世所常见，汉瓦无釉，而有涂石灰地以着色之法。瓦当圆形者多，间亦有半圆者。瓦当纹饰有文字、动物、植物三种，当于雕饰题下论之。

砖作

汉代用砖实例均见于墓中。墓壁砌法，或以卧、立层相间，或立砖一层、卧砖二三层；而各层之间，丁砖与顺砖又相间砌，以保持联络。用画像砖之墓，则如近代用“面砖”之法，以画像之面向外。

墓室顶部穹窿之结构，有以平砌之砖逐层叠涩者，亦有真正发券者，前者多见于辽东高丽，后者则中原及巴蜀所常见也。

砖之种类：有普通砖，通常砌墙之用；发券砖，上大而下小；地砖，大抵均方形；空心砖则制成柱梁等各种形状，并长方条、长方块、三角块等等，其用途殆亦砌作墓室者也。

雕饰

崖墓门上、石阙檐下斗栱枋柱间、石室内壁面，为建筑雕饰实例所在，其他出土工艺品如铜器漆器等，亦可略窥其装饰之一般。建筑雕饰可分为三大类：雕刻、绘画及镶嵌。四川石阙斗栱间之人兽、阙身之四神、枋角之角神及墓门上各种鱼兽人物之浮雕，属于第一类。绘画装饰，史籍所载甚多，石室内壁之“画像”殆即以雕刻代表绘画者。其图案与色彩，则于出土漆器上可略得其印象。至于第三类则如古籍所谓“饰以黄金釭，函蓝田璧，明珠翠羽”之类，以金玉珍异为饰者也。

雕饰之题材，则可分为人物、动物、植物、文字、几何纹、云气等。

人物或用结构部分之装饰，如石阙之角神，但石室壁面，则多以叙史、纪功，武氏祠画像图案多程式化，朱鲔祠则极自然写实。动物以苍龙、白虎、朱雀、玄武四神为最常见，川、康诸阙有高度写生而强劲有力之龙虎、四神瓦当传世者亦多。此外如马、鹿、鱼等皆汉人喜用之装饰母题也。植物纹有藻纹、莲花、葡萄、卷草、蕨纹、树木等，或画之壁，或印之瓦当。文字多用于砖瓦铭刻，汉瓦当之以文字为饰者尤多。几何纹则有锯齿纹、波纹、钱纹、绳纹、菱纹、S纹，等等。自然云气，见于武氏祠；董贤宅“柱壁皆画云气花卉”，殆此类也。

第四章

魏、晋、南北朝时期

History of Chinese Architecture

第一节　文献上魏、晋建筑之大略

自魏受汉禅，三国鼎立，晋室南迁，五代迭起，南北分立，以迄隋之统一中国，三百六十余年间，朝代迭兴，干戈不绝，民不聊生，土木之功，难与两汉比拟。然值丧乱易朝之际，民生虽艰苦，而乱臣权贵，先而僭侈，继而篡夺，府第宫室，不时营建，穷极巧丽。且以政潮汹涌，干戈无定，佛教因之兴盛，以应精神需求。中国艺术与建筑遂又得宗教上之一大动力，佛教艺术乃其自然之产品，终唐宋之世，为中国艺术之主流，其遗迹如摩崖石窟造像刻画等，因材质坚久之故，得以大体保存至今，更为研究艺术史稀有实物资料之大部。

汉末曹操居邺，治府第，作三台，于"邺城西北隅，因城为基。铜雀台高十丈，有屋一百二十间，周围弥覆其上。金凤台有屋百三十间，冰井台有屋百四十五间，有冰室三与凉殿。三台崇举其高若山，与法殿皆阁道相通"[1]。

魏文帝受汉禅（公元220年），营洛阳宫，初居北宫，以建始殿朝群臣。明帝"起昭阳；太极殿；筑总章观……高十余丈，建翔凤于其上。又

1 《三国志·魏志·武帝纪》。

于其林园中起陂池……通引榖水，过九龙殿前，为玉井绮栏，蟾蜍含受，神龙吐出……”[2]。又治许昌宫，起景福[3]、承光殿。土木之功为三国最。

孙权都建业，节俭不尚土木之功，至孙皓起昭明宫，始破坏诸营，大开园囿，起土山、楼观，缀施珠玉，穷极伎巧[4]。刘备在蜀，营建较少，然起传舍，筑亭障，自成都至白水关四百余区，殆尽力于军事国防之建筑也[5]。

晋初仍魏，宫殿少有损益。武帝即位，即营太庙，“致荆山之木，采华山之石，铸铜柱十二，涂以黄金，镂以百物，缀以明珠。”其后，太庙地陷，“遂更营新庙，远致名材，杂以铜柱，陈勰为匠，作者六万人。”[6]

东晋元帝立宗庙社稷于建康。“即位东府，殊为俭陋。元明二帝，亦不改制。”[7]成帝时，“苏硕攻台城，焚太极，东堂秘阁皆尽”，乃“以建平园为宫”。翌年乃“造新宫，始缮苑城”。孝武帝改作新宫，内外军六千人营筑。太极殿高八丈，长二十七丈，广十丈[8]。“帝初奉佛法，立精舍于殿内，引诸沙门以居之。”[见注6]

晋室南迁，五代偏据交相替迭，各有营建，其中最为僭侈、史传最详者，莫如后赵石氏（公元319—352年）。石勒都襄国（今河北邢台县），至石虎迁邺（今河南临漳县）。勒于襄国“拟洛阳之太极，起建德殿……立桑梓苑……起明堂，辟雍，灵台于城西。”又“令少府任汪等监营邺

2《三国志·魏志·明帝纪注引魏略》。
3 何宴《景福殿赋》。
4《三国志·吴志》。
5《三国志·蜀志》。
6《晋书·本纪》。《五行志》。
7《晋书·王彪之传》。
8《徐广晋纪》。

宫，勒亲授规模。”[9]

虎既自立，又于邺“起台观四十余所；营长安洛阳二宫，作者四十余万人”。“凤阳门高二十五丈，上六层，反宇向阳……未到邺城七八里可遥望此门”。于襄国“起太武殿；基高二丈八尺，以文石綷之，下穿伏室，置卫士五百人于其中……漆瓦金铛，银楹金柱，珠帘玉壁，穷极伎巧”[10]。其“窗户宛转，画作云气，拟秦之阿房、鲁之灵光……以五色编蒲心荐席……悬大绶于梁柱，系玉璧于绶”。[11]其“金华殿后虎皇后浴室，三门，徘徊反宇，栌栱隐形，雕彩刻缕，雕文粲丽……沟水注浴时，沟中先安铜笼疏，其次用葛，其次用纱，相去六七步断水。又安玉盘受十斛，又安铜龟饮秽水……显阳殿后皇后浴池，上作石室，引外沟水注之室中；临池上有石床”。[见注11]布置殆在近代浴室及室内游泳池之间。

石虎又崇饰三台，“甚于魏初，于铜爵台上起五层楼阁，去地三百七十尺……作铜爵楼颠，高一丈五尺，舒翼若飞。南则金凤台，置金凤于台颠……北则冰井台，上有冰室……三台相面，各有正殿”，并殿屋百余间……“三台皆砖甃；相去各六十步，上作阁道如浮桥，连之以金屈戍，画以云气龙虎之势。施则三台相通，废则中央悬绝”。[见注11]于建筑之上，又施以机械设备，技术之进步，又胜前代多矣。

虎又于邺城东筑华林苑，引漳水入园；“使尚书张群发近郡男女十六万人，车万乘，运土筑之。”苑“周迴数十里。筑长墙数十里。张群以烛夜作，起三观、四门，三门通障水，皆铁扉”。[见注11]石氏僭据仅三十余年，其宫室之侈，则冠于当世。

东晋之末，赫连勃勃营起统万城于今陕西横山县西之地。以叱干阿利

---

9 《晋书·石勒载记》。

10 《晋书·石虎载记》。

11 《邺中记》。

领将作大匠，委以营缮之任，其规模亦颇可观[12]。此外诸国，率自营都城宫殿，多随其国兴废，不赘述。

佛教既入中国，至后汉末，佛寺佛塔之建筑，已行于全国。汉末三国之际，丹阳郡人笮融“大起浮屠。上累金盘，下为重楼；又堂阁周回，可容三千许人。作黄金涂像，衣以锦彩”[13]。至晋世而佛教普传，高僧辈出，寺塔林立。晋恭帝“造丈六金像，亲迎于瓦棺寺”[见注6]。孝武帝则“立精舍于殿内”[见注6]，千数百年灿烂光辉之佛教建筑活动，至是已开始矣。

---

12 《晋书·赫连勃勃载记》。

13 《后汉书·陶谦传》。

第二节 南北朝之建筑活动

南朝宋、齐、梁、陈均都建康。宋武帝崇尚俭约，因晋之旧，无所政作……[1]文帝新作东宫。又“筑北堤，立玄武湖于乐游苑北，筑景阳山于华林园”。“及世祖（孝武帝）承统，制度奢广，追陋前规，更造正光、玉烛、紫极诸殿。雕栾绮节，珠窗网户……”[2]又“于玄武湖北立上林苑”[见注1]，“起明堂于国学南。”[3]“为先蚕设兆域，置大殿七间，又立蚕观。”[4]“立驰道，自阊阖门至于朱雀门，又自承明门至于玄武门”[见注1]。“置凌室于覆舟山，修藏冰之礼”[见注1]。

齐代宫苑之侈，以东昏侯（公元499—501年）为最。三年，后宫火，“烧睿仪、曜灵等十余殿，及柏寝，北至华林，西至秘阁，三千余间皆尽……于是大起诸殿……又别为潘妃起神仙、永寿、玉寿三殿，皆匝饰以金、璧，窗间尽画神仙……椽桷之端，悉垂铃佩……造殿未施梁桷，便于地画之，唯须宏丽，不知精密……又凿金为莲华以帖地……涂壁皆以麝

1 《南史·宋本纪》。
2 《南史·良吏传》。
3 《南史·礼志》。
4 《隋书·礼仪志》。

香。锦幔珠帘，穷极绮丽……剔取诸寺佛刹殿藻井仙人骑兽以充足之……又以阅武堂为芳乐苑，穷奇极丽……山石皆涂以彩色。跨池水立紫阁诸楼……”[5]。

梁代营建之可记者：武帝作东宫；作神龙仁兽阙于端门大司马门外；新作国门于越城南；作宫城门，三重楼，及开二道，殆即汉函谷关东门图之类也。武帝又新作太极殿，改为十三间；新作太庙，增基九尺。普通二年（公元521年）“琬琰殿火，延烧后宫屋三千间”[6]，然未见重建之记录。帝崇信佛道，初创同泰寺，又开大通门以对寺之南门，又“于故宅立光宅寺，于钟山立大爱敬寺，兼营长干二寺”[7]。于苑囿方面，则有王游苑而已。侯景乱后，元帝立于江陵，而建业凋残。

陈武帝以“侯景之平也，太极殿被焚……乃构太极殿”[8]。“天嘉中，盛修宫室，起显德等五殿，称为壮丽”[9]。至后主至德二年（公元584年），“乃于光熙殿前起临春、结绮、望仙三阁。阁高数丈，并数十间。其窗牖、壁带、悬楣、栏槛之类，并以沉檀香为之。又饰金玉，间以珠翠。外施珠帘，内有宝床宝帐。每微风暂至，香闻数里。朝日初照光映后庭。其下积石为山，引水为池；植以奇树，杂以花药”[10]。此风雅帝王燕居之建筑，殆重在质而不在量者也。

拓跋魏营建之功极盛，盖当时南夏崩裂，而魏则自道武帝至东、西魏之分，约一百五十年间，政治安定，故得以致力于土木也。魏始都盛乐

5《南史·齐本纪》。
6《南史·梁本纪》。
7《魏书·萧衍传》。
8《南史·陈本纪》。
9《隋书·五行志》。
10《陈书·后妃传》。

（今绥远和林格尔县）……至道武帝“迁都平城（今山西大同），始营宫室，建宗庙，立社稷”[11]。太武帝“截平城西为宫城，四角起楼，立墙。门不施屋，城又无堑……所居云母等三殿，又立重屋……殿西铠仗库，屋四十余间；殿北丝绵布绢库，土屋一十余间。太子宫在城东，亦开四门，瓦屋，四角起楼。妃妾住皆土屋……又有悬食瓦屋数十间……其郭城绕宫城南，悉筑为坊；坊开巷。坊大者容四五百家，小者六七十家……城西南去白登山七里，于山边别立父祖庙。城西有祀天坛，立四十九木人，长丈许……城西三里刻石写五经及其国记。于邺取石虎文石屋基六十枚，皆长丈余，以充用……正殿施流苏、金博山、龙凤、朱漆画屏风，织成幌坐，施氍毹褥。前施金香炉、琉璃钵、金碗，盛杂食……自太武至献文，世增雕饰。正殿西筑土台谓之白楼。献文帝禅位后，常游观其上。台南又有伺星楼。正殿西又有祠屋，琉璃为瓦。宫门稍覆以屋，犹不知为重楼，并设削泥采，画金刚力士，胡俗尚黑，又规画黑龙，相盘绕，以为厌胜”[12]。

平城魏陵墓多建石室。孝文帝“起文石室灵泉殿于方山”，又“建永固石室，立碑于石室之庭”[见注1]。其永固堂之“四周隅雉，列榭阶栏槛，及扉户梁壁椽瓦，悉文石也。檐前四柱，采洛阳之八风谷黑石为之，雕镂隐起，以金银间云炬，有若锦焉……”[13]。此盖承后汉石室之制而加以华饰者欤？

自道武帝营平城，至孝文帝迁洛京，平城宫郭苑囿营建之见于史籍者尚极多。迁洛以前，“将营太庙太极殿，遣（蒋）少游乘传诣洛量准魏晋基址”，然后“移御永乐宫，坏太华殿，经始太极殿”[14]。并“东西堂及

11 《魏书·本纪》。

12 《南齐书·魏虏传》。

13 《水经注》。

14 《魏书·蒋少游传》。

朝堂，夹建象魏、乾元、中阳、端门、东西二掖门、云龙、神虎、中华诸门，皆饰以观阁……”[见注13]

孝文帝倾心汉族文化，太和十七年（公元493年）幸洛阳，周巡故宫基址，伤晋德之不修，诏经始洛京。十九年（公元495年）“金墉宫成……六宫及文武尽迁洛阳”[见注11]。宣武帝景明中，“发畿内夫五万五千人筑京师三百二十三坊”。又起明堂、圆丘、太庙，并营缮国学。其苑囿则有华林园，园有景阳山；有天渊池，迁代京铜龙置焉，池西立山，“采掘北邙及南山佳石，徙竹汝颍，罗莳其间，经构楼馆，立于上下。树草栽木，颇有野致”[见注11]。

佛教至晋而普传中国，其在北魏则“京邑帝里，佛法丰盛，神图妙塔，桀跱相望，法轮东转，兹为上矣”[见注13]。代京寺塔之见于史籍者甚多。武州川侧只洹舍及诸窟室，后世所称为云冈石窟者，尤为佛教建筑及雕刻之罕贵史料。洛阳寺塔一千余所，见于杨衒之《洛阳伽蓝记》者四十余。其规模最盛者莫如灵太后胡氏所立永宁寺。“寺有九层浮图一所，架木为之，举高九十丈，有刹复高十丈，合去地一千尺；去京师百里，已遥见之。刹上有金宝瓶……宝瓶下有承露金盘三十重，周匝皆垂金铎，复有铁锁四道，引刹向浮图四角……浮图有九级，角角皆悬金铎……有四面，面有三户、六窗。户皆朱漆，扉上有五行金钉……复有金环铺首……绣柱金铺，骇人心目……浮图北有佛殿一所，形如太极殿……僧房、楼观一千余间。雕梁粉壁，青琐绮疏……括柏松椿，扶疏拂檐；翠竹香草，布护阶墀……寺院墙皆施短椽，以瓦覆之……四面各开一门，南门楼三重，通三道，去地二十丈……图以云气，画彩仙灵……门有四力士、四狮子，饰以金银，加之珠玉……东西二门，亦皆如之。所可异者唯楼二重。北门一道，不施屋，似乌头门。四门外树以青槐，亘以绿水，京邑行人，多庇其下……”[15]。

魏在代京武州川营窟寺，迁洛之后，遂亦于伊阙营石窟寺焉。熙平中，太后屡行幸，今龙门石窟是也。所谓古阳洞与宾阳三洞皆北魏所凿。

魏分东、西之后，东魏都邺，“邺都虽旧，基址毁灭”[16]，盖太武帝所焚毁也[17]。孝文帝幸邺，起宫殿于邺西。孝静帝迁邺，以天平二年（公元535年），“发众七万六千人营新宫”。兴和元年（公元539年）“发畿内民夫十万人城邺……新宫成”[见注11]。

齐既篡魏，起宣光、建始、嘉福、仁寿、金华诸殿，又“发丁匠三十余万营三台，因其旧基而高博之。大起宫室及游豫园。天保九年（公元558年）三台成，改铜雀曰金凤，金虎曰圣应。冰井曰崇光”[18]。至武成帝则又施三台为佛寺，后主“更增益宫苑，造偃武修文台，其嫔嫱诸院中起镜殿、宝殿、玳瑁殿，丹青雕刻，妙极当时”[见注18]。“又于游豫园穿池，周以列馆，中起三山，构台以象沧海。并大修佛寺，劳役巨万”[19]。又于晋阳起大明殿，起十二院，壮丽逾于邺下[见注18]。幼主则“凿晋阳西山为大佛像，一夜燃油万盆，光照宫内”[见注18]，今太原天龙山石窟是也。

齐代对于长城颇加修筑。天保间，屡次兴工；初“发夫一百八十万人筑长城，自幽州北夏口至恒州九百余里”；又“咱西河总成至于海。前后所筑，东西凡三千余里，率十里一戍，其要害置州镇凡二十五所”[见注18]。

---

15 《洛阳伽蓝记》。

16 《魏书·李兴业传》。

17 《宋书·鲁秀传》。

18 《北齐书·本纪》。

19 《隋书·食货志》。

西魏都长安，少所营缮。宇文周受禅，至武帝犹“身布衣布袍，寝布被，无金宝之饰。宫殿华绮者皆撤毁之，改为土阶数尺，不施栌、栱。其雕文刻镂……一皆禁绝”。又禁佛、道，毁灭经像，为艺术一大厄运[20]。至宣帝则大兴土木，“所居宫殿帏帐皆饰以金玉珠宝，光华炫耀，极丽穷奢[见注20]。“营建东京（洛阳），以窦炽为京洛营作大监，宫苑制度皆取决焉”[21]。又以樊叔略“有巧思，乃拜营构监”[22]，“虽未成毕，其规模壮丽，逾于汉魏远矣”[见注20]。

20 《周书·本纪》。

21 《周书·窦炽传》。

22 《樊叔略传》。

第三节　南北朝实物

陵墓

南朝宫殿、佛寺今无存者，陵墓石刻则南京丹阳附近遗物尚多。其地下建筑未经发掘，难明真相。至于地面，则山陵之前，多列石兽（麒麟或天禄辟邪）一对、碑一对或二对、标一对。碑有龟座；标为柱形，下为蟠螭座，上施覆莲盖，盖上坐兽，柱身刻直沟，近上端处作横版《后汉书·中山简王传》注“墓前开道，建石柱以为标，谓之神道”[1]。及宋初宁陵被震被吹者[2]即此类也。

云冈石窟[3]

沙门昙曜于北魏文成帝兴安二年（公元453年），“凿山石壁，开窟五所，镌建佛像各一，高者七十尺，次六十尺。雕饰奇伟，冠于一世”[4]。今山西大同县西之云冈石窟是也。现存大窟十九，壁龛无数。昙

1 《后汉书·中山简王传》。

2 《宋书·五行志》。

3 《中国营造学社汇刊》第四卷第三、四期，梁思成、林徽因、刘敦桢《云冈石窟中所见的北魏建筑》。

4 《魏书·释老志》。

图4-1　云冈石窟所表现之北魏建筑

图4-2　云冈石窟全景图

曜所开五窟，在崖壁西部，其平面作椭圆形，佛像形制，最为古拙。洞中仅刻佛菩萨像，壁上无佛迹图或其他雕饰。其次则中部诸窟，其平面之布置，多作方形，窟前多有长方形外室，门作两石柱，壁上多佛迹及建筑型之雕饰，为孝文帝太和间所凿。更有窟中镌塔柱者，雕为四方木塔形。

就窟本身论，以中部太和间造诸窟为最饶建筑趣味，外室之前，多镌两柱，为三间敞廊。其外壁多风化，难知原状。柱则八角形，下承以须弥座，柱头如大斗。外室与内室之间为门，门上有斗栱承屋檐瓦顶。门之上多开窗。外室壁有镌作佛殿或龛像者。内室或镌塔柱于窟室中央，或镌佛像倚后壁。壁多横分若干层，饰以浮雕佛迹图，佛菩萨像，或塔形。窟顶上部多雕为方格天花。窟内雕刻所表现建筑形式颇多，其所表现之全部建筑，有塔及殿宇两种。塔有塔柱与浮雕塔两种。塔柱平面均方形，雕柱、檐、斗栱。每面分作三间或五间，每间内浮雕佛像。其上部直顶窟顶，故未能将塔顶刻出，其下部各层，则为当时木建筑之忠实模型。《洛阳伽蓝记》所记永宁寺九层浮图即此类也。此式实物，尚见于日本奈良之法隆寺，盖隋代高丽僧所建，其形制则魏、齐之法也。窟壁浮雕，亦有此式木塔。

浮雕塔有一层、三层、五层、七层者。多层者木塔型最多，石或砖塔则多单层，塔下均有座，或素方，或作须弥座。各层檐脊均有合角鸱尾；顶上刹有须弥座，四角饰山华焦叶，其上为覆钵，钵上相轮五重或七重，尖施宝珠。《后汉书·陶谦传》所谓“上累金盘，下为重楼”殆即此式木塔。

窟壁浮雕殿宇有将壁之一面刻成佛殿正面形者，其柱、檐、斗栱、屋顶各部，率多清晰，各间作龛供佛菩萨像。壁上浅刻佛迹图中之建筑物，则缩尺较小建筑部分之表现不及前者清晰。

雕刻所表现之建筑部分，则有阶基、柱、阑额、斗栱、屋顶、门、龛、勾栏、踏步、藻井、雕饰，等等。其柱有显著印度、波斯、希腊影响。斗栱已有汉代所无之新元素。勾栏之制，直传宋辽；藻井样式，于今犹见。其各部细节，当于第四节分论之。

龙门石窟[5]

魏既迁都洛阳，于景明元年（公元500年）营伊阙石窟，历时二十四载始成。今称古阳洞及宾阳三洞者，即此期所凿造。窟平面俱为简单之方形室，地面、窟顶及四壁均雕饰精丽。就全窟图案言，雕饰较云冈诸窟为有条理，但窟在建筑上之重要性，则逊之远甚。古阳洞窟壁两小龛，雕作小殿形，为重要之间接资料，其北壁一龛，斗拱单杪出跳为汉魏南北朝隋斗栱出跳之唯一孤例。其南北一龛作歇山顶，则云冈所不见也。

5 刘敦桢、梁思成、林徽因等测绘、摄影。

图4-3　龙门石窟卢舍那大佛

嵩岳寺砖塔[6]

河南登封县嵩山南麓嵩岳寺塔，北魏孝明帝正光元年（公元520年）建，为国内现存最古之砖塔。塔平面十二角形，阶基之上，立高耸之塔身。塔身之下为高基，平素无饰，叠涩出檐，塔身各隅立倚柱一根，柱头饰垂莲。东西南北四面砌圆券门，其余八面，各作墓塔形佛龛一座。各券面砌出火焰形尖栱，塔身以上出叠涩檐十五层，顶上安砖刹，相轮七层，塔外廓略如炮弹形，轻快秀丽。塔内部作八角形内室，共十层，但楼板已毁，自下可望见内顶。塔身柱及券面，均呈显著之印度影响。

6 《中国营造学社汇刊》第六卷第一期，刘敦桢《河南省北部古建筑调查记》。

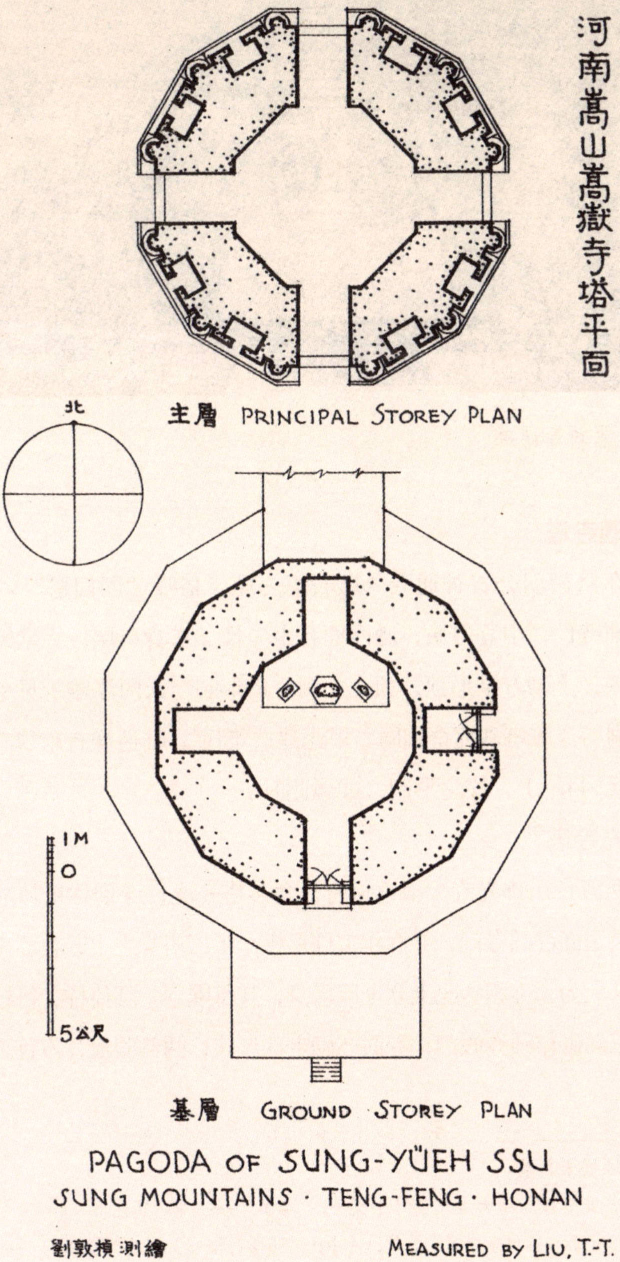

图4-4　河南嵩山嵩岳寺塔平面

图4-5　嵩岳寺砖塔

神通寺塔[7]

山东济南朗公谷神通寺单层石塔一座，俗呼“四门塔”。平面正方形，四面辟门，中立方墩，墩四面各坐一像。塔身单层，平素无饰。上部叠涩出檐，上砌方锥形顶，顶上立刹。塔形制与云冈浮雕所见单层塔极相似，其刹与浮雕塔刹完全相同。塔无建造年代[8]，唯造像有东魏武定二年年号（公元544年），揆之形制，或属此时。

佛光寺塔[9]

山西五台山佛光寺大殿之侧有六角砖塔一座，寺僧称祖师塔。塔高两层。下层正面辟圆券门，券面作宝珠形栱。下层塔身之上，叠涩出檐，作莲瓣形。其上为须弥座。座上立上层塔身，其每隅立一圆倚柱，每柱束以莲花三道。正面砌作圆券假门，券面亦砌宝珠形状；两侧假窗，方首直棂。窗上

7 梁思成测绘未刊稿。

8 已考证，此塔建于隋大业七年（公元611年）。——陈明达注

9 梁思成《记五台山佛光寺建筑》续，《中国营造学社汇刊》第七卷第二期。——陈明达注

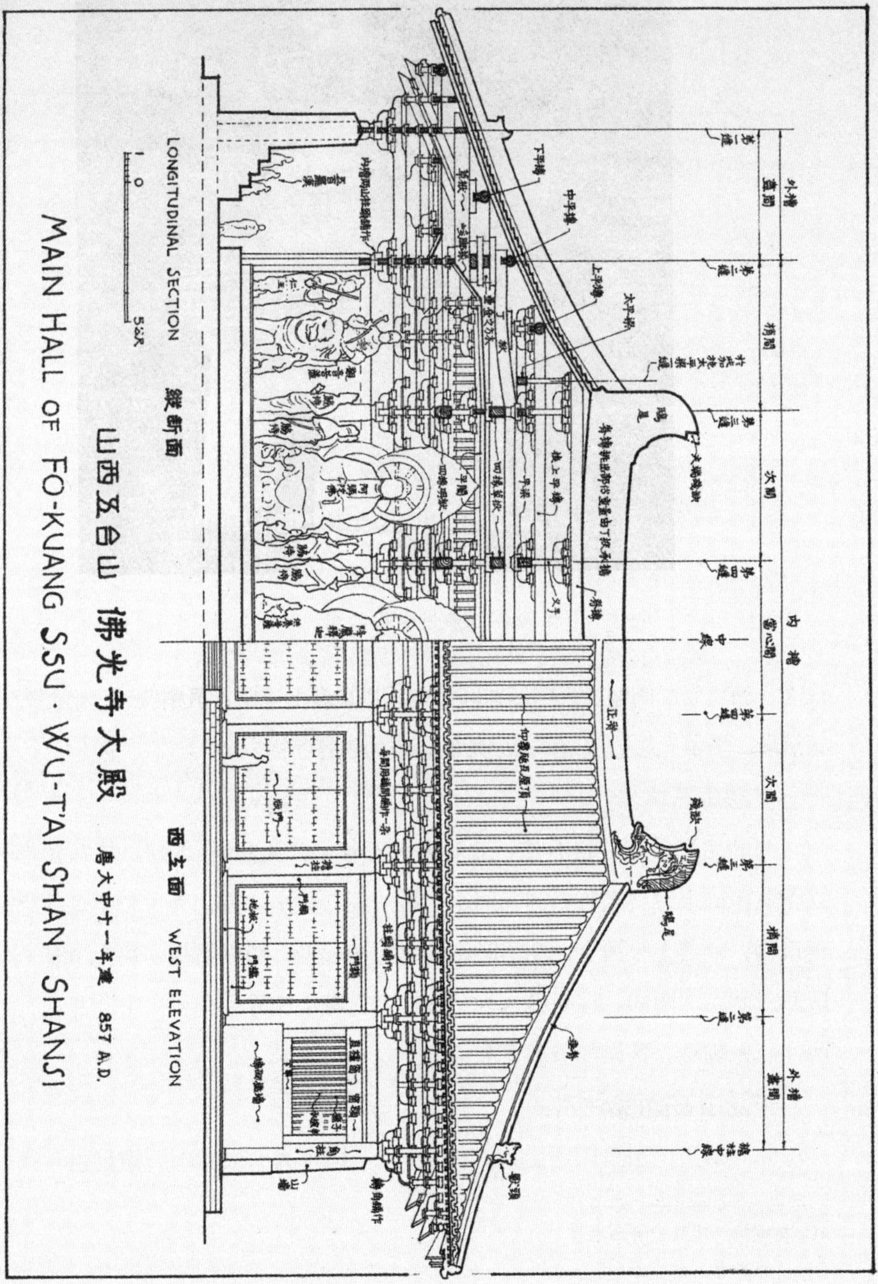

图4-6　山西五台山佛光寺大殿

图4-7　山西五台山佛光寺祖师塔

柱间，赭色彩画阑额及人字形补间铺作。塔顶刹上宝瓶，虽稍残破，形制尚极清晰。塔虽无建造年月，揆之形制，当为魏齐间物。

义慈惠石柱[10]

河北定兴县石柱村石柱，北齐天统五年（公元569年）建。柱八角形立于覆莲础上，其上置石刻三间，小殿一间。就全体言，为一种纪念性之建筑物；就其上小殿言，则当时木构之忠实模型。殿以石板一块为阶基，殿阔三间，深两间。柱身卷杀为“梭柱”，额上施椽及角梁。上为瓦顶，四注而无鸱尾。其详部当于下节论之。

天龙山石窟[见注7]

北齐幼主“凿晋阳西山为大佛像”[11]。即今太原天龙山石窟是也。齐

10　刘敦桢《定兴北齐石柱》。

11　《北齐书·幼主本纪》。

图4-8　山西太原天龙山石窟

石窟之规模虽远逊于元魏，然在建筑方面，则其所表现、所予观者之印象较为准确。窟室之前，凿为廊，三间两柱，柱八角形，下有覆莲柱础，上为栌斗柱头。阑额施于柱头斗上，以一斗三升及人字形补间铺作相间。惜檐瓦未雕出，廊后壁辟圆券门，券面作尖栱，尖栱脚以八角柱承之，仍富印度风采。

响堂山石窟[12]

河北磁县，与河南省交界处，南北响堂山北齐石窟为当时石窟中受印度影响最重者。窟前廊柱，均八角形，柱头、柱中、柱脚均束以莲瓣，柱上更作火焰形尖栱，将当心间檐下斗栱部分完全遮盖。其全部所呈现象最为凑杂奇特。

12　刘敦桢测绘未刊稿。

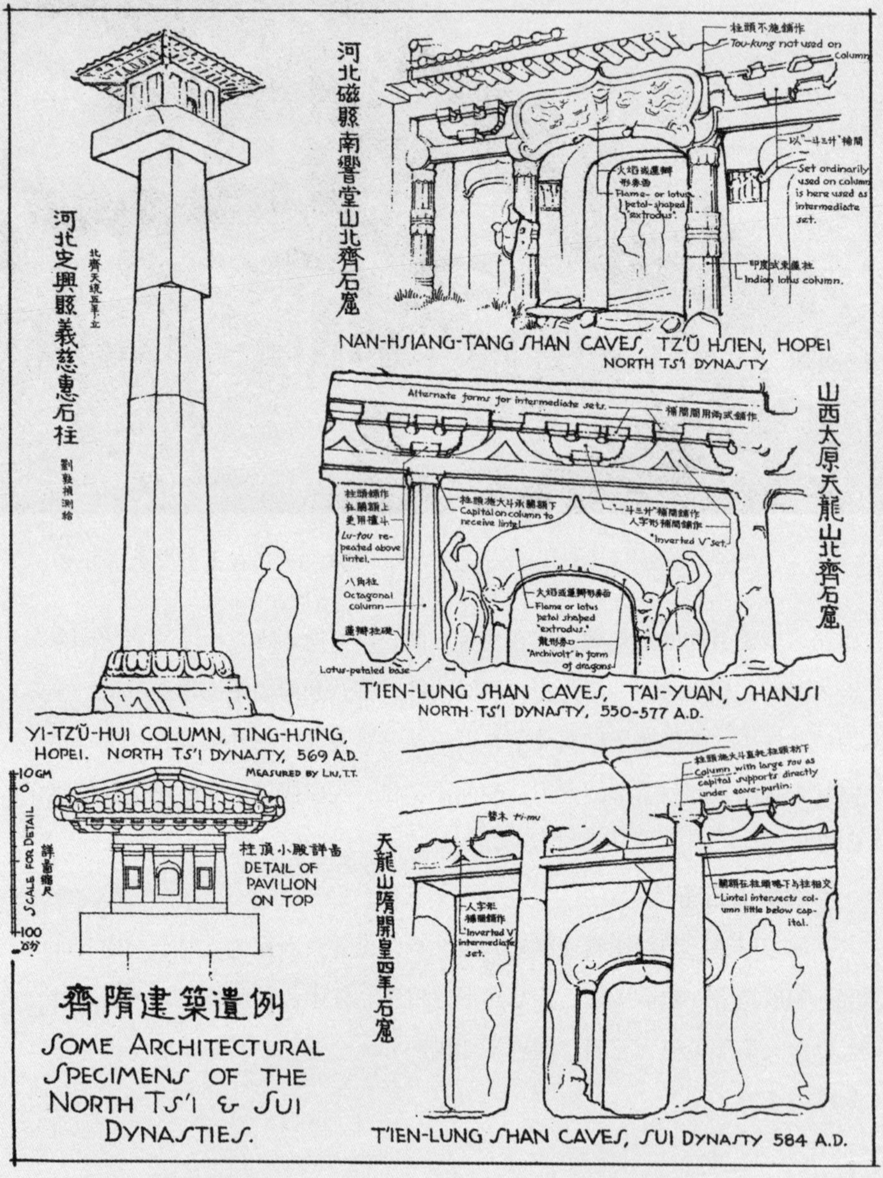

河北定興縣義慈惠石柱
北齊天統五年立
劉敦楨測繪
YI-TZŬ-HUI COLUMN, TING-HSING, HOPEI. NORTH TS'I DYNASTY, 569 A.D.
MEASURED BY LIU, T.T.
10GM
0
SCALE FOR DETAIL
詳圖縮尺
100
公分
柱頂小殿詳圖
DETAIL OF PAVILION ON TOP
河北磁縣南響堂山北齊石窟
柱頭不施鋪作
Tou-kung not used on column
以"一斗三升"補間
Set ordinarily used on column is here used as intermediate set.
火焰或蓮瓣形券面
Flame- or lotus-petal-shaped "extrodus".
印度式束蓮柱
Indian lotus column.
NAN-HSIANG-TANG SHAN CAVES, TZ'Ŭ HSIEN, HOPEI
NORTH TS'I DYNASTY
山西太原天龍山北齊石窟
Alternate forms for intermediate sets.
補間用兩式鋪作
柱頭鋪作在闌額上更用櫨斗
Lu-tou repeated above lintel.
柱頭施大斗承闌額下
Capital on column to receive lintel.
"一斗三升"補間鋪作
人字形補間鋪作
"Inverted V" set.
八角柱
Octagonal column
蓮瓣柱礎
Lotus-petaled base
火焰或蓮瓣形券面
Flame or lotus petal shaped "extrodus."
龍形券口
"Archivolt" in form of dragons
T'IEN-LUNG SHAN CAVES, T'AI-YUAN, SHANSI
NORTH TS'I DYNASTY, 550-577 A.D.
天龍山隋開皇四年石窟
柱頭施大斗直托柱頭枋下
Column with large tou as capital supports directly under eave-purlin.
替木 ti-mu
人字形補間鋪作
"Inverted V" intermediate set.
闌額在柱頭略下与柱相交
Lintel intersects column little below capital.
T'IEN-LUNG SHAN CAVES, SUI DYNASTY 584 A.D.
齊隋建築遺例
SOME ARCHITECTURAL SPECIMENS OF THE NORTH TS'I & SUI DYNASTIES.

图4–9　齐隋建筑遗例

第四节　南北朝建筑特征之分析

南北朝建筑已具备后世建筑所有之各型，兹择要叙述如下：

石窟

敦煌石室平面多方形，室之本身除窟口之木廊外，无建筑式样之镌凿，盖因敦煌石质不宜于雕刻也。云冈、天龙山、响堂山均富于建筑趣味，龙门则稍逊。前三者皆于窟室前凿为前廊；廊有两柱，天龙、响堂并将柱额斗栱忠实雕成，模仿当时木构形状，窟内壁面，则云冈、龙门皆满布龛像，不留空隙，呈现杂乱无章之状，不若天龙、响堂之素净。由建筑图案观点着眼，齐代诸窟之作者似较魏窟作者之建筑意识为强也。

殿

关于魏、齐木构殿宇之唯一资料为云冈诸窟之浮雕及北齐石柱上之小殿。殿均以柱构成，云冈浮雕且有斗栱，石柱小殿则仅在柱上施斗。殿屋顶四注。殿宇其他各部当于下文分别论之。

塔

塔本为瘗佛骨之所，梵语曰“窣堵坡”（Stupa），义译为坟，冢，灵庙。其在印度大多为半圆球形冢，而上立刹者。及其传至中国，于汉末三国时代，“上累金盘，下为重楼”，殆即以印度之窣堵坡置于中国原有之重楼之上，遂产生南北朝所最通常之木塔。今国内虽已无此实例，然日本奈良法隆寺五重塔、云冈塔洞中之塔柱及壁上浮雕及敦煌壁画中所见皆此类也。云冈窟壁及天龙山浮雕所见尚有单层塔，塔身一面设龛或辟门者，其实物即神通寺四门塔，为后世多数墓塔之始型。嵩山嵩岳寺塔之出现，颇突如其来，其肇源颇耐人寻味，然后世单层多檐塔，实以此塔为始型。塔之平面，自魏以至唐开元、天宝之交，除此塔及佛光寺塔外，均为方形；然此塔之十二角亦孤例也。佛光寺塔亦为国内孤例，或可谓为多层之始型也。

至于此时期建筑各部细节，则分论如下：

阶基

现存南北朝建筑实物中，神通寺塔与佛光塔均无阶基，嵩岳寺塔之阶基是否原物颇可疑，故关于此问题，仅能求之间接资料中，云冈窟壁浮雕塔殿均有阶基。其塔基或平素，或叠涩作须弥座。佛迹图所示殿门有方平阶基，上有栏杆，正面中央为踏步。定兴义慈惠石柱上小殿之下，亦承以方素之阶基。其宽度较逊于檐出，与后世通常做法相同。

柱及础

北魏及北齐石窟柱多八角形，柱身均收分，上小下大，而无卷杀。当心间之平柱，以坐兽或覆莲为础，两侧柱则用覆盆。柱头之上施栌斗以承阑额及斗栱。柱身并础及栌斗之高，约及柱下径之五倍及至七倍，较汉崖墓中柱为清秀。尚有呈现显著之西方影响之柱数种：窟外室外廊柱，下作高座，叠涩如须弥座，座上四角出忍冬草，向上承包柱脚，草中间置飞仙，柱头作大斗形，柱身列多数小龛，每龛雕一小佛像。又有印度式柱，柱脚以忍冬或莲瓣包饰四角，柱头或施斗，如须弥座形，或饰以覆莲，柱身中段束以仰覆莲花。云冈佛龛柱更有以两卷耳为柱头之例，无疑为希腊爱奥尼克柱式之东来者。

嵩岳寺塔，柱础作覆盆，柱头饰以垂莲，显然印度风。柱身上下同大，高约合径七倍余，佛光寺塔圆柱，束以莲瓣三道，亦印度风也。

定兴北齐石柱小殿之柱，则为梭柱；有显著之卷杀，柱径最大处，约在柱高三分之一处，此点以下，柱身微收小，以上亦渐渐收小，约至柱高一半之处，柱径复与底径等，愈上则收分愈甚。此式实物国内已少见，日本奈良法隆寺中门柱则用此法，其年代则后此约三十余年。

门窗及佛龛

云冈窟室之门皆方首，比例肥矮近方形。立颊及额均雕以卷草团花纹。窟壁浮雕所示之门，亦方首，门饰则不清晰。响堂山齐石窟门，方首圆角，门上正中微尖起，盖近方形之火焰形也；门亦周饰以卷草。天龙山齐石窟门，乃作圆券形，券面作火焰形尖栱。券口饰以栱背两头龙，龙头当券脚分位，立于门两侧之八角柱上。门券之内，另刻作方首门额及立颊状。河南渑池鸿庆寺窟壁所刻城门，则为五边券形门首。石窟壁上有开窗者，多作近似圆券形，外或饰以火焰或卷草。佛光寺塔及魏碑所刻屋宇，则有直棂窗。

壁龛有方形、圆券形及五边券形三种。圆券形多作火焰或宝珠形券面；五边券形者，券面刻为若干梯形格，格内饰以飞仙。券下或垂幔帐，或璎珞为饰。

平坐及栏杆

六朝遗物不见自昊斗栱之平坐，但在多层檐之建筑中，下层之檐内，即为上层之平坐，云冈塔洞内塔柱所见即其例也。浮雕殿宇阶基有施勾栏者，刻作直棂。云冈窟壁尚刻有以“L”字棂构成之钩片勾栏，为六朝、唐、宋勾栏之最通常样式，亦见于日本法隆寺塔者也。

斗栱

魏齐斗栱，就各石窟外廊所见，柱头铺作多为一斗三升；较之汉崖墓石阙所见，栱心小块已演进为齐心斗。龙门古阳洞北壁佛殿形小龛，作小殿三间，其斗栱则柱头用泥道单栱承素方，单杪华栱出跳；至角且出角华栱，后世所谓转角铺作，此其最古一例也。补间铺作则有人字形铺作之出现，为汉代所未见。斗栱与柱之关系，则在柱头栌斗上施额，额上施铺作，在柱上遂有栌斗两层相叠之现象，为唐、宋以后所不见。至于斗栱之细节，则斗底之下，有薄板一片之表示，谓之皿板，云冈北魏栱头圆和不见分瓣；龙门栱头以四十五度斜切；天龙山北齐栱则不唯分瓣、卷杀，且每瓣均䫜入为凹弧形。人字形铺作之人字斜边，于魏为直线，于齐则为曲线。佛光寺塔上，赭画人字斗栱作人字两股平伸出而将尾翘起。云冈壁上所刻佛殿斗栱有作两兽相背状者，与古波斯柱头如出一范，其来源至为明显也。

构架

六朝木构虽已无存，但自碑刻及敦煌壁画中，尚可窥其构架之大概。屋宇均以木为架，施立颊心柱以安直棂窗。窗上复加横枋，枋上施人字形斗栱。至于屋内梁架，则自日本奈良法隆寺回廊梁上之人字形叉手及汉朱鲔墓祠叉手推测，再证以神通寺塔内廊顶上施用三角形石板以承屋顶，则叉手结构之施用，殆亦为当时通常所见也。

平棊藻井

平棊藻井于汉代已有之，六朝实物见于云冈天龙山石窟。云冈窟顶多刻作平棊，以支条分格，有作方格者，有作斗八者，但其分划，随室形状，颇不一律。平棊藻井装饰母题以莲花及飞仙为主，亦有用龙者，但不多见。天龙山石窟顶多作盝顶形，饰以浮雕飞仙，其中多数已流落国外，纽约温氏（Winthrop Collection）所藏数石尤精。

屋顶及瓦饰

现存北魏三塔，其屋盖结构均非正常瓦顶，不足为当时屋顶实例。神通寺塔顶作阶级形方锥体，当为此式塔上所通用。其顶上刹，于须弥座上四角立山花蕉叶，中立相轮，最上安宝珠。嵩岳寺塔及佛光寺塔刹，均于覆莲座或莲花形之宝瓶上安相轮，与神通寺塔刹迥异。

云冈窟壁浮雕屋顶均为四注式，无歇山、硬山、悬山等。龙门古阳洞一小龛则作歇山顶。屋角或上翘或不翘，无角梁之表示。檐椽皆一层。瓦皆筒瓦、板瓦。屋脊两端安鸱尾，脊中央及角脊以凤凰为饰，凤凰与鸱尾之间，亦有间以三角形火焰者。浮雕佛塔之瓦，各层博脊均有合角鸱尾，塔顶刹则与神通寺塔极相似。更有单层小塔，顶圆，盖印度窣堵坡之样式也。

定兴北齐石柱屋顶亦四注式。瓦为筒、板瓦。垂脊前端下段低落一级，以两筒瓦扣盖，此法亦见于汉明器中。

雕饰

佛教传入中国，在建筑上最显著而久远之影响，不在建筑本身之基本结构，而在雕饰。云冈石刻中装饰花纹种类奇多，十九为外国传入之母题，其中希腊、波斯纹样，经犍陀罗输入者尤多，尤以回折之卷草，根本为西方花样，不见于中国周、汉各纹饰中。中国后世最通用之卷草、西番草、西番莲等等，均导源于希腊Acanthus叶者也。

莲花为佛教圣花，其源虽出于印度，但其莲瓣形之雕饰，则无疑采自希腊之“卵箭纹”（egg-and-dart）。因莲瓣之带有象征意义，遂普传至今。它如莲珠（beads）、花绳（garlands）、束苇（reeds），亦均为希腊母题。前述之爱奥尼克式卷耳柱头，亦来自希腊者也。

以相背兽头为斗栱，无疑为波斯柱头之应用。狮子之用，亦颇带波斯色彩。锯齿纹，殆亦来自波斯者。至于纯印度本土之影响，反不多见。

中国固有纹饰，见于云冈者不多，鸟兽母题有青龙、白虎、朱雀、玄武、凤凰、饕餮等，雷纹、夔纹、斜线纹、斜方格、水波纹、锯齿、半圆弧等亦见于各处。

响堂山北齐窟雕饰母题多不出上述各种，然其刀法则较准确，棱角较分明，作风迥异也。

第五章

隋、唐时期

History of Chinese Architecture

第一节 隋、唐都市宫苑陵墓寺观建筑之梗概

隋文帝以周长安故宫“不足建皇王之邑”，诏左仆射高颎、将作大匠刘龙等，于汉故城东南二十一里龙首山川原创造新都，名曰大兴城[1]。城东西十八里余，南北十五里余。城内北部为皇城；皇城内北部又为宫城；即文帝之大兴宫也。自两汉南北朝以来，京城宫阙之间，民居杂处；隋文帝以为不便于民，于是皇城之内唯列府寺，不使杂人居止，区域分明[2]，为都市计划上一重要改革。后世所称颂之唐长安城，实隋文帝所创建也。

文帝又于岐州营仁寿宫，避暑多居之，晚年每岁自春至秋，以在仁寿宫为最多。“自京师至仁寿宫置行宫十有二所”[见注1]。然帝性俭约，此外少所营建。

炀帝即位（公元604年），即“于伊雒营建东京”[3]。“东都大城周迴七十三里一百五十步……宫城东西五里二百步，南北七里”[4]。城中街衢整洁，如“端门街……阔一百步，旁植樱桃、石榴两行……民坊各……开

1 《隋书·文帝本纪》。

2 《长安志》。

3 《隋书·炀帝本纪》。

4 《大业杂纪》。

四门，临大街门并为重楼，饰以丹粉……大街小陌纵横相对”。宫殿以乾阳殿为正殿，“殿基高九尺，从地至鸱尾高二百七十尺，十三间，二十九架，三陛轩。文棍镂槛，栾栌百重，粢栱千构，云楣绣柱，华榱璧珰，穷轩甍之壮丽。其柱大二十四围。倚井垂莲，仰之者眩曜……大业殿规模小于乾阳殿，而雕绮过之……大业、文成、武安三殿……殿庭并种枇杷、海棠、石榴、青梧桐及诸名药奇卉”[见注4]。又有“元靖殿，周以轩廊，即宫内别供养经像之处”[见注4]。“东都观文殿东西厢构屋以贮秘阁之书，东屋藏甲、乙（经、子），西屋藏丙、丁（史、集）。又聚魏以来古迹名画。于殿后起二台：东曰妙楷台，藏古迹；西曰宝绩台，藏古画”[5]。以图书、美术相提并论，特为营建，如后世图书馆美术馆之观念，实自炀帝始也。

炀帝“西苑周二百里，其内造十六院，屈曲绕龙鳞渠……每院门并临龙鳞渠，渠面阔二十步，上跨飞桥。过桥百步，即种杨柳修竹，四面郁茂、名花美草隐映轩陛。其中有逍遥亭，八面合成，结构之丽，冠绝今古……苑内造山为海，周十余里，水深数丈，其中有方丈、蓬莱、瀛洲诸山，相去各三百步。山高出水百余尺，上有宫观……风亭月观，皆以机成，或起或灭，若有神变”。又有甘泉宫，“一名芳润宫，周十余里。宫北通西苑。其内多山阜，崇峰曲涧，秀丽标奇”。亭观桥殿甚多；“游赏之美，于斯为最”[见注4]。

唐因隋旧，即大兴城为长安城。皇城宫城一仍前置；城北禁苑，即隋之大兴苑也。禁苑东南之大明宫，太宗所置，为唐初建置之最宏伟者。

宫城亦称西内，东西四里，南北二里余，隋故宫也。南面正门曰承天门。其北入嘉德太极二门，而至正殿太极殿，即隋之大兴殿也。太宗于

---

5 《隋书·经籍志》。

太极门殿两侧，东隅置鼓楼，西隅置钟楼，盖于正殿前庭角楼而置钟鼓者也。殿外左延明门之东有宏文馆，武德四年置，聚天下书籍，盖为隋观文殿之后身。其传统至清北京故宫之文渊阁，其与太和殿之关系，仍大致相同也。太极殿后两仪殿为日常听政视事之所。太宗命阎立本图画功臣二十四人像，传名后世之凌烟阁，则在宫城之西北部焉。宫城内更有山水池、景福台、球场、亭子等等，盖为游玩而置。乾化门内之佛光寺，则为供养经像之处[见注2]。

大明宫在禁苑之东南部，其西南角与宫城之东北角相接。宫正南丹凤门内含元殿，即龙首山之东趾也。“殿左右有砌道盘上。谓之龙尾道。殿陛上高于平地四十余尺，南去丹凤门四百步”[6]。“元正冬至于此听朝也。夹殿两阁，左曰翔鸾阁，右曰栖凤阁，与殿飞廊相接”[7]。在含元殿南北中线上，更北为宣政门及宣政殿，紫宸门及紫宸殿、蓬莱殿等，最北即宫墙北面之玄武门也。宫内西北部有麟德殿，三面，形制特殊，南有阁，东西皆有楼，各有障日阁，玄宗与诸王近内臣宴会多在此殿。宫中又有太液池，有山林之胜焉。

玄宗开元初，以藩邸为兴庆宫，其地实皇城东南，外郭一坊之地；并于附近坊里，赐第诸王。宫中西南部有勤政务本之楼、花萼相辉之楼，帝时时登临。其正殿曰兴庆殿，玄宗听政亦在是焉[8]。

唐亦以洛阳为东京。太宗贞观初，治洛阳宫[9]。窦琎“为将作大匠，于宫中凿池起山，崇饰雕丽，太宗怒，遽令毁之”[10]。高宗“敕司农少卿田

---

6 《两京记》。

7 《唐六典》。

8 《让皇帝传》。

9 《旧唐书·太宗本纪》。

10 《旧唐书·窦琎传》。

仁佐因东都旧殿余址修乾元殿，高一百二十尺，东西三百四十五尺，南北一百七十六尺”[11]。然东都营建之功，实以武后为盛。武后“毁乾元殿，于其地作明堂。以僧怀义为使，凡役数万人。明堂高二百九十四尺，方三百尺。凡三层，下层法四时，各随方色；中层法十二辰，上为圆盖，九龙捧之；上层法二十四气，亦为圆盖，以木为瓦，夹纻漆之，上施铁凤，高一丈，饰以黄金。中有巨木十围，上下通贯，栭、栌、橕、欂藉以为本。下施铁渠，为辟雍之像，号曰万象神宫。又命怀义作夹纻大像，其小指中犹容数十人。于明堂北起天堂五级以贮之，至三级则俯视明堂矣”[12]。天册万岁元年，天堂火延及明堂，比明皆尽，于是命更造明堂、天堂，号曰通天宫。

武三思又率四方酋长，请铸铜铁为天枢，立于端门之外，铭纪功德。天枢之制若柱，“其高一百五尺，径十二尺，八面，径各五尺。下为铁山，周百七十尺。以铜为蟠龙、麒麟萦绕之。上为腾云承露盘，径三丈，四龙人立捧火珠，高一丈。工人毛婆罗造模”[见注12]。又铸九鼎，其一高一丈八尺，其余高一丈四尺，置于通天宫。又铸“十二神，皆高一丈，各置其方”。至玄宗开元元年，诏毁天枢，取其铜、铁，充军国杂用。末年，诏将作大匠康諐毁则天明堂，“拆上层，于旧制九十五尺，又去柱心木，平坐上置八角楼，楼上有八龙腾身捧火珠，又小于旧制五尺，覆以真瓦，依旧为乾元殿”[13]。

唐代诸帝所造离宫颇多，高祖造仁智宫于宜君县，造太和宫于终南

11 《旧唐书·高宗本纪》。

12 《旧唐书·武后本纪》。

13 《旧唐书·玄宗本纪》。

山[14]。太宗以隋仁寿宫为九成宫，将作少匠姜确所作[15]，帝所常幸。命阎立德建襄成宫于汝州西山，宫成烦燠不可居，帝废之以赐百姓[16]。于骊山置温泉宫，亦阎立德所作也[17]。玄宗改温泉宫“为华清宫，骊山上下，益置汤井为池，台殿环列山谷……即于汤所置百司及公卿邸第焉”[见注2]。宫之寝殿曰飞霜殿。御汤九龙殿在其南，亦名莲花汤，制作宏丽。汤中陈白玉石鱼龙、凫、雁及石莲花，石梁横亘汤上，莲花才出水面，雕镌巧妙，殆非人功。更置长汤数十间屋，环回甃以文石。此盖宫之中心建筑也。此外尚有重明阁。倚栏可北瞰县境。阁下有方池，中植莲荷，池中凿井，每盛夏泉极甘冷；朝元阁为玄元皇帝降圣之处，其南老君殿，有玉石老君像，制作精绝，长生殿则史剧史诗中最浪漫之所也。安史乱后，天子罕复游幸，唐末遂皆圮废，至五代石晋遂改为道观焉[见注2]。

唐代私宅制度本有规制。“王公之居不施重栱藻井。三品堂五间九架，门三间五架；五品堂五间七架，门三间两架；六品七品堂三间五架，庶人四架，而门皆一间两架。常参官施悬鱼、对凤、瓦兽、通栿、乳梁”[18]，然恐徒具公文，未必严格施行也，当时显要贵幸营建私宅之风甚盛。天宝中，杨氏姊妹及国忠等均恩倾一时，大治宅第。安禄山宅“堂皇三重，皆象宫中小殿。房廊窈窱；绮疏诘屈，无不穷极精妙”[见注2]。元载则于“城中开南北二甲第，又于近郊起亭榭，帷帐什器，皆如宿设。城南别墅凡数十所”[见注2]。马璘营宅于皇城南长兴坊，“重价募天下巧工营缮，屋宇宏丽，冠于当时”[见注2]。中宗女长宁公主西京第，则“左

14 《旧唐书·高祖本纪》。
15 《旧唐书·地理志及姜确传》。
16 《旧唐书·阎立德传》。
17 《旧唐书·太宗本纪》。
18 《新唐书·车服志》。

頫大道，右属都城，作三重楼以凭观。筑山浚池”[见注2]。安乐公主则与之“竞起第舍，以侈丽相高，拟于宫掖，而精巧过之……又作定昆池，延袤数里，累石象华山，引水象天津”[19]。至若忠臣廉吏，如魏征“所居室屋卑陋。太宗欲为营构，征谦让不受，洎征寝疾，太宗将营小殿，遂撤其材为造正堂，五日而就”[20]。又如李义琰“宅而褊隘，虽居相位，在官清俭，竟终方丈之堂。高宗闻而嗟叹，遂敕将作造堂，以安灵座焉”。

平民居舍，或隐居小屋，则白居易之庐山草堂，可为其例。堂面香炉峰，腋遗爱寺，“三间两柱，二室四牖……洞北户，来阴风，彷徂暑也。敞南甍，纳阳日，虞祁寒也。木斫而已不加丹，墙圬而已不加白。碱阶用石，幂窗用纸。竹帘纻纻帏，率称是焉。堂中设木榻四、素屏二，漆琴一……是居也，前有平地，轮广十丈；中有平台，半乎地；台南有方池，半乎台。环池多山竹野卉，池中生白莲白鱼，又南抵石涧……”[21]，可略见布置及结构焉。

唐代陵墓，多因山为陵。太宗昭陵因九嵕山为之，周以围垣，前建献殿，以功臣密戚陪葬，刻番酋之形，琢六骏之像，以旌武功，立于北阙。规模宏大，为唐代之最。其六骏刻石，尤为著名。高宗乾陵因梁山为之，其石刻番酋六十一人像，并石马、石麒麟等，皆唐代雕刻之重要遗物也[见注2]。

佛道教建筑至隋唐而极盛。隋文帝大崇释氏，敕建舍利塔于天下诸州，盖均木塔也[22]。大兴城中寺观林立，多者一坊数寺。其“寺殿崇广，为京城之最”者，莫如大兴善寺。寺尽一坊之地，其大殿“曰大兴佛殿，

---

19 《资治通鉴·二〇九》。

20 《长安志》引《封演见闻录》。

21 白香山《庐山草堂记》。

22 《仁寿舍利塔铭》。

制度与太庙同”[见注2]，殿内壁画至妙，相传刘焉所画[23]。“天王阁其形高大，为天下之最”，“京城西南隅之大庄严寺，隋文帝所立”，“宇文恺奏请于此寺建木浮图，崇三百三十尺，周回一百二十步，大业七年成”。天下伽蓝之盛，莫与于此寺。其西“大总持寺，炀帝为文帝立，制度与庄严寺正同”[见注2]。

唐长安城中，佛寺道观大都创建于隋，传记所载，其创建于唐代者，反不若隋之多。唐代创建，功德最盛而传统至今者，以大慈恩寺为最著。寺为贞观二十二年（公元648年）高宗为太子时，为母文德皇后立，故以“慈恩”为名。寺凡十余院，总一千八百九十七间。会昌毁佛时所诏留，得幸免于难。寺西院浮图，“永徽三年（公元652年），沙门玄奘所立，初唯五层，崇一百九十尺。砖表土心，仿西域窣堵坡制度，以置西域经像”。塔上层以石为室，南面有太宗及高宗圣教序碑。兴工之日，师“唯恐三藏梵本零落忽诸，二圣天文寂寥无纪，所以敬崇此塔，拟安梵本，又树丰碑，镌斯序记”。师亲负篑畚，担运砖石，首尾二周，成此正业[见注2]。其后塔心内卉木钻出，渐以颓毁，长安中（公元701—704年）“更拆改造，依东夏刹表旧式，特崇于前”[见注2]，现存塔即此次所建。唐岑参登慈恩寺浮图诗：“四角碍白日，七层摩苍穹。”与现状相符。但章八元则谓其“十层突兀在虚空，四十门开面面风”，则较现塔多三层。《西安府志》谓十层塔兵余存七层，未知是否事实耳。

唐代佛寺道观，功德所注多在壁画塑像。两京寺观，几无不饰以壁画，吴道子、尹琳、杨廷光、韩干之流，均以壁画名于当代，而杨惠之、窦弘果之辈，则以塑像名著也[见注23]。安史乱后，至唐末五代，兵燹频仍，会昌显德两次灭法，建筑绘塑遂遭大厄，加之以木构之难永固，吴杨

23 《历代名画记》。

遗作至今遂荡然无存。

佛塔建筑，其初虽多木构，至唐以后，砖石之用渐多，故今遗物亦较夥。各省各县总计或在百数十之数。长安慈恩寺塔、荐福寺塔等皆现存唐塔中之著名者也。

魏、齐以来，凿崖造像建寺之风，至隋唐尤盛。河北、河南、山东、山西、陕西、甘肃，乃至西川各地，隋唐窟寺均甚多，其中最著名、工程最大者，则莫如洛阳龙门武后所建之奉先寺；敦煌千佛洞唐代造窟数目亦甚多。

长城工程在隋唐两代均极受注意，屡发丁夫数万至百余万筑之，此期所筑，其着重点乃在自榆林以东部分。其所用材料，盖乃为土筑也。

第二节　隋、唐实物

石窟

隋代石窟之最富于建筑趣味者，为山西太原天龙山石窟[1]。窟寺虽创始于北齐，隋、唐两代添凿颇多。其中开皇四年（公元584年）石窟，为天龙山诸窟中最大者。内室方约略四点三米。其前为双柱廊。其全部布局仍与邻近之北齐石窟相似。其柱作圆形，柱础风化不可辨。柱头上施大斗及替木。其阑额不施于柱之顶端，而在略低之处，为后世所不见。阑额之上施人字形补间铺作，其斗亦安替木以承檐槫。自廊通内室之门，为圆券顶，券面作尖栱形。券脚承以圆柱，柱脚托以蹲兽，盖魏、齐以来常见之制也。[2]

龙门石窟以唐代所凿占大多数，然其建筑部分已不自崖石凿出，而采取较简易之木构，构于窟前。其较小之洞窟，仅作简单之窟室，窟外亦无木构殿屋。其中最大者，为奉先寺像龛[3]。龛镌卢舍那佛趺坐像，高八十五尺，并尊者、菩萨、金刚、神王等。高宗咸亨三年（公元672年）

1 著者测绘。

2 已考证，此窟建于北齐皇建元年（公元 560 年）。——陈明达注

3 刘敦桢、梁思成等测绘。

武后助脂粉钱二万贯凿造，至上元三年（公元676年）十二月三十日功毕。至调露元年（公元679年），于大像南置大奉先寺[4]。今崖上龛壁，尚有安梁卯孔及屋顶斜槽痕迹。可以推知其木构在正面为大殿七间，两侧为配殿三间，其屋顶皆倚崖作一面坡者。至于此木构之前面作何形，则无可考矣[5]。龙门其他窟壁亦偶有浮雕殿屋等形者，然较之魏齐石窟，则其建筑资料上之价值逊之远甚。

此外各地唐代摩崖石刻中，尚有浮雕楼阁殿宇形者，亦为研究唐代建筑之间接资料，当于下文另论之。

佛光寺大殿[6][见注1]

唐代木构之得保存至今，而年代确实可考者，唯山西五台山佛光寺大殿一处而已[7]。寺于唐代为五台大刹之一，见于敦煌壁画五台山图，榜曰“大佛光之寺”。其位置在南台之外，为后世朝山者所罕至，烟火冷落，寺极贫寒，因而得幸免重建之厄。

寺史无可考，在今大殿之左侧有塔一座，以形制论为北魏遗物，借以推想，寺之创建当在魏朝。此外仅知唐宪宗元和中（公元806—820年之间），寺僧法兴曾建“三层七间弥勒大阁，高九十五尺，尊像七十二位，圣贤八大龙王，罄从严饰”[8]。今寺中并无此阁，而在山坡之上者乃单层大殿七间。殿建于宣宗大中十一年（公元857年），为国内现存最古之木构

---

4 《龙门奉先寺大卢舍那像龛记》。

5 据《卢舍那像龛记》说“于大像南置大奉先寺”，已在龙门西山南平地上发现寺遗址。而像龛上所留印孔为后代所凿，故多破原像背光之处。——陈明达注

6 梁思成《记五台山佛光寺建筑》，《中国营造学社汇刊》第七卷第一、二期。——陈明达注

7 解放后发现五台山东冶镇李家庄南禅寺大殿，建于建中三年（公元 782 年），早于此殿 75 年。——陈明达注

8 《宋高僧传》二十七。

物。盖弥勒大阁功毕仅三十余年，即遭会昌灭法之厄，今存大殿乃宣宗复兴佛法后所建。揆之寺中地势，今殿所在或即阁之原址。殿之建立人为“佛殿主上都送供女弟子宁公遇”，为阉官“故右军中尉王”（守澄）建造，其名均见于殿内梁下及殿前大中十一年经幢。

殿平面广七间，深四间。其柱之分配为内外两周。外檐柱上施双杪双下昂斗栱。第二杪后尾即为内外柱间之明乳栿，为月梁形，其双层昂尾压于草乳栿之下。内柱之上施四杪斗栱，以承内槽之四椽明栿，栿亦为月梁。补间铺作每间一朵，至为简单。各明栿之上施方格平闇。平闇之上另施草栿以承屋顶。平梁之上，以叉手相抵作人字形，以承屋脊，而不用后世通用之侏儒柱。此法见于敦煌壁画中。而实物则仅此一例而已。除殿本身为唐代木构外，殿内尚有唐塑佛菩萨像数十尊。梁下有唐代题名墨迹，拱眼壁有唐代壁画。此四者一已称绝，而四艺集于一殿，诚我国第一国宝也。

除佛光寺大殿而外，尚有河北正定县开元寺钟楼为可能之唐代木构。

开元寺钟楼[9]

已大经后世修改，其外貌已全非原形。外檐下层似为金元样式，上层则清代所修，内部四柱则极壮大，其上斗栱雄伟，月梁短而大，以形制论，大有唐代遗构之可能。

日本奈良唐招提寺金堂，乃唐僧鉴真东渡所建，其建造年代适当唐肃宗乾元二年（公元759年），亦可借以一窥唐风影响所及。

国内现存唐代建筑实物，以砖石塔为最多，兹选各形式不同者数例，按其年代序列分述如下：

玄奘塔[见注1]

西安兴教寺玄奘法师塔，在县南约五十里，总章二年（公元669年）

9 《中国营造学社汇刊》第四卷第二期，著者《正定调查纪略》。

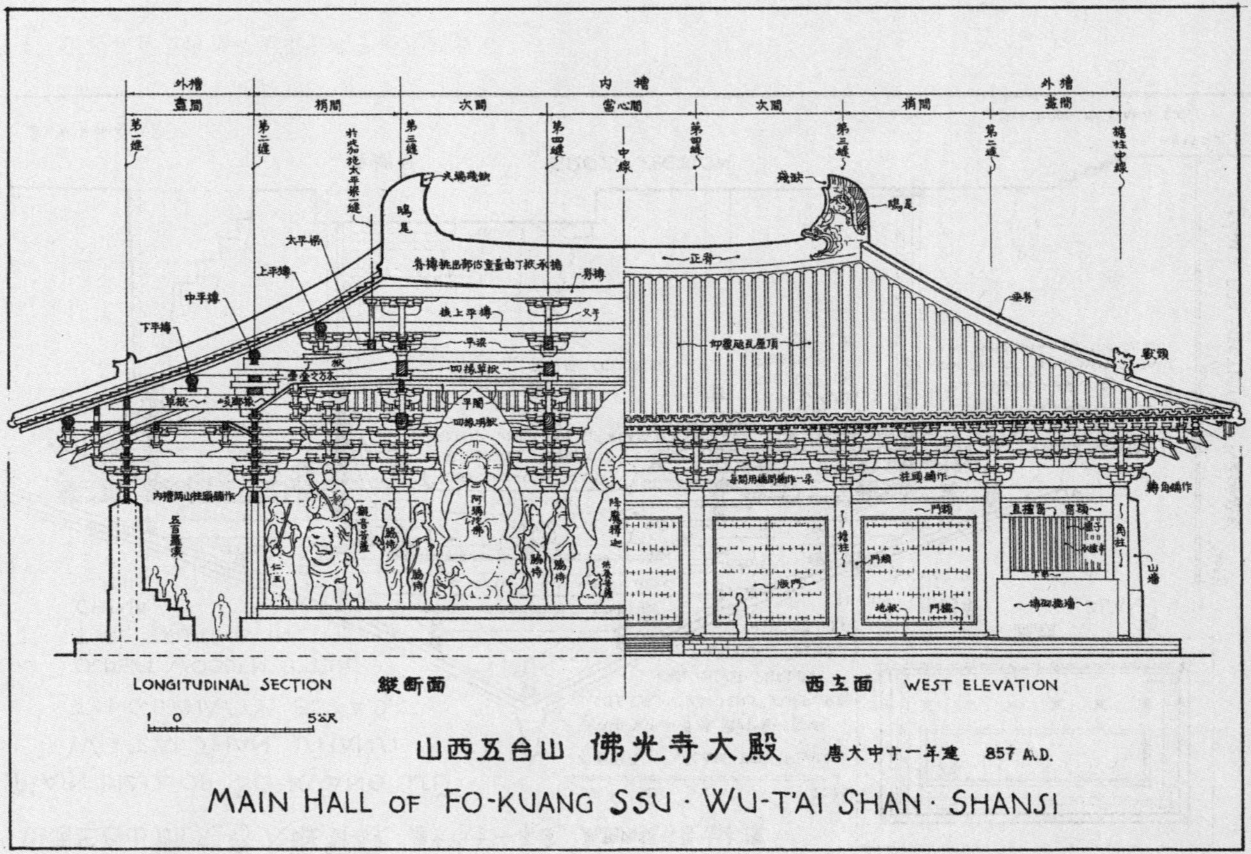

图5-1　山西五台山佛光寺大殿立面及纵剖面图

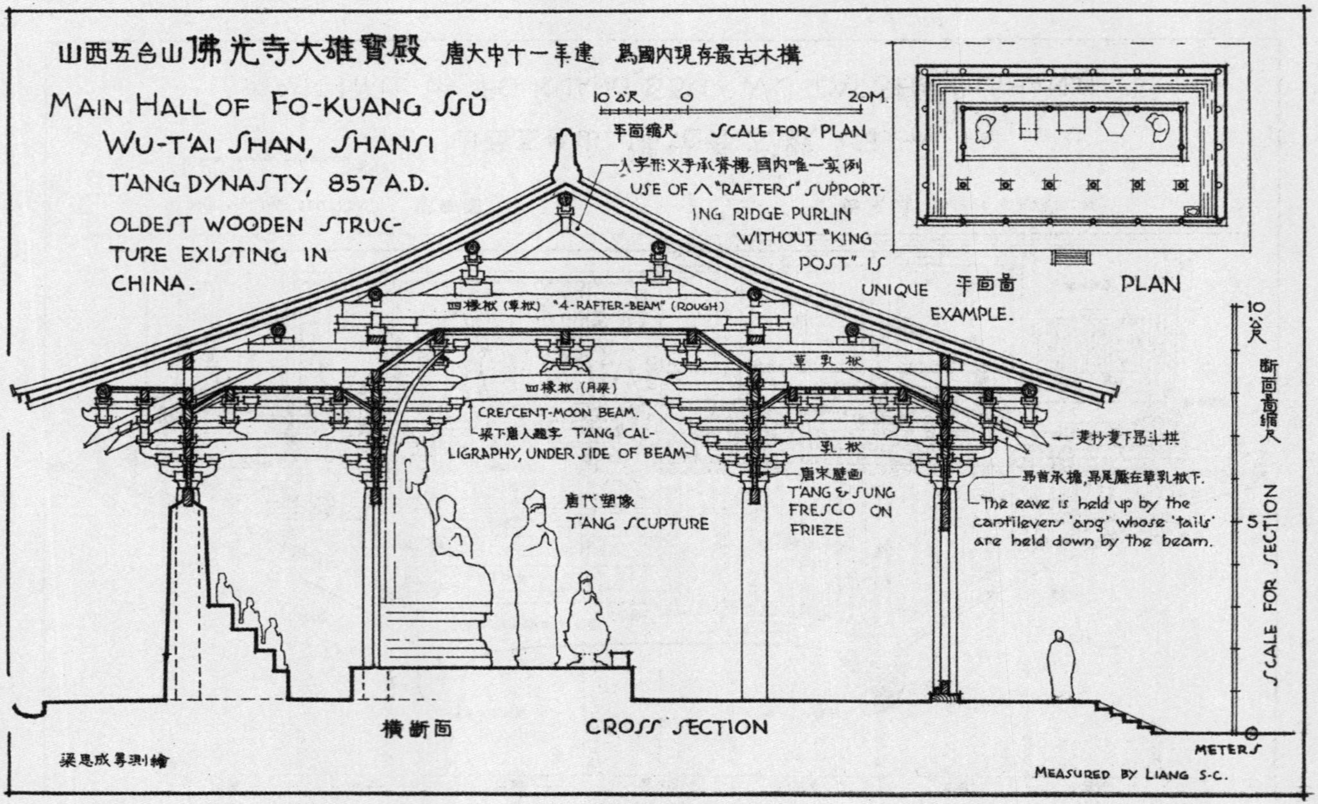

图5-2　山西五台山佛光寺大雄宝殿平面及剖面图

建，盖师圆寂后之五年也。塔五级平面方形。第一层塔身平素，檐部由层砖叠涩而成，檐下以砖砌成普拍枋及简单之把头绞项作（一斗三升）斗栱，每面四朵。上四层每层高、广及宽度均递减，但形式则相同。每层均于表面砌作三间四柱，柱上施阑额普拍枋，柱头施一斗三升斗栱，无补间铺作，其上叠涩出檐。塔顶砖刹，各层檐，及第一层塔身皆于民国二十年顷修葺。国内砖塔之砌作木构形者，当以此为最古。

香积寺塔[见注1]

在西安西南五十里，今唯一塔存在。塔建于永隆二年（公元681年），与玄奘塔同属一型。平面正方，高十三层，今仅存十一层半。第一层平素无饰，叠涩出檐。以上各层，表面均以砖砌出扁柱及阑额，为四柱三间，柱头施一大斗，补间亦用一大斗，其上叠涩出檐。每层四面当心间均辟圆券门，次间壁面砌立颊及假直棂窗。塔顶现已毁。塔内室方形，各层楼板已毁，自下层可仰视直至顶部。

慈恩寺大雁塔[见注1]

在今西安城南八里，唐时则长安城中之进昌坊也。今寺中唯一之唐代建筑，厥唯大雁塔。现存塔为武后长安中（公元701—704年）所重建，宋明清民国以来，历次重修。平面正方形。第一层方约二十五米余，塔七级，高约六十米，立于方约四十五米余、高约四米余之台基之上。塔身壁面以砖砌为瘦长之扁柱及阑额；下四层分作七间，上三层五间，柱上施大斗一个，无补间铺作。每层正中辟圆券门。此塔与玄奘塔及香积寺塔同属一型，盖所谓“东夏刹表旧式”，即模仿木构形状者也。塔内室亦方形，初层方约六点八米。各层以木构成楼板，升降亦以木扶梯，盖六朝隋唐塔内结构之常法也。塔第一层西面门楣石所刻佛殿图，为研究唐代木建筑之重要资料，当另论之。

A TEMPLE HALL OF THE T'ANG DYNASTY
AFTER A RUBBING OF THE ENGRAVING ON THE TYMPANIUM OVER THE WEST GATEWAY OF TA-YEN T'A, TZ'U-EN SSŬ, SI-AN, SHENSI
唐代佛殿圖 摹自陕西長安大雁塔西門門楣石画像

图5-3 唐代佛殿图

图5-4 陕西西安大雁塔

荐福寺小雁塔[见注1]

在今西安城南三里，唐时亦在长安城中者也，寺创建于睿宗文明元年（公元684年），而塔则景龙中（公元707—709年），宫人率钱所立，寺中现存之唯一唐代建筑也。塔平面正方形，初层广约十一米余，塔十五级，立于广台之上。今顶上二三层檐毁坏已甚，仅余十三级，每层叠涩出檐。塔身表面无任何雕饰，唯各层檐下之斜角牙砖两层及南北两面圆券门破其平素。各层塔身，高广均递减，愈上愈促，故塔全部轮廓呈现秀丽畅快之卷杀，与前举三例迥异其趣，塔前面门廊乃清代修葺时所加建，塔内室方约四点一米，其内部各层楼板原亦以木构成，今全毁，不可登临[10]。

嵩山法王寺塔[11]

相传寺创始于汉明帝朝，与白马寺同时建立，确否无由证实。隋仁寿二年（公元602年）曾建舍利塔。今寺内殿宇，皆明、清以后所建。寺北十五层砖塔，平面正方形。内辟方室，直通顶部，塔高四十米余，下部塔身高瘦，其上叠涩出檐十五重，全部轮廓卷杀如小雁塔，秀丽玲珑。塔无年代铭刻，就形制论，当与小雁塔约略同时。

图5-5　嵩山法王寺塔

10 此塔于1966年重修，塔内楼板已补配。——陈明达注

11 《中国营造学社汇刊》第六卷第四期，刘敦桢《河南省北部古建筑调查记》。

云居寺石塔[12]

河北房山县云居寺有南北二塔，均为辽代遗物，北塔台基四隅各立小石塔一，均盛唐物也。四塔形制大致相同。平面方形，共七层，初层塔身较高，其上出石板檐，作叠涩状，以上各层塔身极矮，各檐向上递减，卷杀显著。盖与小雁塔法王寺塔、同属一型而以石建者也。第一层正面辟方门，其上饰以浮雕宝珠形券面，两侧金刚挟卫，为此式石塔之通常作风。

昆明慧光寺塔[13]

俗称西寺塔。平面正方形。台基三层，饰以间柱及壸门牙子。塔身，方广约七米，南面辟一门至塔心小室，小室直通塔顶，各层楼板及扶梯已毁。塔身以上，外部叠涩出檐十三重。塔身卷杀至最上数层骤紧，故其轮廓呈现之曲线较豫、陕诸塔略为紧拙。关于塔之年代，传说不一。

考昆明之肇始，乃唐代宗时南诏主创建之柘东城，寺塔之建，当以唐末为最近可能。大理崇圣寺塔亦属此型，年代亦约略相同。两者均经后世屡次修葺者也。

灵崖寺慧崇塔[见注1]

自唐以来，高僧墓塔之留存至今者颇多。前述玄奘塔即其一例也。然其较通常之形式，则多为单层之小塔。山东长清县灵崖寺慧崇塔，建于贞观中。塔全部石造平面正方形。正面辟方门，外饰以圆券，券面刻作火焰或宝珠形，侧面亦作门形，但作假门扇，其上安门钉。塔身上叠涩出檐，其上更有极矮塔身一层，亦叠涩出檐，故全塔呈现单层重檐之状。顶上置须弥座、山华蕉叶，以承仰覆莲及圆珠形塔顶。

---

12 Siren O., History of Ancient Chinese Art: Architecture.

13 《中国营造学社汇刊》第七卷第二期，刘敦桢《云南之塔幢》。

净藏禅师塔[见注11]

在河南登封县城西北十二里会善寺。寺本北魏孝文帝离宫，至隋改今名。净藏禅师以天宝五载（公元746年）殁于此寺，塔之建造至迟恐不出数年之外。塔平面作等边八角形，内辟八角小室。塔全部砖造，下为高基，崩毁殊甚，难辨原形。塔身各隅，砌成倚柱，露出五面，当为八角柱也，柱下无础，上施把头绞项作斗栱，角上与批竹耍头相交于栌斗口内。柱头上施阑额，额上施人字形补间铺作。塔身正面辟圆券门，左右两侧则作门扇形，隐出门钉，背嵌铭石一块。其四隅面侧作成直棂窗形，塔身以上叠涩出檐，然甚残破。屋顶之上则置须弥座，八角砌成山华蕉叶形。更上则为平面圆形之须弥座一层，上施仰莲；最上则为石制仰覆莲座及火焰宝珠。

隋唐现存佛塔平面均四方形。北魏虽有佛光寺六角塔及嵩岳寺十二角塔，然为两孤例。辽、宋以后八角形虽已成为佛塔平面之最通常形式，然在唐代则仅此一例而已。

同光禅师塔[见注11]

在河南登封县少林寺，建于大历六年（公元771年），与慧崇塔同型之砖塔也。平面亦正方形。唯正南辟门。塔身上叠涩出檐，顶上须弥座两层，下层正方，上层八角菱形，以承平面圆形之石仰覆莲及宝珠顶。唐代墓塔类此者颇多。

唐太宗昭陵[14]

在陕西醴泉县西北五十里，因九嵕山为陵。按长安志图说，周垣两重，前建献殿，陪葬诸王、公主、嫔妃、功臣一百余人。刻番酋十四人像，并所乘六骏之形于北阙下。今六骏尚存，其四在西安陕西省立图书馆，其二在美国彭省大学博物馆，乃唐代雕刻之精品也。唯陵之建筑，今无存者。

---

14 《长安志》。

唐高宗乾陵[见注1、注14]

在陕西乾县北五里，因梁山为陵。亦周垣两重；内垣四面辟门，四隅为角楼。陵前双阙、石狮、石马、番酋六十四人像，又建祠堂，绘朝臣六十人画像。今石人、石兽尚存，为唐代雕刻精品。

武氏顺陵[见注1]

武后为其父武士彟营陵墓于咸阳，号曰顺陵，陵前石麒麟及石狮等，为陵地现存唯一遗物，雕刻极精。

赵县安济桥[15]

隋、唐以来桥梁之年代确实可考者极少。河北赵县安济桥不唯确知为隋（公元581—618年）匠李春所造，且可称为中国工程界一绝。桥在城南五里洨水上，仅一石券，横跨三十八米之大距离，桥两端撞券部分各砌两小券，作成空撞券。此法在欧洲初见于法国南部Ceret——十四世纪之桥上，其在近代工程，则至1912年始应用之。李春此桥则较欧洲此式之桥尚早八百年。亦我国现存最古之桥也。

间接资料

唐代绘画雕刻中所见关于建筑之资料，颇多足供参考。

（一）**敦煌壁画**。敦煌窟壁之画及密室中发现画卷中，多净土变相，以殿宇楼阁为背景，可作为唐代之理想建筑图，其各部细节亦描画逼真。总计壁画中所绘建筑类型，有殿堂、楼阁、门楼、角楼、廊亭、围墙、城郭、塔寺等。而此诸建筑物间之联系，其平面布置，亦可借窥大略。

（二）**大雁塔门楣石画刻**。塔初层西门券内半圆形楣石刻释迦说法图，画佛殿五间，立于阶基之上，翼以回廊。其阶基、踏步作东、西阶；斗栱为双杪，补间铺作用人字形斗拱，檐缘瓦吻描画均极忠实。为研究唐代建筑极重要文献。

---

15 《中国营造学社汇刊》第五卷第一期，著者《赵县大石桥》。

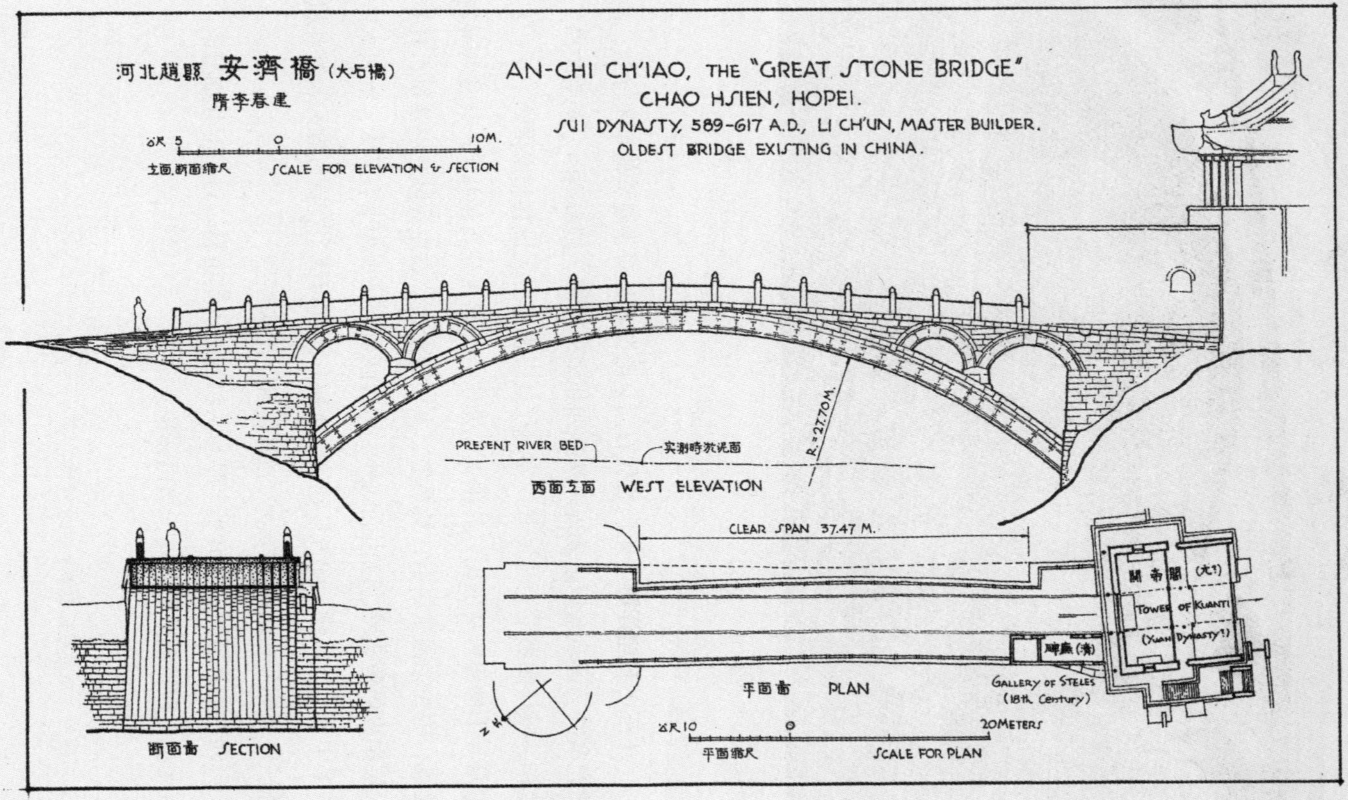
河北趙縣 安濟橋 (大石橋)
隋李春建
AN-CHI CH'IAO, THE "GREAT STONE BRIDGE"
CHAO HSIEN, HOPEI.
SUI DYNASTY, 589-617 A.D., LI CH'UN, MASTER BUILDER.
OLDEST BRIDGE EXISTING IN CHINA.
公尺 5 0 10M.
立面.斷面縮尺 SCALE FOR ELEVATION & SECTION
PRESENT RIVER BED
实测時河泥面
R.=27.70M.
西面立面 WEST ELEVATION
CLEAR SPAN 37.47 M.
關帝閣 (元?)
TOWER OF KUANTI
(YUAN DYNASTY?)
碑廊 (清)
GALLERY OF STELES
(18th Century)
平面圖 PLAN
公尺 10 0 20METERS
平面縮尺 SCALE FOR PLAN
斷面圖 SECTION

图5-6 安济桥平、立面图

图5-7　河北赵县安济桥

（三）**石窟浮雕**。龙门唐代石窟之雕凿者，对于建筑似毫不注意，故诸窟龛鲜有建筑意识之表现。然在四川多处摩崖，则有雕西方阿弥陀净土变相，以楼阁殿宇为背景者，如夹江县千佛崖、大足县北崖佛湾、乐山县龙泓寺千佛崖皆其例也。其中尤以龙泓寺为富于建筑趣味[16]，其龛内所刻建筑，中央为殿堂二层，具平坐，上覆四注顶。右左翼以三层建筑，其第二层中央作龟头屋，以山面向外。再次两侧壁，则为下石上木，如日本所谓多宝塔之建筑物。此五层建筑之上层，则连以阁道，覆以廊屋，其斗栱额柱各部细节均逼真实物，为当时建筑之忠实模型。

此种间接资料，为介乎文献与实物间之可贵资料，对于部分细节，价值尤高，在特征分析节内，当再详论之。

16 刘敦桢《西南建筑图录》，未刊稿。

第三节　隋、唐之建筑特征[1]

一、建筑型类

隋、唐建筑实物之现存者，就型类言，有木构殿堂、佛塔、桥、石窟寺等物。其中石窟寺本身少建筑学上价值。此外尚有钟楼之一部分，亦因不全，不得作一型类之代表物。但在间接资料中，则可得型类八九种，以资佐证。在史籍中亦可得一部分之资料也。

城市设计

隋、唐之长安与洛阳，均为城市设计上之大作。当时雄伟之规，今虽已不存，但尚有文献可征。隋文帝之营大兴城（长安），最大之贡献有三点：其一，将宫殿、官署、民居三者区域分别，以免杂乱而利公私；又置东、西两市，以为交易中心。其二，将全城以横直街分为棋盘形，使市容整齐划一。其三，将四面街所界划之地作为坊，而其对坊之基本观念，不若近代之block，以其四面之街为主，乃以一坊作为一小城，四面辟门，故言某人居处，不曰在何街，而曰在何坊也。街道不唯平直，且规定百步、六十步、四十七步等标准宽度焉。顾炎武言："予见天下州之为唐旧

1 《中国营造学社汇刊》第三卷第一期，梁思成《我们所知道的唐代佛寺与宫殿》。

治者，其城郭必皆宽广，街道必皆正直，廨舍之为唐旧创者，其基址必皆宏敞。宋以下所置，时弥近者制弥陋”[见第109页注1]。唐代建置之气魄，可以见矣。

平面布置

唐代屋宇，无论其为宫殿、寺观或住宅，其平面布置，均大致相同，故长安城中佛寺、道观等，由私人“舍宅”建立者，不可胜数。今唐代建筑之存在者，仅少数殿宇浮图，无全部院庭存在者，故其平面布置，仅得自敦煌壁画考之。

唐代平面布置之基本观念为四周围墙，中立殿堂。围墙或作为回廊，每面正中或适当位置辟门，四角建角楼，院中殿堂数目，或一或二、三均可。佛寺正殿以前亦有以塔与楼分立左右者，如敦煌第一一七窟五台山图中“南台之寺”，其实例则有日本奈良之法隆寺。在较华丽之建置中，正殿左右亦有出复道或回廊，折而向前，成凵字形，而两翼尽头处更立楼或殿者，如大明宫含元殿“夹殿两阁，左曰翔鸾阁，右曰栖凤阁，与殿飞廊相接；及敦煌净土变相图及乐山龙泓寺摩崖所见。

殿堂

唐代殿堂，承汉魏六朝以来传统，已形成中国建筑最主要类型之一。其阶基、殿身、屋顶三部至今日仍为中国建筑之足、身、首。其结构以木柱构架，至今一仍其制。殿堂本身内部，少分为各种不同功用屋室之划分，一殿只作一用。即有划分，亦只依柱间间隔，无依功用、有组织，如后世所谓平面布置也。

楼阁

二层以上之建筑，见于唐画者甚多。通常楼阁，下层出檐，上层立于平坐之上，上为檐瓦屋顶，又有下层以多数立柱构成平坐，而不出檐者，或下部以砖石为高台，台上施平坐斗栱以立上层楼阁柱者。然此类实物今无一存焉。

佛塔

现存唐代佛塔类型计有下列三种：

（一）模仿木构之砖塔。如玄奘塔、香积寺塔、大雁塔、净藏塔之类。各层塔身表面以砖砌成柱、额斗栱乃至门、窗之状，模仿当时木塔样式，其檐部则均叠涩出檐，又纯属砖构方法。层数自一层至十三乃至十五层不等。

（二）单层多檐塔。如小雁塔、法王寺塔、云居寺石塔之类。下层塔身比例瘦高，其上密檐五层至十五层。檐部或叠涩，或刻作椽、瓦状。

（三）单层墓塔。如慧崇塔、同光塔之类。塔身大多方形，内辟小室，塔身之上叠涩出檐，或单檐或重檐，即济南神通寺东魏四门塔型是也。如净藏塔亦可属于此类，但塔身为木构样式。

现存唐代佛塔特征之最可注意者两点：

（一）除天宝间之净藏禅师塔外，唐代佛塔平面一律均为正方形；如有内室亦正方形。

（二）各层楼板、扶梯一律木构，故塔身结构实为一上下贯通之方形砖筒。除少数实心塔及仅供佛像不能入内之小石塔外，自北魏嵩岳寺塔以至晚唐诸塔，莫不如是。凡有此两特征之佛塔，其为唐构殆可无疑矣。

除上举实物所见诸类型外，见于敦煌画之佛塔，尚有下列四种：

（一）木塔。与云冈石窟浮雕及塔柱所见者相同，盖即“上累金盘，下为重楼”之原始型华化佛塔也。

（二）多层石塔。为将多数“四门塔”垒叠而成者。每层塔身均辟圆券门，叠涩出檐，上施山花蕉叶。现存实物无此式，然在结构上则极合理也。

（三）下木上石塔。下层为木构，斗拱出瓦檐。其上设平坐，以承上层石窣堵坡。其结构违反材料力学原则，恐实际上不多见也。

（四）**窣堵坡**。塔肚部分或为圆球形或作钟形。现存唐代实物无此式。

城郭

敦煌壁画中所画城郭颇多，似均砖甃。城多方形，在两面或四面正中为城门楼，四隅则有角楼，均以平坐立于城上。城门口作梯形“券”，为明以后所不见。城上女墙，或有或无，似无定制。

桥梁

唐代桥梁，至今尚无确可考者。敦煌壁画中所见颇多，均木造，微拱起，旁施勾栏，与日本现代木桥极相似。至于隋安济桥，以一单券越如许长跨，加之以空撞券之结构，至为特殊，且属孤例，不可作通常桥型论也。

二、细节分析

阶基及踏道

唐代阶基实物现存者甚少，大雁塔、小雁塔及佛光寺大殿虽均有阶基，然均经后代重修，是否原状甚属可疑。墓塔中有立于须弥座上者，然其下是否更有阶基，亦成问题。敦煌壁画佛塔均有阶基，多素平无叠涩；大雁塔门楣石所画大殿阶基亦素平，其下地面且周以散水，如今通用之法。阶基前踏道一道，唯雁塔楣石所画大殿则踏道分为左右，正中不可升降，即所谓东、西阶之制。

平坐

凡殿宇之立于地面或楼台塔阁之下层，均有阶基；但第二层以上或城垣高台之上建立木构者，则多以平坐、斗栱代替阶基，其基本观念乃高举之木构阶基也。玄宗毁武后明堂，“去柱心木，平坐上置八角楼”，此盖不用柱心木建重楼之始，为结构法上一转捩点殊堪注意。敦煌壁画中楼阁城楼等皆有平坐。然实物则尚未见也。

勾栏

阶基或平坐边缘之上，多有施勾栏者。自北魏以至唐、宋，六七百年间，勾栏之标准样式为“钩片勾栏”，以地栿、盆唇、巡杖及斗子蜀柱为其构架、盆唇、地栿及两蜀柱间以L及I形相交作华板。敦煌壁画中所见极多。其实例则栖霞山五代舍利塔勾栏也。

柱及柱础

佛光寺大殿柱为现存唐柱之唯一确实可考者。其檐柱内柱均同高；高约为柱下径之九倍强。柱身唯上端微有卷杀，柱头紧杀作覆盆状。其用柱之法，则生起与侧脚二法皆极显著，与宋《营造法式》所规定者约略相同。

砖塔表面所砌假柱，大雁塔与香积寺塔均瘦而极高，净藏塔之八角柱则肥短。大雁塔门楣石所画柱亦极瘦高，恐均非真实之比例也。

唐代柱础如用覆盆，则有素平及雕莲瓣者。

门窗

佛光寺大殿门扇为板门，每扇钉门钉五行；门钉铁制，甚小，恐非唐代原物。慧崇塔、净藏塔及栖霞寺塔上假门亦均有门钉，千余年来仍存此制。

佛光寺大殿两梢间窗为直棂窗，净藏塔及香积寺塔上假窗，亦为此式，元、明以后，此式已少见于重要大建筑上，但江南民居仍沿用之。

斗拱

唐代斗栱已臻成熟极盛。以现存实物及间接材料，可得下列六种：

（一）一斗。为斗栱之最简单者。柱头上施大斗一枚以承檐椽，如用补间铺作，亦用大斗一枚。大雁塔、香积寺塔之斗栱均属此类。北齐石柱上小殿，为此式之最古实物。

（二）把头绞项作（清式称一斗三升）。玄奘塔及净藏塔均用一斗三升。玄奘塔大斗口出耍头，与泥道栱相交。其转角铺作则侧面泥道栱在正面出为耍头；其转角问题之解决甚为圆满。柱头枋至角亦相交为耍头。净藏塔柱头之转角铺作，则其泥道拱随八角平面曲折，颇背结构原理。其大斗口内出耍头，斜杀如批竹昂形状。大雁塔门楣石所画大殿两侧回廊斗栱则与玄奘塔斗栱完全相同。

（三）双杪单栱。大雁塔门楣石所画大殿，柱头铺作出双杪，第一跳偷心，第二跳跳头施令栱以承橑檐椽。其柱中心则泥道栱上施素枋，枋上又施令栱。栱上又施素枋。其转角铺作，则角上出角华栱两跳，正面华栱及角华栱跳头施鸳鸯交手栱，与侧面之鸳鸯交手栱相交。此虽间接资料，但描画准确，其结构可一目了然也。

（四）人字形及心柱补间铺作。净藏塔前面圆券门之上以矮短心柱为补间铺作，其余各面则用人字形补间铺作。大雁塔门楣石所画佛殿则于阑额与下层素枋之间安人字形铺作，其人字两股低偏，两端翘起。上下两层素枋之间则用心柱及斗。现存唐宋实物，无如此者，但日本奈良唐招提寺金堂，则用上下两层心柱及斗，与此画所见，除下层以心柱代人字形铺作外，在原则上属同一做法。

（五）双杪双下昂。何晏《景福殿赋》有“飞昂鸟踊”之句，是至迟至三国已有昂矣。佛光寺大殿柱头铺作出双杪双下昂，为昂之最古实例。其第一、第三两跳偷心。第二跳华栱跳头施重栱，第四跳跳头昂上令栱与耍头相交，以承替木及橑檐槫。其后尾则第二跳华栱伸引为乳栿，昂尾压于草栿之下。其下昂嘴斜杀为批竹昂，敦煌壁画所见多如此，而在宋代则渐少见，盖唐代通常样式也。转角铺作于角华栱及角昂之上，更出由昂一层，其上安宝瓶以承角梁，为由昂之最古实例。

（六）四杪偷心。佛光寺大殿内柱出华栱四跳以承内槽四椽栿，全部偷心，不施横栱，其后尾与外檐铺作相同。

木构斗栱以佛光寺大殿为最古实例。此时形制已标准化，与辽宋实物相同之点颇多，当于下章比较讨论之。

构架

在构架方面特可注意之特征有下列七点：

（一）阑额与由额间之矮柱。大雁塔门楣石所画佛殿，于柱头间施阑额及由额，二者之间施矮柱，将一间分为三小间，为后世所不见之做法。

（二）普拍枋之施用。玄奘塔下三层均以普拍枋承斗栱。最下层未砌柱形，普拍枋安于墙头上。第二、第三两层砌柱头间阑额，其上施普拍枋以承斗栱。最上两层则无普拍枋，斗栱直接安于柱头上。可知普拍枋之用，于唐初已极普遍，且其施用相当自由也。

（三）内外柱同高。佛光寺内柱与外柱完全同高，内部屋顶举折，均由梁架构成。不若后代将内柱加高。然佛光寺为一孤例，加高做法想亦为唐代所有也。

（四）举折。佛光寺大殿屋顶举高仅及前、后橑檐枋间距离之五分之一强，其坡度较后世屋顶缓和甚多。其下折亦甚微，当于下章与宋式比较论之。

（五）明栿与草栿之分别。佛光寺大殿斗栱上所承之梁皆为月梁，其中部微拱起如弓，亦如新月，故名。后世亦沿用此式，至今尚通行于江南。其在此殿中，月梁仅承平闇之重，谓之明栿。平闇之上，另有梁架，不加卷杀修饰，以承屋盖之重，谓之草栿。辽宋实物亦有明栿以上，另施草栿者，明清以后，则梁均为荷重之材，无论有无平闇，均无明栿、草栿之别矣。

（六）月梁。《西都赋》有“抗应龙之虹梁”，谓其梁曲如虹，故知月梁之用，其源甚古。佛光寺大殿明栿均用月梁，其梁首之上及两肩均卷杀，梁下中顱，为月梁最古实例。其形制与宋《营造法式》所规定大致相同。

（七）大叉手。佛光寺大殿平梁之上不立侏儒柱以承脊槫，而以两叉手相抵，如人字形斗栱。宋辽实物皆有侏儒柱而辅以叉手，明清以后则仅有侏儒柱而无叉手。敦煌壁画中有绘未完之屋架者，亦仅有叉手而无侏儒柱，其演变之程序，至为清晰。

藻井

佛光寺大殿平闇用小方格，日本同时期实物及河北蓟县独乐寺辽观音阁平闇亦同此式。敦煌唐窟多作盝顶，其四面斜坡画作方格，中部多正形，抹角逐层叠上，至三层、五层不等。

角梁及檐椽

佛光寺大殿角梁两重，其大角梁安于转角铺作之上，由昂上并以八角形瘦高宝瓶承托角梁，角梁头卷杀作一大瓣，子角梁甚短，恐已非原状。大雁塔楣石所画大殿角梁不全。其下无宝瓶等物，亦不知有无子角梁也。

佛光寺大殿檐部只出方椽一层，椽头卷杀，但无飞椽。想原有檐部已经后世改造，故飞椽付之缺如。至角有翼角椽，如后世通用之法。大雁塔楣石所画，则用椽两层，下层圆椽，上层方飞椽，有显著之卷杀。椽与角梁相接处，不见有生头木之使用。

砖石塔多用叠涩檐。其断面线多颤入少许，实为一种装饰性之横线道。石塔亦有雕作椽、瓦状者，河北涞水县唐先天石塔及江宁栖霞寺五代石塔皆此类实例也。

屋顶

除佛光寺大殿四阿顶一实物外，见于间接资料者，尚有九脊、攒尖两式，“不厦两头”则未见，然既见于汉、魏，亦见于宋、元以后，则想唐代不能无此式也。九脊屋顶收山颇深，山面三角部分施垂鱼，为至今尚通用之装饰。四角或八角形亭或塔顶，均用攒尖屋顶，各垂脊会于尖部，其上立刹或宝珠。

瓦及瓦饰

佛光寺大殿现存瓦已非原物，故唐代屋瓦及瓦饰之形制，仅得自间接资料考之。筒瓦之用极为普遍，雁塔楣石所见尤为清晰，正脊两端鸱尾均曲向内，外沿有鳍状边缘，正中安宝珠一枚，以代汉、魏常见之凤凰。正脊、垂脊均以筒瓦覆盖，其垂脊下端微翘起，而压以宝珠。屋檐边线，除雁塔楣石所画，至角微翘外，敦煌壁画所见则全部为直线，实物是否如此尚待考也。

雕饰

雕饰部分可分为立体、平面两种：立体者为雕塑品，平面者为画、屋顶雕饰，仅得见于间接资料，顷已论及。石塔券形门有雕火珠形券面者，至于平面装饰，最重要者莫如壁画。《历代名画记》所载长安洛阳佛寺、道观几无无壁画者，如吴道子、尹琳之流，名手辈出。今敦煌千佛洞中壁画，可示当时壁画之一般。今中原所存唐代壁画，则仅佛光寺大殿内栱眼壁一小段耳。至于梁枋等结构部分之彩画，则无实例可考[2]。天花藻井及壁画边缘图案，则敦煌实例甚多，一望而知所受希腊影响之颇为显著也。

发券

发券之法，至汉已极通行，用于墓藏，遗例颇多。但用于地面者，似尚不甚普遍。至于发券桥，最古记录，有《水经注》条七里涧之旅人桥，“悉用大石，下圆以通水，题太康三年十一月初就功”。实物之最古者厥唯赵县大石桥，其砌券之法，以多道单独之券，并列而成一大券，而非将砌层与券筒中轴线平行，使各层间砌缝相错以相牵济者。此桥之券固与后世之常法异，然亦异于汉墓中所常见，盖独出心裁者也。至于券圈之上另加平砌之仗，自汉以来，已成定法，大石桥亦非例外，直至清代尚遵此制。

---

2 1954 年已发现佛光寺大殿梁、枋、平闇等多处尚存唐代赤白装彩画。——陈明达注

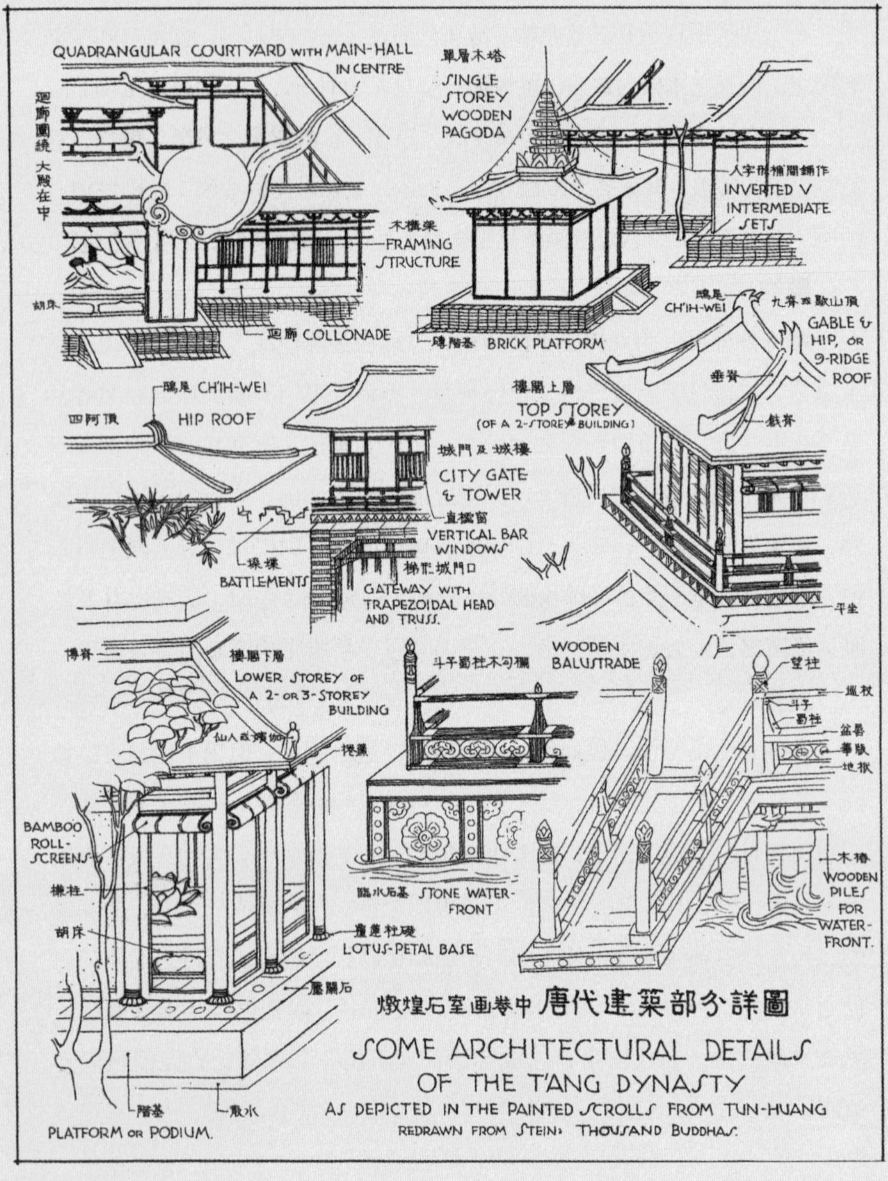

图5–8　敦煌石室画卷中唐代建筑部分详图

第六章

五代、宋、辽、金时期

History of Chinese Architecture

第一节　五代汴梁之建设

唐室既衰，五代迭兴，皆偏霸之主，兵戈扰攘，且五十余年。中原建设力微弱而破坏甚烈。初，朱梁代唐，长安为墟，毁宫室庐舍，取其材浮河而下[1]。既都洛阳，乃以汴州为开封府，建为东都，创宫殿焉。洛阳经安史之乱，疮痍满目，已非唐时东都之盛。后唐灭梁，唐庄宗虽以“宫禁郁蒸”[2]，曾营楼观，但洛京是时旧墙多已摧塌，南市尚留有张全义所筑临时壁垒，“浩穰神京，旁通绿野，徘徊壁垒，俯近皇居”[3]。其衰落情状已露。

及后晋都洛，天福三年（公元938年），河南留守奏修洛阳宫，薛融谏曰：“今宫室虽经焚毁，犹侈于帝尧之茅茨……今公私困窘，非陛下修宫馆之日。”[4]是时宫室既渐次颓顿，而国力又不胜修葺，遑论建置矣。同年，晋又东迁，以汴州为都，汉周迭代，乃一因其制，但汴宫诸殿，各代易名而已，亦未曾增益。

1 《旧唐书·昭宗纪》。

2 《历代帝王宅京记》。

3 《册府元龟》。

4 《资治通鉴》。

后周都汴，以方内略定，迭诏整广京师，始有开国建设之风。自隋开运河，汴河为其中流，汴梁在唐时已因商业发展，成“为雄郡，自江淮达于河洛，舟车辐辏”[5]。其市肆繁盛，“邑居庞杂”，固非一日。太祖广顺三年（公元953年），诏开封府丁五万五千人，修补京师罗郭，尚未广事展拓。迄世宗武威政权雄盛，四方人物走集于此，汴京乃兼政治经济中心，其旧有建筑，突然不敷居用。显德二年（公元955年），增修汴城之两诏，富于市政设计观念，极堪注重[见注4]。

世宗始因“东京……都城，因旧……诸卫军营或多狭窄，百司公署无处兴修……坊市之中，邸店有限；工商外至，络绎无穷；僦赁之资，增添不定，而又屋宇交连，街衢湫溢。入夏有暑湿之苦，居常有烟火之忧”。故“将便公私，须广都邑，于京师四面别筑罗城”。其设施则“先立标帜，候冬末农务闲时……修筑……未毕则迤逦次年……凡有营葬及兴置宅灶……须去标帜七里外，标帜内候宫中划定街巷、军营、仓场、诸司公廨院务等，即任百姓营造”。

同年诏云：“闾巷隘狭……多火烛之忧；每遇炎蒸，易生疫疾。”更着意于卫生及治安问题，故又极力劝谕：“近者开广都邑，展行街坊，虽然暂劳，夕成大利……朕通览康衢，更思通济……”其设施尤增观美者，乃于“京城内街道阔五十步，许两边人户于五步内取便种树掘井修益凉棚。其三十步至二十步者，与三步，其次有差”。

显德三年（公元956年）春，乃诏发民夫，大举筑汴京外城。

此后各地寺院亦有显德重修之事，盖已渐入建设时期，东京繁荣，尤因疏浚汴河，再通淮南，经济上发展之故，官方营建之外，又产生市坊

5 《旧唐书·齐浣传》。

商业建筑，如“邸店”[6]之属，以廊屋或巨楼以储货物。“世宗遣周景大浚汴口，又自郑州导郭西濠达中牟。景心知汴口既濬……将有淮浙巨商，贸粮斛贾万货临汴，而无委泊之地……乞许京臣民环汴栽榆柳，起台榭，以为都会之壮。世宗许之，景首先应诏，踞汴流中要起巨楼十三间。世宗辇过，赐酒犒工，不悟其规利也。景后邀钜货于楼……岁入数万计”[7]。时人称此为“十三间楼子”[8]，其雄大之姿，当非寻常市楼所可及。迄宣和之世（公元1119—1125年），此楼犹见于《东京梦华录》记载。周景既为应诏者之一，沿汴两岸当尚有其他商贾屋楼之产生。至赵宋定基之时，东京都会规模固已壮盛，交通漕运尤便，不再迁洛之故，或亦在此。

6 《旧五代史·赵在礼传》；《新五代史·袁象先传》。

7 僧文莹《玉壶清话》。

8 《渑水燕谈录》。

第二节　北宋之宫殿、苑囿、寺观、都市

宋太祖受周禅，仍以开封为东京，累朝建设于此，故日增月异，极称繁华，洛阳为宋西京，退处屏藩，拱卫京畿，附带繁荣而已。真宗时，虽以太祖旧藩称应天府，建为南京（今河南商丘县），乃即卫城为宫，奉太祖、太宗圣像，终北宋之世，未曾建殿。其正门“犹是双门，未尝改作”[1]。仁宗以大名府为北京，则因契丹声言南下，权为军略措置，建都河北，“示将亲征，以伐其谋”[2]；亦非美术或经济之动态，实少所营建。

北宋政治经济文化之力量，集中于东京建设者百数十年。汴京宫室坊市繁复增盛之状，乃最代表北宋建筑发展之趋势。

东京旧为汴州，唐建中节度使重筑，周二十里许，宋初号里城。新城为周显德所筑，周四十八里许，号曰外城[3]。宋太祖因其制，仅略广城东北隅，仿洛阳制度修大内宫殿而已。真宗以“都城之外，居民颇多，复置京新城外八厢”[4]。神宗、徽宗再缮外城，则建敌楼瓮城，又稍增广，城

1 叶少蕴《石林燕语》。

2 《通鉴辑览》。

3 《历代帝王宅京记》引赵德麟《侯鲭录》。

4 《宋会要辑稿》。

始周五十里余[5]。

太宗之世，城内已“比汉、唐京邑繁庶，十倍其人”[6]；继则“甲第星罗，比屋鳞次，坊无广巷，市不通骑”[7]。迄北宋盛世，再接再厉，至于“栋宇密接，略无容隙，纵得价钱，何处买地？”[见注5]其建筑之活跃，不言可喻，汴京因其水路交通，成为经济中枢，乃商业之雄邑，而建为国都者；加以政治原因，“乘舆之下，士庶走集”，其繁荣尤急促；官私建置均随环境展拓，非若隋、唐两京皇帝坊市之预布计划，经纬井井者也。其特殊布置，因地理限制及逐渐改善者，后代或模仿以为定制。

汴京有穿城水道四，其上桥梁之盛，为其壮观，河街桥市，景象尤为殊异。大者蔡河，自城西南隅入，至东南隅出，有桥十一。汴河则自东水门外七里，至西水门外，共有桥十三。小者五丈河，自城东北入，有桥五。金水河从西北水门入城，夹墙遮樜入大内，灌后苑池浦，共有桥三[8]。

桥最著者，为汴河上之州桥，正名大汉桥，正对大内御街，即范成大所谓“州桥南北是大街”者也。桥低平，不通舟船，唯西河平船可过，其下密排石柱，皆青石为之；又有石梁、石笋、楯栏。近桥两岸皆石壁，镌刻海马、水兽、飞云之状。“……州桥之北，御路东西，两阙楼观对耸……”[见注8]金元两都之周桥，盖有意仿此，为宫前制度之一。桥以结构巧异称者，为东水门外之虹桥，“无柱，以巨木虚架，饰以丹雘，宛如飞虹”[见注8]。

大内本唐节度使治所，梁建都以为建昌宫，晋号大宁宫，周加营缮，皆未增大，“如王者之制”。太祖始“广皇城东北隅……命有司画洛阳宫

---

5 李濂《汴京遗迹志》。

6 《续通鉴长篇》至道元年张洎语。

7 《汴京遗迹志》载皇畿赋。

8 孟元老《东京梦华录》。

殿，按图修之……皇居始壮丽……”[见注4]

“宫城周五里”[9]。南三门，正门名凡数易，至仁宗明道后，始称宣德[10]，两侧称左掖、右掖。宫城东西之门，称东华西华，北门曰拱宸。东华门北更有便门一，“西与内直门相直”，成曲屈形。称謻门[见注1]。此门之设及其位置，与太祖所广皇城之东北隅，或大略有关。

宣德门又称宣德楼，“下列五门，皆金钉朱漆。壁皆砖石间甃，镌镂龙凤飞云之状……莫非雕甍画栋，峻桷层榱。覆以琉璃瓦，曲尺朵楼，朱栏彩槛。下列两阙亭相对……”自宣德门南去，“坊巷御街……约阔三百余步。两边乃御廊，旧许市人买卖其间。自政和间，官司禁止，各安立黑漆杈子，路心又安朱漆杈子两行，中心道不得人马行往。行人皆在朱杈子外。杈子内有砖石甃砌御沟水两道，尽植莲荷。近岸植桃李梨杏杂花；春夏之日，望之如绣”[见注8]。宣德楼建筑极壮丽，宫前布置又改缮至此，无怪金元效法作“千步廊”之制矣。

大内正殿之大致，据史志概括所述，则“正南门（大庆门）内，正殿曰大庆，正衙曰文德……大庆殿北有紫宸殿，视朝之前殿也。西有垂拱殿，常日视朝之所也……次西有皇仪殿，又次西有集英殿、宴殿也。殿后有需云殿，东有升平楼，宫中观宴之所也。后宫有崇政殿，阅事之所也。殿后有景福殿，西有殿北向曰延和，便坐殿也。凡殿有门者皆随殿名……”[见注9]

大庆殿本为梁之正衙，称崇元殿，在周为外朝，至宋太祖重修，改为乾元殿，后五十年间曾两被火灾，重建易名大庆。至仁宗景祐中（公元1034年），始又展拓为广庭。“改为大庆殿九间，挟各五间，东西廊

9 《宋史·地理志》。

10 《玉海》卷百七十。

各六十间，有龙墀、沙墀，正值朝会册尊号御此殿……郊祀斋宿殿之后阁……”[11]。又十余年，皇祐中“飨明堂，恭谢天地，即此殿行礼”。“仁宗御篆明堂二字，行礼则揭之”[见注1]。

秦、汉至唐叙述大殿之略者，多举其台基之高峻为其规模之要点；独宋之史志及记述无一语及于大殿之台基，仅称大庆殿有龙墀、沙墀之制。

“文德殿在大庆殿之西少次”[见注1]，亦五代旧有，后唐曰端明，在周为中朝，宋初改文明。后灾重建，改名文德[见注11]。“紫宸殿在大庆殿之后，少西其次又为垂拱……紫宸与垂拱之间有柱廊相通，每日视朝则御文德，所谓过殿也。东西阁门皆在殿后之两旁，月朔不御过殿，则御紫宸，所谓入阁也”[见注1]。文德殿之位置实堪注意。盖据各种记载文德、紫宸、垂拱三殿成东西约略横列之一组，文德既为“过殿”居其中轴，反不处于大庆殿之正中线上，而在其西北偏也[见注1]。宋殿之区布情况，即此四大殿论之，似已非绝对均称或设立一主要南北中心线者。

初，太祖营治宫殿“既成，帝坐万岁殿（福宁殿在垂拱后，国初曰万岁）[见注1]，洞开诸门，端直如绳，叹曰：‘此如吾心，小有私曲人皆见之矣’”[12]。对于中线引直似极感兴味。又“命怀义等凡诸门与殿顶相望，无得辄差。故垂拱、福宁、柔仪、清居四殿正重，而左右掖与左右升龙银台等诸门皆然”[见注1]。福宁为帝之正寝，柔仪为其后殿，乃后寝，故垂拱之南北中心线，颇为重要。大庆殿之前为大庆门，其后为紫宸殿，再后，越东华西华横街之北，则有崇政殿，再后更有景福殿，实亦有南北中线之成立，唯各大殿东西部位零落，相距颇远，多与日后发展之便。如皇仪在垂拱之西，集英宴殿自成一组，又在皇仪之西，似皆非有密

11 《玉海》卷百六十。

12 《邵氏闻见录》。

切关系者，故福宁之两侧后又建置太后宫，如庆寿宝慈，而无困难[13]，而柔仪之西，日后又有睿思殿等[见注1]。

崇政初为太祖之简贤讲武，“有柱廊，次北为景福殿，临放生池”，规模甚壮。太宗、真宗、仁宗及神宗之世，均试进士于此，后增置东西两阁，时设讲读，诸帝且常“观阵图，或对藩夷，及宴近臣，赐花作乐于此”，盖为宫后宏壮而又实用之常御正殿，非唯“阅事之所”而已[见注11]。

宋宫城以内称宫者，初有庆圣及延福，均在后苑，为真宗奉道教所置。广圣宫供奉道家神像，后侍奉真宗神御，内有五殿，一阁曰降真；延福宫内有三殿，其中灵顾殿，亦为奉真宗圣容之所。真宗咸平中，“宰臣等言：汉制帝母所居称宫，如长乐，积庆……等，请命有司为皇太后李建宫立名……诏以滋福殿（即皇仪）为万安宫”[见注13]。母后之宫自此始，英宗以曹太后所居为慈寿宫，至神宗时曹为太皇太后，故改名庆寿（在福宁殿东）；又为高太后建宝慈宫（在福宁西）等皆是也。母后所居既尊为宫，内立两殿，或三殿，与宋以前所谓“宫”者规模大异。此外又有太子所居，至即帝位时改名称宫，如英宗之庆宁宫、神宗之睿成宫皆是[见注13]。

初，宋内廷藏书之所最壮丽者为太宗所置崇文院三馆，及其中秘阁，收藏天下图籍[14]，“栋宇之制皆帝亲授”，后苑又有太清楼，尤在崇政殿西北，楼“与延春、仪凤、翔鸾诸阁相接，贮四库书”。真宗常“曲宴后苑临水阁垂钓，又登太清楼，观太宗圣制御书，及亲为四库群书，宴太清楼下”[15]。作诗赐射赏花钓鱼等均在此，及祥符中，真宗“以龙图阁奉太

---

13 《玉海》卷百五十八。

14 《玉海》卷百六十三。

15 出自《玉海》卷百六十四。

宗御制文集及典籍、图画、宝瑞之物，并置待制学士官，自是每帝置一阁”[见注5]。天章宝文两阁（在龙图后集英殿西）[16]为真、仁两帝时所自命以藏御集，神宗之显谟阁，哲宗之徽猷阁，皆后追建，唯太祖英宗无集不为阁[见注1]。徽宗御笔则藏敷文阁。是所谓宋“文阁”者也[见注5]。每阁东、西序皆有殿，龙图阁四序曰资政、崇和、宣德、述古[见注13]，天章阁两序曰群玉、蕊珠；宝文阁两序曰嘉德、延康[见注14]。内庭风雅，以此为最，有宋珍视图书翰墨之风历朝不改，至徽宗世乃臻极盛。宋代精神实多无形寓此类建筑之上。

后苑禁中诸殿，龙图等阁及太后各宫，无在崇政殿之东者。唯太子读书之资善堂在元符观，居宫之东北隅，盖宫东部为百司供应之所，如六尚局、御厨殿等及禁卫、辇官亲从等所在[见注8]。东华门及宫城供应入口，其外“市井最盛，盖禁中买卖所在”[见注8]。

所谓外诸司，供应一切燃料、食料、器具、车驾及百物之司，虽散处宫城外，亦仍在旧城外城之东部。盖此以五丈河入城及汴蔡两河出城处两岸为依据。粮仓均沿河而设，由东水门外虹桥至陈州门里，及在五丈河上者，可五十余处[见注8]。东京宫城以内布置，乃不免受汴梁全城交通趋势之影响。后苑布置偏于宫之西北者，亦缘于“金水河由西北水门入大内，灌其池浦”，地理上之便利也[见注8]。

考宋诸帝土木之功，国初太祖庙（公元960—976年）建设未尝求奢，而多豪壮，或因周庙之制，宋初视为当然，故每有建置，动辄数百间。如太祖诏“于右掖门街临汴水起大第五百间”[17]以赐蜀主孟昶；又于“朱雀门外建大第甲于辇下，名礼贤宅，以待钱俶”[18]，及“开宝寺重起缭

---

16 《玉海》卷自六十二。

17 《宋朝事实》卷二十。

18 《玉海》卷七十五。

廊、朵殿凡二百八十区”[见注5]，皆为豪举壮观。及太宗世（公元976—997年），规模愈大。以其降生地建启圣院，“六年而功毕，殿宇凡九百余间，皆以琉璃瓦覆之”[19]。又建上清太平宫，“宫成，总千二百四十二区”[20]，实启北宋崇奉道教侈置宫殿之端。其他如崇文院、三馆、秘阁之建筑，“轮奂壮丽，冠乎内庭，近世鲜比”[见注19]。“端拱中，开宝寺造塔八角十三层，高三百六十尺。”塔成，“田锡上疏曰：众谓金碧荧煌，臣以为涂膏衅血，帝亦不怒”[见注5]。画家郭忠恕，巧匠喻浩，皆当时建筑人材，超绝流辈者也[21]。

真宗朝（公元997—1022年）愈崇道教，趋祥异之说，盛礼缛仪，费金最多。作玉清照应宫“凡二千六百一十楹，以丁谓为修宫使，调诸州工匠为之，七年而成”，不仅工程浩大，乃尤重巧丽制作。所用木石彩色颜料均四方精选[22]。殿宇外有山池亭阁之设，环殿及廊庑皆遍绘壁画。艺术之精，冠于北宋历朝宫观。殿上梁日“上皆亲临护……工人以文缯裹梁，金饰木，寓龙负之辂以升……修宫使以下及营缮掌事者，咸赐以衣带金帛”[见注22]。此宫兴作之严重，实为特殊，此后真宗其他建置莫能及。但“南熏门外奉五岳之会灵观，及大内南，奉圣祖之景灵宫（宫之南壁绘赵氏事迹二十八事）——则皆制度华美，均以丁谓董其事。京师以外，宫观亦多宏大，且诏天下州府，皆建道观一所，即以天庆为名”[见注5]。

仁宗之世（公元1023—1063年），夏始自大，屡年构兵，国用枯竭，土木之事仍不稍衰，但多务重修。明道元年（公元1032年），修文德殿

---

19 《玉海》卷六十八。

20 《玉海》卷一百。

21 僧文莹《玉壶清话》。

22 《宋朝事实》卷七。

成，宫中又大火，延烧八殿，皆大内主要，如紫宸、垂拱、福宁、集英、延和等殿。“乃命宰相吕夷简为修葺大内使，发四路工匠给役，又出内库乘舆物及缗钱二十万助其费”[见注9]。先此两年（天圣八年），玉清照应宫因雷雨灾，时帝幼，太后垂帘泣告辅臣，众恐有再葺意，力言“先朝以此竭天下之力，遽为灰烬，非出人意；如因其所存，又复修葺，则民不堪命……”[见注5]于是宫不复修，仅葺两殿。二十五年后（至和中），始又增缮两殿，改名万寿观，仁宗末季，多修葺增建，现存之开封琉璃塔，即其中之一。名臣迭上疏乞罢修寺观[见注5]。欧阳修上疏《上仁宗论京师土木劳费》中云：“开先殿初因两条柱损，今所用材植物料共一万七千五有零。又有睦亲宅，神御殿……醴泉观……等处物料不可悉数……军营库务合行修造者百余处……使厚地不生它物，唯产木材，亦不能供此广费。”又云：“……累年火灾，自玉清、照应、洞真、上清、鸿庆、祥源、会灵七宫，开宝、兴国两寺塔殿，并皆焚烧荡尽，足见天厌土木之华侈，为陛下惜国力民财……”[见注5]。终仁宗朝四十年间，焚毁旧建，与重修劳费，适成国家双重之痛也。

英宗在位仅四年（公元1064—1067年），土木之事已于司马光《乞停寝京城不急修造》之疏中见其端倪[见注5]。盖是时宫室之修造，非为帝王一己之意，臣下有司固不时以土木之宏丽取悦上心。人君之侧，实多如温公所言，“外以希旨求知，内以营私规利”之人也。

神宗（公元1067—1085年）行新政，富改革精神以强国富民为目的，故“宫室弗营，池籞苟完，而府寺是崇”[23]。所作盖多衙署之建置：如东

23 《汴京遗迹志》载曾肇重修御史台记。

西两府[24]、御史台[见注23]、太学等[25]皆是也。元丰中，缮葺城垣，浚治壕堑，亦皆市政之事[26]。又因各帝御容散寓宫中，及宫外诸寺观，未合礼制，故创各帝原庙之制。建六殿于景宁宫内，以奉祖宗像，又别为三殿以奉母后[27]。熙宁中，从司天监之奏，请建中太一宫，但仅就五岳观旧址为之[见注4]。遵故事“太一”行五宫，四十五年一易，“行度所至，国民受其福”[28]，实不得不从民意。太宗建东太一宫四十五年，至仁宗天圣建西太一宫，至是又四十五年也[见注4]。

哲宗（公元1086—1100年）制作多承神宗之训，完成御史台其一也。又于禁中神宗睿思殿后建宣和殿。末年则建景宁西宫于驰道西[见注20]，亦如神宗所创原庙制度，及崩，徽宗即位续成之。宫期年完工，以神宗原庙为首，哲宗次之[见注27]。哲宗即位之初，宣仁太后垂帘，时上清太平宫已久毁于火，后重建，称上清储祥宫，以内庭物及金六千两成之[29]。苏轼承旨撰碑。碑云：“……雄丽靓深，凡七百余间……”宫之规模虽不如太宗时，当尚可观。

迨徽宗立（公元1101—1125年），以天纵艺资，入绍大统，其好奢丽之习，出自天性。且奸邪盈朝，掊剥横赋，倡丰亨豫大之说[见注28]，故尤侈为营建。崇宁大观以还，大内朝寝均丽若琼瑶，宫苑殿阁又增于昔矣。其著者如“政和三年辟延福新宫于大内之北拱宸门外；悉移其地供应诸库，及两僧寺、两军营，而作焉”[见注9]。宫共五位，分任五人，各

24 《汴京遗迹志》载陈绎新修东府西府记。
25 《宋朝燕翼诒谋录》。
26 《历代帝王宅京记》引宋敏求《东京记》。
27 李心传《朝野杂记》，《汴京遗迹志》引。
28 《汴京遗迹志》引龚明之《中吴纪闻》。
29 《汴京遗迹志》引苏轼《上清储祥宫碑》。

为制度，不务沿袭。其殿阁亭台园苑之制，已为艮岳前驱，“叠石为山，凿池为海，作石梁以升山亭，筑土冈以植杏林，又为茅亭鹤庄之属”[见注9]，以仿天然。此后作撷芳园，“称延福第六位，跨城之外，西自天波门东过景龙门，至封丘门”，实沿金水河横贯旧城北面之全部。“名景龙江，绝岸至龙德宫，皆奇花珍木，殿宇比比对峙”[见注9]。又作上清宝箓宫，“密连禁署，内列亭台馆舍，不可胜计……开景龙门，城上作复道通宫内……徽宗数从复道往来”[见注9]。其他如作神霄玉清万寿宫于禁中，又铸九鼎，置九成宫于五岳观后。政和以后，年年营建，皆工程浩大，缀饰繁缛之作。及造艮岳万寿山，驱役万夫，大兴土木；五六年间，穷索珍奇，纲运花石；尽天下之巧工绝技，以营假山、池沼[30]。至于山周十余里，峰高九十步；怪石崭崖，洞峡溪涧，巧牟造化；而亭台馆阁，日增月益，不可殚记[31]。其布署缔构颇越乎常轨，非建筑壮健之姿态，实失艺术真旨。时金已亡辽，宋人纳岁币于金，引狼入室，宫廷犹营建不已，后世目艮岳为亡国之孽，固非无因也。

宋初宫苑已非秦汉游猎时代林囿之规模，即与盛唐离宫园馆相较亦大不相同。北宋百余年间，御苑作风渐趋绮丽纤巧。尤以徽宗宣政以后所辟诸苑为甚。玉津园，太祖之世习射、观稼而已。乾德初，置琼林苑，太宗凿金明池于苑北[32]，于是各朝每岁驾幸观楼船水嬉，赐群臣宴射于此。后苑池名象瀛山，殿阁临水，云屋连簃，诸帝常观御书，琉杯泛觞游宴于玉宸等殿[33]。“太宗雍熙三年，后常以暮春召近臣赏花、钓鱼于苑中”[34]，“命

30 《汴京遗迹志》僧祖秀《华阳宫记》。

31 《汴京遗迹志》徽宗御制《艮岳记略》。

32 《玉海》卷百七十二。

33 《玉海》卷百七十一。

34 《宋朝事实》卷十二。

群臣赋诗赏花曲宴自此始”[见注2]。

金明池布置情状，政和以后所记，当经徽宗增置展拓而成。“池在顺天门街北，周围约九里三十步，池东西径七里许。入池门内南岸西去百余步，有西北临水殿……又西去数百步乃仙桥，南北约数百步；桥面三虹，朱漆栏楯，下排雁柱，中央隆起，谓之骆驼虹，若飞虹之状。桥尽处五殿正在池之中心，四岸石甃向背大殿，中坐各设御幄……殿上下回廊……桥之南立棂星门，门里对立彩楼……门相对街南有砖石甃砌高台，上有楼，观骑射百戏于此……”[见注8]。规制之绮丽窈窕与宋画中楼阁廊庑最为迫肖。

徽宗之延福、撷芳及艮岳万寿山布置又大异；朱勔、蔡攸辈穷搜太湖、灵璧等地花石以实之，“宣和五年，朱勔于太湖取石，高广数丈，载以大舟，挽以千夫，凿河断桥，毁堰坼闸，数月乃至……”[见注5]盖所着重者及峰峦崖壑之缔构；珍禽奇石，环花异木之积累；以人工造天然山水之奇巧，然后以楼阁点缀其间[见注30、31]。作风又不同于琼林苑金明池等矣。叠山之风，至南宋乃盛行于江南私园，迄元、明、清不稍衰。

真仁以后，殖货致富者愈众，巨量交易出入京师，官方管理之设备及民间商业之建筑，皆因之侈大。公卿商贾拥有资产者之园圃第宅，皆争尚靡丽，京师每岁所需木材之夥，使宫民由各路市木不已，且有以此居积取利者[35]，营造之盛实普遍民间。

市街店楼之各种建筑，因汴京之富，乃登峰造极。商业区如“潘楼街……南通一巷，谓之界身，并是金银彩帛交易之所；屋宇雄壮，门面广阔，望之森然”[见注8]。娱乐场如所谓“瓦子”，“其中大小勾栏五十余座……中瓦莲花棚、牡丹棚；里瓦夜叉棚、象棚；最大者可容数

35 《宋会要辑稿·食货》。

千人”[见注8]。酒店则“凡京师酒店门首皆缚彩楼欢门……入门一直主廊，约百余步，南北天井，两廊皆小阁子，向晚灯烛荧煌，上下相映……白矾楼后改丰乐楼，宣和间更修三层相高，五楼相向，各有飞桥栏槛，明暗相通”[见注8]。其他店面如“马行街南北十几里，夹道药肆，盖多国医，咸巨富……上元夜烧灯，尤壮观”[36]。

住宅则仁宗景祐中已是“士民之族，罔遵矩度，争尚纷华……室屋宏丽，交穷土木之工”[37]。“宗戚贵臣之家，第宅园圃，服饰器用，往往穷天下之珍怪……以豪华相尚，以俭陋相訾”[38]。

市政上特种设备，如“望火楼……于高处砖砌……楼上有人卓望，下有官屋数间，屯驻军兵百余人，及储藏救火用具。每坊巷三百步设有军巡铺屋一所，容铺兵五人”。新城战棚皆“旦暮修整”。“城里牙道各植榆柳，每二百步置一防城库，贮守御之器，有广固兵士二十指挥，每日修造泥饰”[见注8]。

工艺所在，则有绫锦院、筑院、裁造院、官窑等等之产生。工商影响所及，虽远至蜀中锦官城，如神宗元丰六年，亦“作锦院于府治之东……创楼于前，以为积藏待发之所……织室吏舍出纳之府，为屋百一十七间，而后足居”[39]。

有宋一代，宫廷多崇奉道教，故宫观最盛，对佛寺唯禀续唐风，仍其既成势力，不时修建。汴京梵刹多唐之旧，及宋增修改名者。太祖开宝三年，改唐封禅寺为开宝寺，“重起缭廊、朵殿凡二百八十区。太宗端拱中建塔，极其伟丽”[见注5]。塔八角十三层，乃木工喻浩所作，后真宗

36 蔡绦《铁围山丛谈》卷四。

37 《宋朝事实》卷十三。

38 《温国文正公集·论财利疏》。

39 费著《蜀锦谱》。

赐名灵感，至仁宗庆历四年塔毁[见注5]，乃于其东，上方院建铁色琉璃砖塔，亦为八角十三层，俗称铁塔，至今犹存，为开封古迹之一[40]。又如开宝二年诏重建唐龙兴寺，太宗赐额太平兴国寺[见注4]。天清寺则周世宗创建于陈州门里繁台之上，塔曰兴慈塔，俗名繁塔，太宗重建。明初重建，削塔之顶，仅留三级[见注40]，今日俗称婆塔者是。宝相寺亦五代创建，内有弥勒大像、五百罗汉塑像，元末始为兵毁[见注5]。

规模最宏者为相国寺，寺建于北齐天宝中，唐睿宗景云二年（公元711年）改为相国寺；玄宗天宝四载（公元745年）建资圣阁；宋至道二年（公元996年）敕建三门，制楼其上，赐额大相国寺。曹翰曾夺庐山东林寺五百罗汉北归，诏置寺中[41]。当时寺“乃瓦市也，僧房散处，而中庭两庑可容万余人，凡商旅交易皆萃其中。四方趋京师以货物求售转售它物者，必由于此”[见注25]。实为东京最大之商场[见注8]。寺内“有两琉璃塔……东西塔院。大殿两廊皆国相名公笔迹，左壁画炽盛光佛降九曜鬼百戏。右壁佛降鬼子母，建立殿庭，供献乐部马队之类。大殿朵廊皆壁隐，楼殿人物莫非精妙”[见注8]。

京外名刹当首推正定府龙兴寺。寺隋开皇创建，初为龙藏寺，宋开宝四年，于原有讲殿之后建大悲阁，内铸铜观音像，高与阁等。宋太祖曾幸之，像至今屹立，阁已残破不堪修葺，其周围廊庑塑壁，虽仅余鳞爪，尚有可观者。寺中宋构如摩尼殿、慈氏阁、转轮藏等，亦幸存至今[42]。

北宋道观，始于太祖，改周之太清观为建隆观，亦诏以扬州行宫为建隆观。太宗建上清太平宫，规模始大。真宗尤溺于符谶之说，营建最多，尤侈丽无比。大中祥符元年，即建隆观增建为玉清照应宫，凡役工

---

40 杨廷宝《汴郑古建筑游览纪录》，见《中国营造学社汇刊》第六卷第三期。

41 叶梦得《石林诗话》。

42 梁思成《正定调查纪略》，发于《中国营造学社汇刊》第四卷第二期。

日三四万[见注22]。“初议营宫料工须十五年，修宫使丁谓令以夜续昼，每画一壁给二烛，故七年而成……制度宏丽，屋宇稍不中程式，虽金碧已具，刘承珪必令毁而更造”[43]。又诏天下遍置天庆观，迄于徽宗，惑于道士林灵素等，作上清宝箓宫。亦诏“天下洞天福地，修建宫观，塑造圣像”[见注2]。宣和元年，竟诏天下更寺院为宫观，次年始复寺院额[见注2]。

洛阳宋为西京，山陵在焉。“开宝初，遣王仁珪等修洛阳宫室，太祖至洛，睹其壮丽，王等并进秩”“太祖生于洛阳，乐其土风，常有迁都之意”[见注13]，臣下谏而未果。宫城周九里有奇，城南三门，中曰五凤楼，伟丽之建筑也。东、西、北各有一门，曰苍龙，曰金虎，曰拱宸。正殿曰太极殿，前有左右龙尾道及日楼月楼[见注13]。“宫室合九千九百九十余区”[见注9]，规模可称宏壮。皇城周十八里有奇，各门与宫城东西诸门相直，内则诸司处之[见注9]。京城周五十二里余，尤大于汴京。神宗曾诏修西京大内[见注13]。徽宗政和元年至六年间之重修，预为谒陵西幸之备，规模尤大。“以真漆为饰，工役甚大，为费不赀[见注9]。至于洛阳园林之盛，几与汴京相伯仲。重臣致仕，往往径第西洛。自富郑公至吕文穆等十九园[44]。其馆榭池台配造之巧，亦可见当时洛阳经营之劳，与财力之盛也。

徽宗崇宁二年（公元1103年），李诫作《营造法式》，其中所定建筑规制，较之宋辽早期手法，已迥然不同。盖宋初禀承唐末五代作风，结构犹硕健质朴。太宗太平兴国（公元976年）以后，至徽宗即位之初（公元1101年），百余年间，营建旺盛，木造规制已迅速变更；崇宁所定，多去

43 《宋史纪事本末》。

44 李格非《洛阳名园记》。

前之硕大，易以纤靡，其趋势乃刻意修饰而不重魁伟矣。徽宗末季，政和迄宣和间，锐意制作，所本风格，尤尚绮丽，正为实施《营造法式》之时期，现存山西榆次大中祥符元年（公元1008年）之永寿寺雨华宫与太原天圣间（公元1023—1031年）之晋祠等，结构秀整犹带雄劲，骨干虽已无唐制之硕建庞大，细部犹未有崇宁法式之繁琐纤弱，可称其为北宋中坚之典型风格也。

第三节　辽之都市及宫殿

契丹之初为东北部落，游牧射生，以给日用，故“草居野处靡有定所”[1]。至辽太祖耶律阿保机并东、西奚，统一本族八部，国势始张。其汉化创业之始，用幽州人韩延徽等，“营都邑，建宫殿，法度井井”[2]，中原所为者悉备。迨援立石晋，太宗耶律德光得晋所献燕云十六州，改元会同（公元938年），建号称辽，诏以皇都临潢府（今热河林西县）为上京，升幽州为南京，定辽阳为东京。辽势力从此侵入云、朔、幽、蓟（今山西、河北北部）。危患北宋百数十年。圣宗统和二十五年（公元1007年）即宋真宗大中祥符之初，以大定府为中京（今热河朝阳平泉，赤峰等县地）又三十余年至兴宗重熙十三年（公元1044年），更以大同府为西京，于是五京备焉。

辽东为汉旧郡，渤海人居之，奚与渤海皆深受唐风之熏染。契丹部落之崛起与五代为同时，耶律氏实宗唐末边疆之文化，同化于汉族，进而承袭中原北首州县文物制度之雄者也。契丹本富于盐铁之利，其初有“回

1 《辽史·营卫志》。

2 《辽史·韩延徽传》。

图使”[3]往来贩易，鬻其牛羊、毳、罽、驰马、皮革、金珠、药材等以市他国货物，其后辽更与北宋、西夏、高丽、女真诸国沿边所在，共置榷场市易，商业甚形发达，都市因此繁盛[4]。其都市街隅，“有楼对峙，下连市肆”。其中“邑屋市肆有绫锦之作，宦者、伎术、教坊、角抵、儒僧尼道皆中国人，并汾幽蓟为多”[5]。辽世重佛教，营僧寺，刊经藏，不遗余力，尝“择良工于燕蓟”。凡宫殿佛寺主要建筑，实均与北宋相同。盖两者均上承唐制，继五代之余，下启金、元之中国传统木构也。

太祖于神册三年（公元918年）治城临潢，名曰皇都；二十一年后，至太宗，改称上京[见注5]。太祖建元神册之前，所居之地曾称西楼。“阿保机以其所为上京，起楼其间，号西楼，又于其东……起东楼，北……起北楼，南木叶山起南楼，往来射猎四楼之间”[6]。盖阿保机自立之始，创建明王楼。初未筑成，其都亦未有名称。如“以所获僧……五十人归西楼，建天雄寺以居之”。“其党神速姑复劫西楼，焚明王楼”，“壬戌上发自西楼”[7]等。“契丹好鬼、贵日，朔旦东向而拜日，其大会聚视国事，皆以东向为尊，四楼门屋皆东向”[见注6]。岂西楼时期，契丹营建乃保有汉、魏、盛唐建楼之古风；而又保留其部族东向为尊之特征欤?

辽建“殿”之事，始于太祖八年冬，建开皇殿于明王楼基，早于城皇都约四年，其方向如何，今无考。“天显元年，平渤海归，乃展郛郭，建宫室，名之以天赞。起三大殿曰：开皇、安德、五銮。中有历代帝王御容……”[见注5]制度似略改。迨晋遣使上尊号，太宗“诏番部，并依汉

3《通鉴·后晋记》。

4 王家琦《辽赋税考》，见《东北集刊》第--期。

5《历代帝王宅京记》引胡峤记。

6《五代史·四夷附录》。

7《辽史·太祖本纪》。

制御开皇殿，辟承天门受礼，改皇都为上京”[8]。以后开皇五銮及宣政殿皆数见于太宗纪。

上京“城高二丈……幅员二十七里……其北谓之皇城……中有大内……大内南门曰承天；有楼阁……东华、西华……通内出入之所”[见注8]。城正南街两侧为各司、衙、寺、观、国子监、孔子庙及二仓。天雄寺与八作司相对，均在大内南。“南城谓之汉城；南当横街，各有楼对峙，下列井肆”[见注8]。市容整备，其形制已无所异于汉族。然至圣宗开泰五年，距此时已八十年，宋人记云“承天门内有昭德、宣政二殿与毡庐，皆东向”[见注5]。然则辽上京制度，殆始终留有其部族特殊尊东向之风俗。

辽阳之大部建设为辽以前渤海大氏所遗，而大氏又本唐之旧郡，“拟建宫阙”。辽初以为东丹王国，葺其城，后升为南京，又改东京。“幅员三十里，共八门……宫城在城东北隅……南为三门，壮以楼观。四隅有角楼，相去各二里。宫壤北有让国皇帝御容殿，大内建二殿……外城谓之汉城，分南北市，中为看楼……街西有金德寺、大悲寺、驸马寺、铁幡竿在焉”[见注8]。

辽南京古冀州地，唐属幽州范阳郡；唐末刘仁恭尝据以僭帝号。石晋时地入于辽。太宗立为南京，又曰燕京，是为北京奠都之始。城有八门，其四至广阔，虽屡经史家考证，仍久惑后人。地理志称“方三十六里”，其他或称二十五里及二十七里者。或言三十六里“乃并大内计度”者，其说不一。但燕城令人注意者，乃其基址与今日北京城阙之关系。其址盖在今北京宣武门迤西，越右安、广宁门郊外之地[9]。金之中都承其旧城而展拓

8 《辽史·地理志》。

9 奉宽《燕京故城考》，见《燕京学报》第五期。

之，非元、明、清建都之北京城也。今其址之北面有旧土城及会城门村等可考。其东南隅有古之悯忠寺（今之法源寺）可考[见注9]，而今郊外之“鹅房营，有土城角，作曲尺式，幸存未铲；有豁口俗呼凤凰嘴，当因辽城丹凤门得名”[见注9]，乃燕城之西南隅也。今日北京南城著名之海王村琉璃厂等皆在燕城东壁之外。

辽太宗升幽州为南京，初无迁都之举，故不经意于营建，即以幽州子城为大内，位于大城之西南隅；宫殿门楼一仍其旧，幽州经安、史之徙，暨刘仁恭父子割据僭号，已有所设施，如拱宸门、元和殿等，太宗入时均已有之[10]。太宗但于西城巅诏建一“凉殿”，特书于本纪。岂仍循其“西楼”遗意者耶?

南京初虽仍幽州之旧，未事张皇改建，但至“景宗保宁五年，春正月，御五凤楼观灯”，及“圣宗开泰驻跸，宴于内果园”[11]之时，当已有若干增置，“六街灯火如昼，士庶嬉游，上亦微行观之”[见注11]，其时市坊繁盛之概，约略可见。及兴宗重熙五年（公元1036年）始诏修南京宫阙府署，辽宫廷土木之功虽不侈，固亦慎重其事，佛寺浮图则多雄伟。迨金世宗二十八年（公元1188年）距此时已百五十余年，而金主尚谓其宰臣曰：“宫殿制度苟务华饰，必不坚固。今仁政殿，辽时所建，全无华饰，但见他处岁岁修完，唯此殿如旧。以此见虚华无实者不能经久也”[12]。辽代建筑类北宋初期形制，以雄朴为主，结构完固，不尚华饰，证之文献实物，均可征信。今日山西大同应县所幸存之重熙、清宁等辽建，实为海内遗物之尤足珍贵者也。

---

10 关承琳《西郊乡土记》。

11 《日下旧闻考》。

12 《金史·世宗本纪》。

第四节　金之都市宫殿佛寺

金之先，出靺鞨，古之肃慎也。唐初，其黑水一部曾附高丽，其后渤海强盛，契丹又取渤海地，乃附属于契丹。其在南者号熟女真，在北者不在契丹族，号生女真。金太祖之先，已统一部落，修弓矢，备器械，日臻强盛，不受辽籍[1]。至太祖败辽兵，招渤海，乃建号称大金。收国元年（公元1115年），更节节进攻。数年之间，尽得辽旧地，进逼宋境。

金建会宁府为上京，“初无城郭，星散而居，呼曰皇帝寨，国相寨，太子寨”[2]，当尚为部落帐幕时期。及“升皇帝寨为会宁府，城邑宫室，无异于中原州县廨宇。制度极草创，居民往来，车马杂遝……略无禁制……春击土牛，父老士庶皆聚观于殿侧”[见注2]。至熙宗皇统六年（公元1146年），始设五路工匠，撤而新之，规模虽仿汴京，然仅得十之二三而已”[见注2]。宣和六年（公元1124年），宋使贺金太宗登位时，所见之上京，则“去北庭十里，一望平原旷野间，有居民千余家，近阙北有阜园，绕三数顷，高丈余，云皇城也。山棚之左曰桃园洞，右曰紫微

1 《金史·太祖本纪》。

2 《历代帝王宅京记》。

洞，中作大牌曰翠微宫，高五七丈，建殿七栋甚壮，榜额曰乾元殿，阶高四尺，土坛方阔数丈，名龙墀”[3]，类一道观所改，亦非中原州县制度。其初即此乾元殿亦不常用。“女真之初无城郭，国主屋舍车马……与其下无异……所独享者唯一殿名曰乾元。所居四处栽柳以作禁宫而已。殿宇绕壁尽置火炕，平居无事则锁之，或时开钥，则与臣下坐于炕，后妃躬侍饮食”[4]。

金初部落色彩浓厚，汉化成分甚微，破辽之时劫夺俘虏；徙辽豪族子女、部曲、人民，又括其金帛、牧马，分赐将帅诸军。燕京经此洗劫，仅余空城。既破坏辽之建设，更进而滋扰宋土，初索岁币银绢，以燕京及涿、易、檀、顺、景、蓟六州归宋。既盟复悔。乃破太原、真定，兵临汴京城下，掳徽钦二帝北去。所经城邑荡毁，老幼流离鲜能恢复。至征江、淮诸州，焚毁屠城，所为愈酷。终金太宗之世，上京会宁草创，宫室简陋，未曾着意土木之事，首都若此，他可想见。

金以武力与中原文物接触，十余年后亦步辽之后尘，得汉人辅翼，反受影响，乃逐渐摹仿中原。至熙宗继位，稍崇仪制，亲祭孔子庙，诏封衍圣公等。即位之初（公元1135年），建天开殿于爻刺，此后时幸，若行宫焉。上京则于天眷元年（公元1138年）四月，“命少府监……营建宫室”[5]，虽云“止从俭素”，“十二月宫成”，为时过促，恐非工程全部。此后有“明德宫享太宗御容于此，太后所居”。“五云楼及重明等殿成”，又有太庙、社稷等建置。皇统六年，以“会宁府太狭，才如郡制……设五路工匠，撤而新之”[见注4]。天眷皇统间，北方干戈稍息，州郡亦略有增修之迹，遗物中多有天眷年号者。

3 许亢宗《行程录》。

4 《大金国志》。

5 《金史·熙宗本纪》。

自海陵王弑熙宗自立，迄其入汴南征，以暴戾遇刺，为时仅十二年，金之最大建筑活动即在此天德至正隆之时（公元1149—1161年）。

海陵既跋扈狂躁，对于营建唯求侈丽，不殚工费，或“赐工匠及役夫帛”，或“杖提举营造官”[6]，所为皆任性。天德三年，“诏广燕城，建宫室，按图兴修，规模宏大”。贞元元年，迁入燕京，“称中都，以迁都诏中外”。以宋之汴京为南京，大定为北京，辽阳为东京，大同为西京。乃迎太后居中都寿康宫；增妃嫔以实后宫，临常武殿击鞠，登宝昌门观角抵，御宣华门观迎佛；赐诸寺僧绢。园苑则有瑶池殿之成，御宴已有泰和殿之称，生活与其营建皆息息相关。又以大房山云峰寺为山陵，建行宫其麓。正隆元年，奉迁金始祖以下梓宫葬山陵，翌年，“命会宁府毁旧宫殿，诸大族第宅，及储庆寺，仍夷其址，而耕种之”[7]。削上京号，“称为国中者，以违制论”[见注7]。既而慕汴京风土，急于巡幸，于正隆四年（公元1159年），复诏营建宫室于南京。

汴京烽燧之余，蹂躏烬毁，至是侈其营缮，仍宋之旧，勉力恢复。“宫殿运一木之费至二千万，牵一车之力至五百人；宫殿之饰，遍傅黄金，而后间以五采……一殿之费以亿万计；成而复毁，务极华丽”[见注6]。但海陵虽崇饰宫阙，民间固荒残自若。“新城内大抵皆墟，至有犁为田处。四望时见楼阁峥嵘，皆旧宫观寺宇，无不颓毁”[8]。各刹若大相国寺亦“倾檐缺吻，无复旧观”[见注8]。汴都此时已失其政治经济地位，绝无繁荣之可能。

中都宫殿营建既毕，又增高燕城，辟其四面十二门，广辽旧城之东壁约三里，世宗以后均都于此，与宋剖分疆宇，升平殷富将五十余载，始遭

---

6 《金史·海陵王纪》。

7 《金史·地理志》。

8 范成大《揽辔录》。

北人兵燹，其间各朝尚多增置，朝市寺观日臻繁盛。

初海陵丞相张浩等“取真定材木营建宫室及凉位十六”[见注7]，制度实多取法汴京。皇城周迴“九里三十步”，则几倍于汴之皇城，而与洛阳相埒。自内城南门天津桥北之宣阳门至应天楼，东西千步廊各二百余间[见注8]，中间驰道宏阔，两旁植柳。有东西横街三道，通左右民居及太庙三省六部[9]。宣阳门以金钉绘龙凤，“上有重楼，制度宏大，三门并立，中门常不开，唯车驾出入”[见注4]；应天门初名通天门，“高八丈，朱门五，饰以金钉”[见注4]；宫阙门户皆用青琉璃瓦[见注8]，两旁相去里许为左、右掖门。内城四角皆有垛楼；宣华、玉华、拱宸各门均“金碧翚飞，规制宏丽”[见注4]。

“内殿凡九重，殿三十有六，楼阁倍之”[见注4]。其正朝曰大安殿，东西亦皆有廊庑。东北为母后寿康宫及太子东宫（初称隆庆）[10]。大安殿后宣明门内为仁政殿，乃常朝之所。殿则为辽故物，其朵殿为两高楼，称东、西上閤门。“西出玉华门则为同乐园，若瑶池、蓬瀛、柳庄、杏村在焉”[见注4]，宫中十六位妃嫔所居略在正殿之西；宴殿如泰和、神龙等均近鱼藻池，后苑亦偏宫西，一若汴京。辽时本有楼阁、球场在右掖门南[11]，经金营建，乃有常武殿等为击球、习射之所[见注10]。太庙标名衍庆之宫[12]，在千步廊东。金庭规制堂皇，仪卫华整，宋使范成大，虽云“前后殿屋崛起甚多，制度不经”，但亦称其“工巧无遗力”[见注8]。

中都外城布置，尤为特异。金初灭辽，粘罕有志都燕，为百年计，“因辽人宫阙于内城外筑四城，每城各三里，前后各一门，楼橹池堑，一

---

9 楼钥《北行日录》。

10 《日下旧闻考》。

11 《辽史·地理志》。

12 《金图经》。

如边城……穿复道与内城通……”[13]。海陵定都，欲撤其城而止，故终金之世未毁[14]。世宗之立，由于劝进，颇以省约为务，在位二十九年，始终以大定为年号，世称大定之治。即位之初，中都已宏丽，不欲扰民，故少所增建。元年（公元1161年）入中都，“诏凡宫殿张设，毋得增置”[15]。三年又敕有司“宫中张设，毋得涂金”，有诏修辽东边堡，颇重守御政策，即位数年，与宋讲好，国内承平，土木之功渐举，重修灾后泰和神龙宴殿，六年幸大同华严寺，观故辽诸帝铜像，诏主僧谨视；有护古物之意。大定七年，建社稷坛；十四年，增建衍庆宫，图画功臣于左右庑，如宋制。十九年，建京城北离宫，宫始称大宁（后改寿宁、寿安），即明昌后之万宁宫，章宗李妃“妆台”所在，瑶光台、琼华岛始终为明清宫苑胜地，今日北京北海团城及琼华塔所在也。二十一年，复修会宁宫殿，以甓束其城。二十六年，曾自言“朕尝自思岂能无过，所患过而不改……省朕之过，颇喜兴土木之工，自今不复作矣”。二十八年盛誉辽之仁政殿之不尚虚华，而能经久，叹曰：“……今土木之工，灭裂尤甚，下则吏与工匠相结为奸，侵克工物；上则户、工部官支钱、度材，唯务苟办；至有工役才毕，随即欹漏者……劳民费财，莫甚于此，自今体究，重抵以罪。”[见注15]。海陵专事虚华，急于营建，且辽、宋劫后，匠师星散，金时构造之工已逊前代巨构甚远，世宗固已知之。

大定之后，唯章宗之世（公元1190—1208年），略有营造，大者如卢沟石桥，增修曲阜孔庙，重修大同善化寺佛像，及重修登封中岳庙等普遍修缮之活动。赵州小石桥至今仍存，亦为明昌原物[16]。至于中都宫苑

13 《金国南迁录》。

14 奉宽《燕京故城考》，见《燕京学报》第五期。

15 《金史·世宗本纪》。

16 梁思成《赵县安济桥》，见《中国营造学社汇刊》第五卷第一期。

之间，章宗建置多为游幸娱乐之所。常幸南园玉泉山、香山。北苑万宁宫尤多增设[17]，瑶光殿之作，后世称章宗李妃妆台。琼华阁及绛绡、翠霄两殿，亦为大定后所增。“宸妃郑氏又尝见白石，爱而辇归，筑崖洞于芳华阁，用工二万，牛马七百”[见注4]，贻内侍余琬以艮岳亡国之讽。章宗末季，南与宋战，北御元军，十年之间，边事愈频，承安之后，已非营建时代。卫绍王继位，政乱兵败，中都被围，“城中乏薪，拆绛绡殿、翠霄殿、琼华阁材分给四城”[见注4]。距燕京城破之时（公元1215年）已不及三年，卫绍王废，宣宗立，中都危殆，金室乃仓皇南迁。都汴之后，修城葺库，一切从简，无所谓建设。及元代之朝，日臻隆盛，金之北方疆土尽失，复南下入宋，以图自存。迄于金亡，二十年间，中原中部重遭争夺，城邑多成戎烬之余，宋、辽、金三朝文物得以幸存至今者难矣。幸辽、金素重佛法，寺院多有田产自给[18]，易朝之际，虽遭兵燹，寺之大者，尚有局部恢复，而得后代之资助增建者。今日辽宁、河北、山西佛寺殿堂及浮图，每有辽、金雄大原构渗与其中，已是我国建筑遗产重要之一部。

17 《金史·章宗本记》。

18 《辽文汇·妙行大师行状碑》及《金史·食货志》。

第五节　南宋之临安

靖康变作，二帝被掳，高宗即位于南京（应天府），改元建炎（公元1127年，适为金太宗天会五年），迄宋幼帝昺蹈海死（公元1279年），为时一世纪有半，是为南宋；后金之亡约四十余年。

建炎三年，金兵愈逞，高宗驻跸杭州，以州治为行宫，下诏罪己，自无心于宫室之营建。且适当金人破徐州，焚扬州，宋虽改江宁为建康府，升杭州为临安府，固未遑定都。及金人再度进迫，高宗出走，如越州，奔明州，又航于海入温州。行迹无定，百司零乱。金兵亦追迹至杭州，破越州，屠潭州。游骑又至平江、常州、镇江焚掠，江南处处尚在破坏中，及韩世忠、岳飞挫金将乌珠于江中，绍兴二年，高宗始又如临安。时军事稍振，臣下颇有建议奠都建康以图恢复者。高宗犹豫，“命守臣具图经画建康行宫”，又“命漕臣即平江子城营治宫室”，而尤属意临安。绍兴五年还临安作太庙，挫岳飞北进之策；乃显然欲早定行宫，以苟宴安，绍兴八年，乃定都焉。

高宗诏曰：“……朕荷祖宗之休，克绍大统，夙夜危惧不常厥居，比者巡幸建康，抚绥淮甸既已……是故复还临安，内修政事，缮治甲兵以定基业。非厌霜露之苦而图宫室之安也……”实则绍兴元年，已诏守臣修内司百间[1]，“二年九月，南门成，诏名行宫之门；三年诏梁汝嘉创廊庑于南门之内”[2]。四年八月，知临安府梁汝嘉奏明堂行礼，殿成。此即临安初创时之正殿，盖“凡上寿则曰紫宸殿，朝贺则曰大庆殿，宗祠则曰明堂殿，策士则曰集英殿，四殿皆即文德殿随事揭名也”[见注1]。高宗自绍兴初年蓄意议和，受制于秦桧，坐失兵机，迄三十二年禅位于孝宗，自“以秦桧旧地作德寿宫，凿池引水，叠石作山”[3]，优游其间，无非皆“图宫室之安”者，园苑建造之频，尤甚于其后诸帝。为太上皇时曾“甃石池以水银浮金凫鱼于上……指示曰水银正乏，此买之汪尚书家”[4]。实不失当艮岳之裔。

南宋宫室制度，初创时因国耻未雪，诸多顾忌，未克任意施展，仅就州城府治兴葺重造，故云“皆从简省”。临安州治本为钱王宫，地址虽较他州宏敞，宋建之正殿，碍于时势，未曾侈大；及增垂拱，崇政“其修广仅如大郡之设厅”。《舆服志》云：“其实垂栱崇政二殿，权更其号而已。殿为屋五间，十二架，修六丈，广八丈四尺。殿南檐屋三间，修一丈五尺，广亦如之。两朵殿各二间。东、西廊各二十间，南廊九间，其中为殿门，三间六架。”[5]孝宗又以“殿后拥舍七间为延和殿，其制尤卑，陛阶一段，小如常人所居”[见注5]，其“上梁文云：听朝决事，兼汴都延和、崇政之名……”[6]。崇政究与垂拱易名，抑与延和同为一殿，尚待考证。正殿宫阁无多，又随时异额，勉袭汴都旧名，尤显其隘窄。

---

1 《行在所录》。

2 咸淳《临安志》。

3 《南宋古迹考》。

4 《宋史・高宗本纪》。

5 《宋史・舆服志》。

6 《玉海》卷百六十。

及和议成，韦太后回銮，“宫中庆典复始”，禁城内外乃年年增建。“绍兴八年，作慈宁宫；绍兴十二年，作太社太学；十三年筑圜丘、景灵宫及秘书省；十五年作内中神御殿（钦先孝思殿）；十六年广太庙；十七年作玉津园、太一宫、万寿观……”。禁中则营祥曦、福宁等殿及后苑堂阁。十八年至二十八年间，曾增筑皇城、外城及宫前丽正门御路，建执政府，筑两相第、太医殿、尚书六府等[7]。高宗禅位后所辟别宫、园苑及所赐府第、私园，亦多工巧靡丽，但建筑无宏大者。继后各朝所增造亭榭及便殿，或为习射、蹴鞠，或揽湖山之胜，多为宫廷宴游而作。偏安一隅之南宋首都，盖风雅有余，气魄不足，非复中原帝京之气象，建筑多水榭园亭之属，大殿无所增置，史志美其名曰“务简约，不尚华饰，以遵祖制”耳。

临安外城“包山距河，故南北长峙”[见注3]。凡十三门，东壁有七门，西壁临湖有四门。其中涌金门为“北宋政和六年重建，颇极壮丽”[见注3]。南北则仅各有一门：南即嘉会门，稍偏西与皇城丽正门引直；北曰余杭，亦曰北关。外另有水门五。全城“东沿河（钱塘江）西至山岗（凤凰山），自平陆至山岗，随其上下，以为宫殿”[见注3]。形势乃不规则之山城。“绍兴十八年，名皇城南门曰丽正，北门曰和宁，东苑曰东华……皇城周迴九里”[见注2]，南面丽正“其门有三，皆金钉朱户，画栋雕甍，覆以铜瓦，镌镂龙凤飞骧之状，巍峨壮丽，光耀溢目。左右列百官侍立阁子，登闻鼓院，检院相对，悉皆红杈子，排列森然，门禁严甚”[8]。外城之嘉会门，营建亦精，其“城楼绚彩，为诸门冠”。盖南门为御道，“至丽正门计九里三百二十步，皆潮沙填筑，其平如席，以便五辂往来”[见注8]，过南郊，从此幸郊台也。

7 《历代帝王宅京记》。

8 《梦粱录》。

自大内北出和宁新路，井市最盛，“南北宝玉珍异，花果时新，海鲜奇品，悉集于此”，一若汴京时之东华门外，和宁门之重要亦乃临安河道及市区地位所使然。门“在仁孝登平坊巷之中。亦列三门，金碧辉映，与丽正同，门外列百僚侍班阁子……”，其内因与宫中后殿密迩，故帝后臣僚率多出入于此。“皇后出宫，至祥曦殿，上升龙檐，出和宁门”。“皇帝御垂拱殿，提举等官奉迎诸书至和宁门，步导至垂拱殿，各取合进呈……”[见注3]等。

皇城内之宫殿，随事给名，后代改额，不易悉考。前殿建于绍兴四年，行在所录谓之正衙，即文德殿，凡上寿朝贺宗祠策士皆御此殿，故或称紫宸、大庆、明堂、集英。绍兴十二年，增建垂拱“以内诸司地为之”。“殿后有拥舍，孝宗改为别殿，是为延和便殿”[见注6]。东部丽正门内为东宫。建炎初，“孝宗初育宫中，只造书院于宫门，曰内资善堂……迨为太子……止建厅堂并诸官属从屋……光宗升储，建太子宫门。淳熙二年（公元1175年）创射圃为游艺之所。度宗时（几十年后）更为增广”[见注6]。孝宗于乾道初“辟射殿于禁垣之东，名曰选德”，及至淳熙五年，“中设漆屏，书郡国守相名氏其上”，图事揆策于此，以示着意军机，周必大被旨撰《选德殿记》[见注6]。殿近东华门，近臣常于此召入。“自北宫门循廊而左，转南为祥曦殿，西接修廊为后殿”[9]。而“钦先孝思在崇政之东”。

此外宁福寝殿及后妃等位于后苑偏宫之西部。称为南内，“苑中亭殿名称可见者仅有复古殿、损斋、观堂、芙蓉阁、翠寒堂、清华阁、椤木堂、隐岫、澄碧、倚柱、隐秀、碧琳堂之类……”[见注5]。宁福殿后改为寿康宫，光宗逊位后居之。复古殿、损斋均高宗所常御，为其观摩书

9 陈随应《南渡行宫记》。

画玩器之处，观堂建于山顶，盖“碧琳堂近之一山崔嵬作观堂为上焚香祝天之所”[见注9]。芙蓉阁则在山背，“翠寒堂以日本国松木为之，不施丹雘，白如象齿，环以古松”[见注9]。澄碧殿位置近宫池，“淳熙二年孝宗曲宴宰执……至一小亭中，前有大池，潴水平岸，其下为石渠贯亭，以函启闸，奔流入渠，其声如雷，上曰：朕于饮食、衣服宫室务从简俭，至所喜者唯此水尔……”[10]。内苑大略如此，实皆高宗所建饰，孝宗以后少有增置。

慈宁殿亦曰慈宁宫，为高宗因太后有归期而建，“上谓辅臣曰：行宫地步窄隘，今营建太后宫，抵是依山因地势修筑……”，其址当在皇城前部西面山地一带。后易名慈福、慈寿，仍为各朝太后所居之殿也，宁宗开禧二年焚。

南宋内苑御园之经营，借江南湖山之美。继艮岳风格之后，着意林石幽韵，多独创之雅致，加以临安花卉妍丽，松竹自然。若梅花、白莲、芙蓉、芍药、翠竹、古松，皆御苑之主体点缀，建筑成分反成衬托。所谓堂与亭者最多，皆为赏玩花木，就近营建，如为古梅题匾曰冷香，石曰芙蓉，又为蟠松作清华堂，荼蘼作清研亭，皆此之类也。高宗究心艺事，内禅后尤多闲情逸致，所营德寿宫苑内万岁桥，“桥长六丈，并用吴璘进到玉石甃成，莹澈可爱。桥中心作四面亭，用新罗白木建造，极为雅洁。大池十余亩，皆种千叶白莲”[11]。

德寿宫“在望仙桥东，高宗倦勤，即秦桧旧地筑新宫……内禅后遂移仗居焉。都人称为北大内。凿大池，续竹笕数里，引湖水注之。其上垒石为山，象飞来峰，有堂名冷泉，楼名聚远。又分四地为四时游览之所”。其中布置精雅，花木泉流，多有匾额亭榭之名，尤为新颖。至孝宗禅位亦

10 《宋会要辑稿》。

11 乾淳《起居注》。

居之，改名重华宫[见注3]。

外御园有玉津、聚景（东园）、富景（西园）、集芳，屏山诸园，玉津园为帝王较射之所，在嘉会门南四里洋泮桥侧，清时在杭州龙华寺后，犹得见。淳熙八年、十年驾幸玉津园，韩彦直等扈从题名，俱正书摩崖。聚景园之南门在清波门外，北门在涌金门外，西湖之东岸也。亭宇皆孝宗御匾，尝请两宫临幸，后光宗宁宗亦皆奉太后同幸。乾淳起居注云："淳熙六年……幸此园，太上太后至会芳殿降辇，上及皇后至翠光降辇，并坐瑶津西轩入御筵……遂至锦壁赏大花。牡丹约千余丛，又至清辉少歇，由翠光登御舟入湖……泊花光亭，仍至会芳少歇还内"[见注11]，其布置略可窥见。富景以芙蓉临池秀发，高孝两朝尝登龙舟卧看，建筑不详。集芳在葛岭，前临湖山，园归太后，藻饰甚丽，诸匾皆高宗御题。屏山园在钱湖门外，正对南屏，又名翠芳。理宗"开庆初，内司展建东至希夷堂，直抵雷峰山下……水环五花亭外"。"内有八面亭"，其建筑显为纤细亭榭之属[见注3]。

其他如庆乐园，光宗曾以赐韩侂胄，后复归御有。内多古桂，亦有"十样亭榭，工巧无二。射圃、走马廊、流杯池、山洞，堂宇宏丽，野店村庄，装点时景"，谢太后府园歇凉亭之布署，则尤着重滨湖亭馆之建筑。"有眉寿堂、百花堂、一碧万顷堂、湖山清观，皆宏丽特甚……地宅百余间，后为元帅夏若水所居……元夕放灯，上下辉映"。高宗所赐杨存中之水月园，其中之水月堂"俯瞰平湖，前列万柳"，亦为近水堂榭，西湖园苑之特征也[见注3]。

南宋宫中殿宇无宏大之作，禁御则皆亭榭窈窕，曲径通幽，为优游忘世，高雅情绪之所托。其配属实创园亭设计之另一意识。北宋洛阳诸园，本已渐有江南气息，倾向雅素，避脱侈丽之作，着重自然之美。宫苑中延福开其端，艮岳继其后，因无天然湖山之便，蔡京用朱冲父子，以人工兴筑，致成花石之扰，反病奢狂。高宗定都临安，以园苑论，实得山川之助，继艮岳之态，造成庭园建筑之佳例。吴中则自政和以后，进奉花石，开始叠假山之风，为之者愈多。其著者如光宗时之俞澂所作石山，秀拔有奇趣[12]。

南宋建筑每单位之结构本嗣北宋崇宁格式。绍兴初“平江郡守王映承兵火之余，兴葺官署学校，不遗余力，又重刊营造法式，即世所称绍兴本者，故其兴作犹遵奉汴梁遗法”[13]。证之今日江南最大南宋殿宇，苏州玄妙观之三清殿亦可识其大略，“此殿自南宋淳熙六年重建后，迄今七百五十余年，虽迭经修治，然迄无再建之纪录”[见注13]。

王映究心艺事，尤重建筑。平江府治“北垣之齐云楼，循城为屋，轮奂雄特，一时称最。吴人至谓兵火之后，唯王映重建此楼，差胜旧制”[见注13]。此盖与滕王阁、黄鹤楼、岳阳楼等同一性质之城上台观也。其下为府治宅堂北之斋园，亭轩柱廊，亦皆映之经营。绍兴十五年，又绘大成殿两庑，创讲堂辟斋舍。十六年重作圆妙观两廊，“画灵宝度人经变相。召画史工山林人物楼橹花木各专一技者，分任其事，极其工致”[14]。映与梁汝嘉先后直宝文阁，皆监修平江府治及临安行宫最力者，北宋建筑遗法之得以传播江南，映尤有功焉。盖当时民间建筑严受限制，“凡庶民家不得施重栱、藻井及五色文采为饰，仍不得四铺飞檐。庶人舍屋许五架门，一间两厦而已”。微官府之不时兴修，建筑艺术及法式最易废弛。董其役者，既以旧法为重，则技术虽有演变，系统究不中断。

宋代陵寝依其分布，可别为三区。“保定诸陵，皆开国后追建者；巩县为太祖、太宗以下诸帝后之陵及乾德间徙建之宣祖安陵，在宋陵中规模最为宏巨；最后为南渡诸帝之陵，权厝于会稽宝山，称为‘攒宫’，示异

12 《哲匠录》，见《中国营造学社汇刊》第四卷第三、四期。

13 刘敦桢《苏州古建筑调查记》，见《中国营造学社汇刊》第六卷第三期。

14 光绪《苏州府志》卷四十四。

日恢复中原，归葬巩洛也”[15]。

北宋陵寝北域悉围以竹篱，谓之“篱寨”。篱寨有内外之别，外篱在前。建有神御殿、斋宫、东西序、神厨、库室、公宇等，位在山陵下，故称“下宫”。“外篱之后为内篱，其范围包括石象生、献殿、陵台，谓之上宫”。上宫为陵之主体，其平面布置系“于南端建有鹊台，次乳台，次象生，次神墙，每面各辟一门，门内更为正方形之陵台，其下即帝后埋骨所也”[见注15]。

南宋攒宫制度，比之巩县诸陵则大小悬殊，不可同日而语；然除象生陵台数者外，其上下二宫，犹能具体而微，遵奉旧制。诸帝攒宫，凡所设施，乃参酌时宜，适合南渡后之物力，故废象生神墙及方上陵台，而藏梓宫于上宫献殿之后，为龟头屋覆之。明、清方城明楼之制，或即由此演变，而又另成形制，盖亦迥然与古代陵墓布置不同。此实研究我国陵墓沿革之可注意者。

永思陵者，高宗之陵也。建于孝宗淳熙十四年（公元1187年）冬，至翌年春季落成。陵之规模及间架尺寸，与彩画、瓦饰材料，见于周必大思陵录者异常详密[见注15]。“下宫之构成，系以前后殿与殿门回廊为主体，其外周以围墙一重，外复以竹篱绕之”。上宫部分，其外亦有篱门，内有红灰墙，周回六十三丈五尺，叠砌“鹊台”两堵。内为殿门，面阔三间，其内为火窑子，更内为献殿。“殿面阔三间，为上宫之主体，其后附龟头屋三间，设皇堂石藏子，置梓宫于内。殿外绕以砖砌之阶，施勾栏十七间，正面设踏道”。思陵录中关于结构尺寸甚详，尤以大木方面，柱高与开间面阔之比例等，对于宋代结构式样研究极有俾助，故洵足宝异也。

15 陈仲篪《宋永思陵之初步研究》。

第六节　五代、宋、辽、金之实物

自五代、宋以后实物存者渐多，依其结构，可分为木构、砖石塔幢及其他三类分别叙述之。就年代言，辽与北宋约略同时，金则略当南宋而短，故所举各例，但以年代为序，不分南北畛域也。但就地方特征言，则凡边疆地带去文化中心愈远则其所受文化新兴影响愈迟。当宋之世，虽在战争中屡败于辽、金，而在文化上则辽、金节节俯首于汉族。文物艺术之动向，唯宋是瞻。自实物观之，同时代之遗物，凡边陲所见胥保存前期特征较多焉。

一、木构

正定县文庙大成殿[1]

河北正定县文庙大成殿平面广五间，深三间，由柱四列构成。单檐九脊顶，斗栱雄伟，檐出如翼。斗栱双杪偷心，第二跳跳头施令栱，与耍头相交。斗栱但施于柱头，无补间铺作；其转角铺作后尾出华栱四跳，全部偷心，其第四跳与抹角枋一足材相交，至为简洁。内柱之上，以大斗承四

1 梁思成《正定调查纪略》，见《中国营造学社汇刊》第四卷第二期。

图6-1　正定县文庙大成殿

椽栿，栿上更施驼峰以接受平梁。平梁之上侏儒柱瘦小，而挟以粗壮之叉手，以承脊榑。殿建造年代，文献无可征；文庙则明洪武间建，而殿则绝非明构，殆就原有寺观改建者，而大成殿乃原有之大殿也，以殿结构之简洁，斗栱权衡之硕大，可能为五代或宋初所建。

独乐寺观音阁及山门[2]

在河北蓟县城内。寺建于辽圣宗统和二年（宋太宗雍熙元年，公元984年），规模颇为宏大。寺历代屡经重修，清代且以寺东部改建行宫，致现存殿宇唯山门与观音阁为原构。

观音阁。上下两主层，并平坐一层，共为三层。凡熟悉敦煌壁画中殿宇之形状者，无不一见而感觉二者之相似者也。阁平面长方形，广五间，深四间，柱之分配为内外二周。阁正中为坛，上立十一面观音塑像；阁层层绕像构建，中层至像股，上层楼板中留六角井至像胸部，下层外檐柱头施四杪重栱铺作，隔跳偷心，仅于第二跳施重栱，第四跳施令栱承替木。第三跳华栱则后尾延长为乳栿，以交于内柱铺作之上。补间则仅在柱头枋

2 梁思成《蓟县独乐寺辽观音阁山门考》，见《中国营造学社汇刊》第三卷第二期。

隐出重栱形，不出跳。内柱较外柱高一跳，铺作双杪重栱以承中层像阁道；其第二跳华栱后尾，即外檐第三跳华栱后尾所延长而成之乳栿也。内柱铺作之上叉立平坐童柱。

图6-2　河北蓟县独乐寺观音阁

第二层为平坐层，介于上下两主层间，如“亭子间”然。其外柱不与下檐柱相直，而略退入，柱头铺作出三杪，内柱则叉立于下层斗栱之上，即所谓“叉柱造”者是。其柱头铺作出两杪，以承上层楼板绕像胸之六角井口。井口之四斜面，以驼峰承补间铺作。

上层九脊顶，外柱用双杪双下昂铺作，其第一及第三跳偷心。第二跳华栱后尾为乳栿，昂尾压于草乳栿之下。内柱华栱四杪，亦以第二跳后尾为乳栿。其第四跳上承四椽栿以承斗八藻井。

阁所用斗栱与佛光寺大殿相似之点甚多，但所用梁栿均为直梁而非月

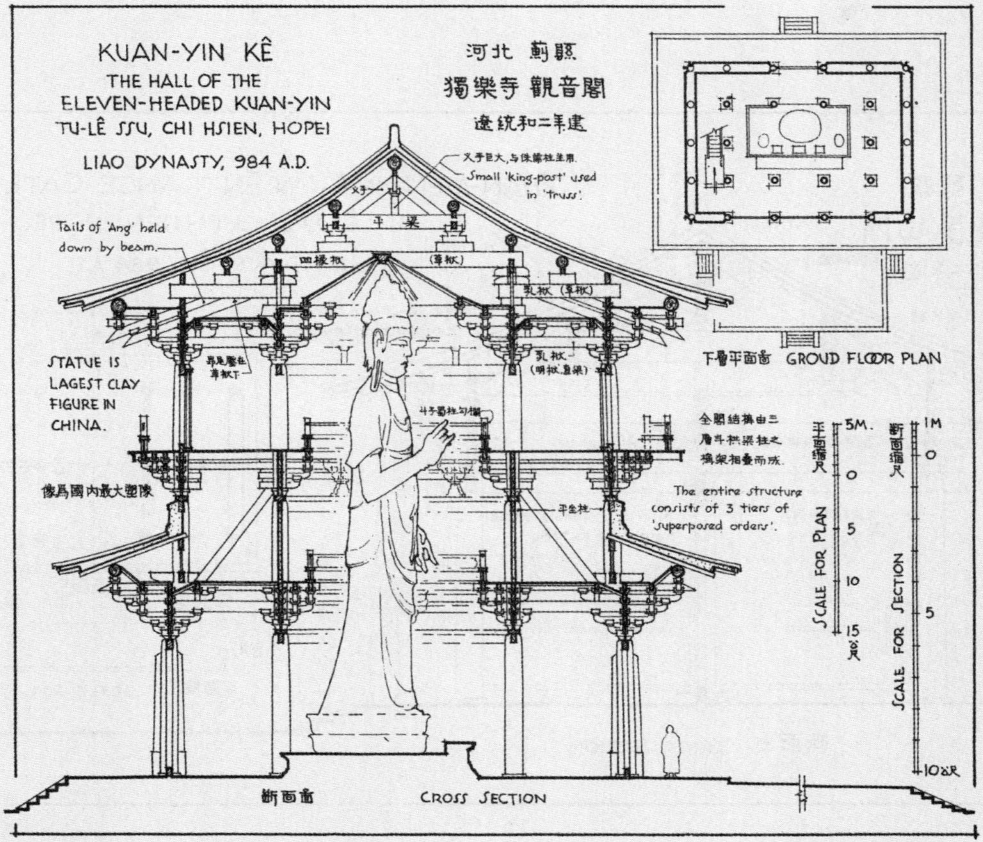

图6—3　河北蓟县独乐寺观音阁平剖面图

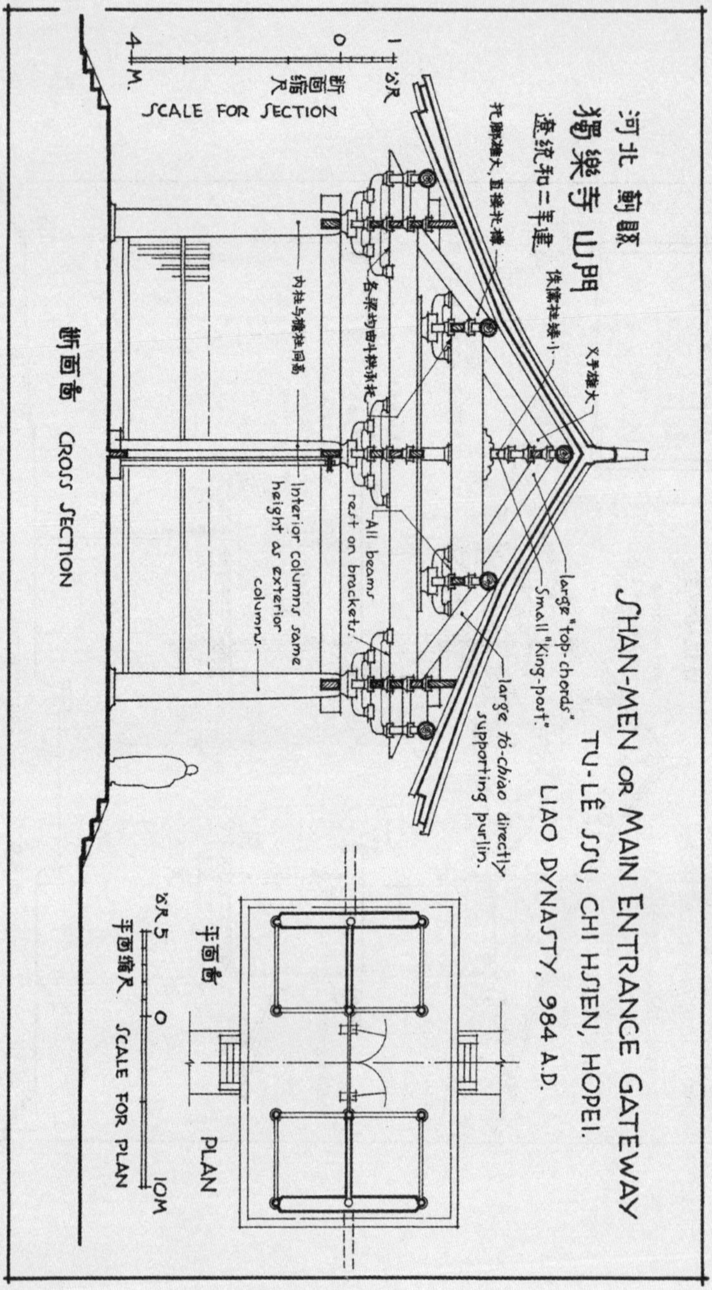

图6-4 河北蓟县独乐寺山门平剖面图

梁。除佛光寺大殿外，此阁与山门乃国内现存最古之木构，年代较佛光寺大殿后一百二十七年。十一面观音像高约十六米，为国内最大之塑像，与两侧胁侍菩萨像均为辽代原塑，富于唐末作风。

山门。在观音阁之前，广三间，深两间，单层四注顶。其与敦煌壁画中建筑之相似，亦极显著，其平面长方形，前后共用柱三列，柱头铺作出双杪，第一跳华栱偷心，第二跳跳头施令栱，后尾亦出双杪偷心，以承檐栿。檐栿中段则由中柱上双杪铺作承托，其补间铺作，以短柱立于阑额上，外出华栱两跳，以承橑檐槫，内出四跳，以承下平槫。其转角铺作后尾亦出华栱五跳，以承两面下平槫之相交点，山门不施平闇，即营造法式所谓“彻上露明造”者，故所有梁架斗栱，结构毕露，条理井然。檐栿之上，以斗栱支撑平梁；平梁上立侏儒柱及叉手以承脊槫。在结构方面言，此山门实为运用斗栱至最高艺术标准之精品。山门四注屋顶，正脊两端之鸱吻两尾翘转向内，为五代宋初特有之作风。大同华严寺辽重熙七年薄伽教藏内壁藏之鸱吻形制亦与此完全相同。

图6-5　河北蓟县独乐寺山门

永寿寺雨华宫[3]

在山西榆次县源涡村。殿建于宋大中祥符元年（公元1008年）。深广各三间，平面正方形；其内柱仅有前两柱，故其横断面成为《营造法式》所谓“六架椽屋，乳栿对四椽栿，用三柱”之制，其内柱以前之面积则作为殿之前廊。斗栱单杪单昂。华栱跳头偷心，后出承栿，其昂头施令栱，与昂嘴形耍头相交。昂尾则压于上一架梁头之下，结构至为简洁合理。此殿亦无平闇，彻上露明造，无草栿。梁栿均为直梁，各架以驼峰及斗栱支撑。屋盖为九脊顶，即清式所谓歇山者，其各缝梁架间用襻间相互联络支撑，全部遂成为富有机能之构架。此殿屋脊用瓦叠砌而成，有显著之生起。脊端鸱吻颇瘦高，可能为当时原物。

大奉国寺大殿[4]

在辽宁义县。建于辽太平元年（公元1021年）。广九间，单层四注顶，盖辽代佛殿之最大者也，其外檐斗栱双杪双下昂，隔跳偷心重栱造。其特可注意者，转角铺作于角栌之旁，在正侧两面，各加“附角斗”，别加铺作一缝，如《营造法式》所谓平坐缠柱造之制。其补间铺作亦出双杪双下昂，与柱头铺作相埒。内部梁架尚保存原画彩画，卷草、飞仙等，亦实物中所罕见也。

---

3 梁思成测绘未刊稿。见莫宗江《榆次永寿寺雨华宫》，《中国营造学社汇刊》第七卷第二期。——陈明达注

4 伊东忠太调查。杜仙洲《义县奉国寺调查报告》，见文物 1961 年第 2 期。——陈明达注

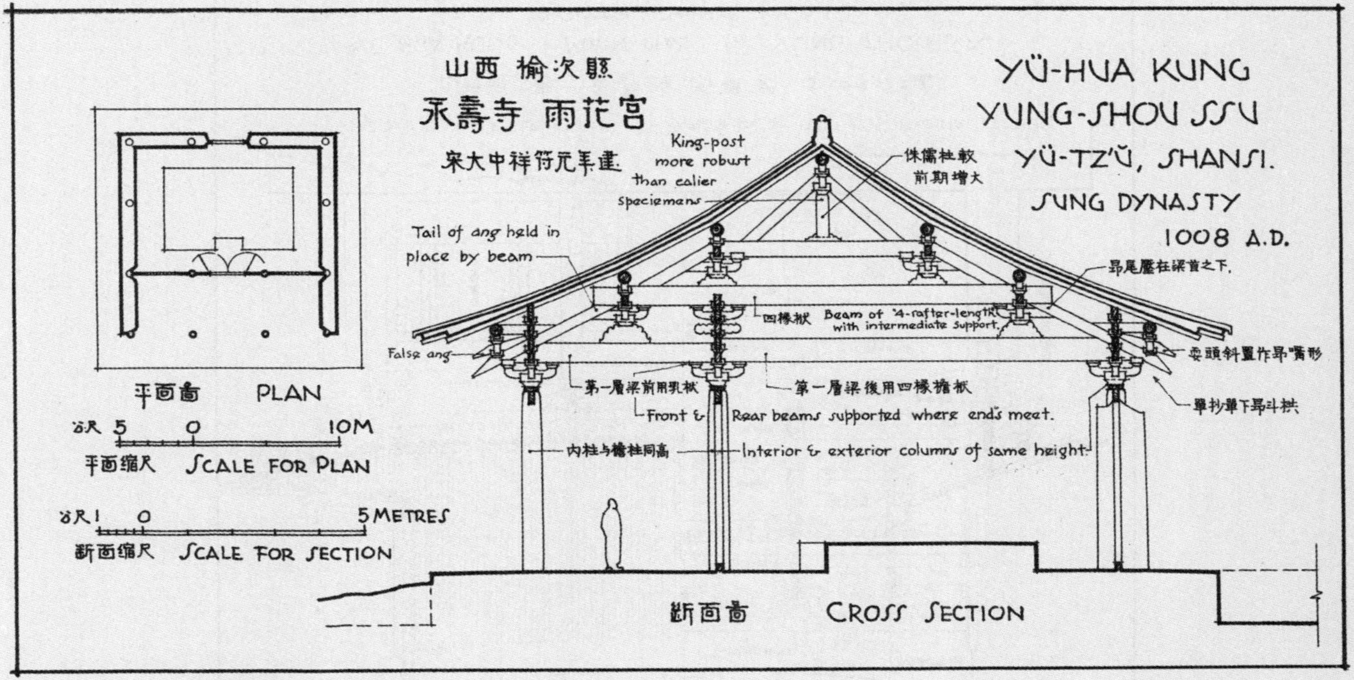

图6-6 山西榆次县永寿寺雨华宫平剖面图

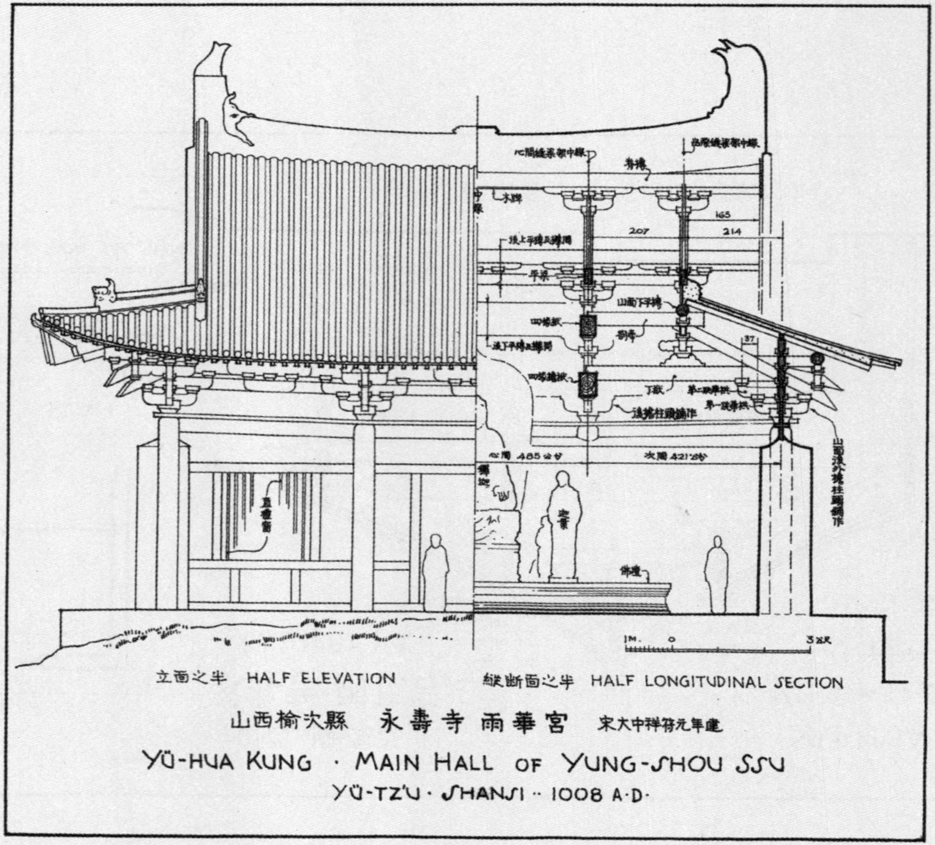

图6–7 山西榆次县永寿寺雨华宫立纵面图

佛光寺文殊殿[5]

在山西五台县豆村附近，殿建立确实年代无可考[6]，揆之形制，似属宋初。其平面广七间，深四间。因内柱之减少，增加内额之净跨，而产生特殊之构架，为此殿之最大特征。内柱计两列，均仅二柱。前一列二柱将殿内长度分为中段三间，左右段各二间之距离。后一列二柱则仅立于当心间平柱地位，左右则各为三间之长距离，盖减少内柱，可以增大内部无阻碍物之净面积也。此长达三间（约十三米）之净跨上，须施长内额以承梁架两缝。但因额力不足，于是工师于内额之下约一米处更施类似由额之辅额一道。主额与辅额之间以枋、短柱、合楂、斜柱等联络，型成略似近代Truss（桁架）之构架，至为特殊。在设计及功用上虽不能称为成功之作，然在现存实物中，仅此一孤例[7]，亦可贵也，殿悬山造，宋代实物中所不常见。檐下斗栱，除正面出跳外，并出四十五度之斜栱。

正定隆兴寺[见注1]

河北正定县隆兴寺，本隋之龙藏寺，而龙藏寺碑，素为金石书法家所珍爱者，至今仍屹立寺中焉。寺于宋初曾经太祖敕重建，铸四十二臂观音七十三尺金铜像，覆以大悲阁。清乾隆间，毁寺西部建立行宫，其后让归天主教建立教堂。然寺现存中线上主要建筑则尚多宋代遗构。

乾隆建立行宫时，曾大修殿宇，然其重修，唯知遵从清《工程做法则例》，对于古构之特征视若无睹，对于仿古或复原状方面未尝作丝毫之努力或尝试，故在一建筑物中宋、清部分虽相互混构，而区分划然不乱，其

---

5 梁思成测绘未刊稿。梁思成《记山西五台山佛光寺建筑》，见《中国营造学社汇刊》第七卷一、二期。——陈明达注

6 现已发现此殿建于金大会十五年（公元 1137 年）。——陈明达注

7 解放后发现山西朔县崇福寺弥陀殿，建于金皇统三年（公元 1143 年），亦用此种结构。——陈明达注

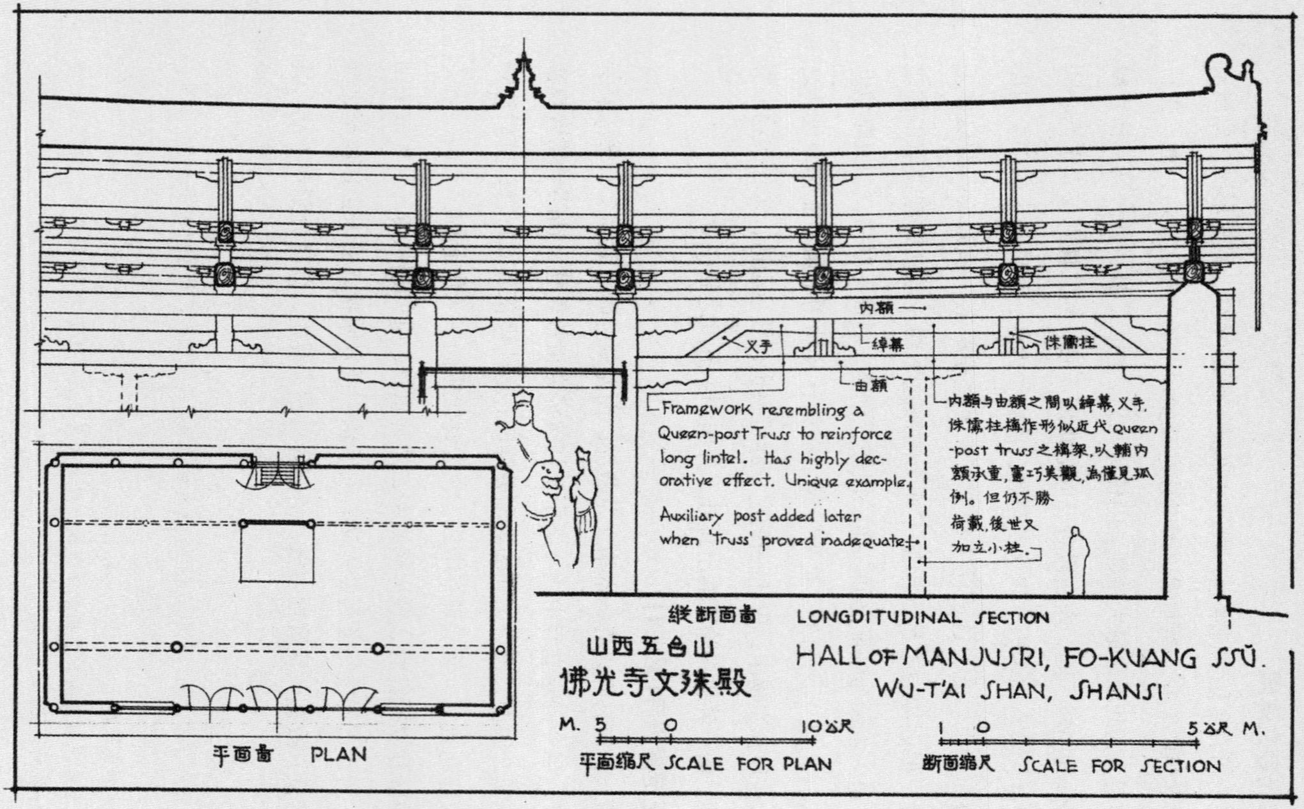

图6-8 山西五台山佛光寺文殊殿平面及纵面图

山门及大悲阁及阁、两侧之集庆阁御书楼皆为此类不同时代特征之混合产品，阁前右侧之转轮藏殿及前面正中之摩尼殿，则保存原状较多。

（一）**摩尼殿**。在大悲阁之前。殿建立确实年代无可考，揆之形制并文献间接反证，当为宋初创建[8]。殿平面近正方形，广七间，深六间，其四面各出抱厦一座。其外观为重檐九脊殿，四面抱厦各以山面向前，在立体上由若干单位层叠联络而成，富有趣致，此盖唐、宋以前所常用，屡见于当时图画，至明、清以后，而逐渐失传之制也。摩尼殿斗栱，上下檐均为单杪单昂偷心造，但耍头斫作昂嘴形，且微斜向下，故所呈现象，有类单杪重昂者。补间铺作出斜栱，略如佛光寺文殊殿所见，故在视觉上，其着重似不在柱头铺作而反在补间矣。

（二）**转轮藏殿**。在摩尼殿之后，与慈氏阁相对立于大悲阁之前。殿平面三间正方形，前出雨搭，实为一重层之阁。其下层偏前安转轮藏一，故两前内柱间之距离须略加宽，以容转轮藏。上层无雨搭，四周有平坐；上檐之下，另有腰檐一周；顶为九脊顶。上层梁梁架因前后做法不同，遂用大叉手，成一简单之Truss。其他槫枋、襻间、绰幕、驼峰等，交相卯接，条理不紊，毫不牵强，实为梁架结构中之上乘。其上檐斗栱，耍头亦斫作昂嘴形；其上另出蚂蚱头与替木相交，揆其形制，与晋祠大殿颇有相似之处，盖或亦北宋中叶所建耶。

殿下层中央之转轮藏，为一八角形旋转书架，中有立轴，为藏旋转之中心。其经屉以上，作成重檐状，下檐八角，上檐圆，下檐斗栱出双昂三下昂，上出椽及飞椽，角梁等等，一如《营造法式》之制；上檐出五杪重栱计心，其上不用椽，仅用雁翅版，上施山华蕉叶，为宋初原物无疑，今经屉部分已全毁。

---

8 1978年摩尼殿大修时于阑额斗拱等构件上多处发现有皇祐四年题记（公元1052年），证明建于此年。——陈明达注

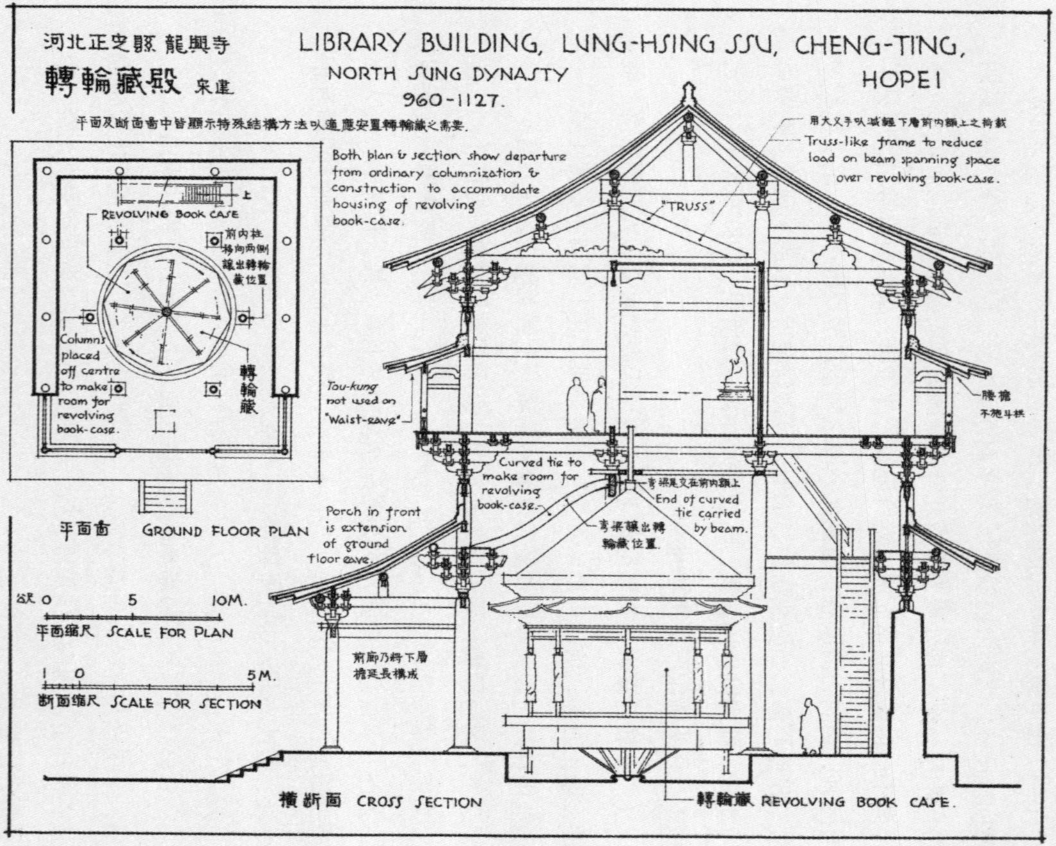

图6-9　河北正定县隆兴寺转轮藏殿平剖面图

晋祠正殿献殿及飞梁[9]

晋祠在山西太原西南，为并垣名胜，清泉出之，其地风景清幽，颇多山林自然之趣。有圣母庙，其正殿、殿前鱼沼，及其上飞梁，沼前献殿，并献殿前之金人台，合成一组，为布置之中坚。

（一）正殿。志称殿建于宋崇宁元年（公元1102年），就形制论，当属可信。殿重檐九脊顶；平面广七间，深六间，殿身五间，周匝副阶，其前廊深两间，异常空敞。下檐斗栱，柱头铺作出平昂两跳，单栱计心造，其昂两层实以华栱而将外端斫作昂嘴形者，为后世常用之昂形华栱最早一例。其耍头作蚂蚱头形，其后尾为华栱两跳，以承乳栿。补间铺作单杪单下昂，与令栱相交之耍头亦斫作昂嘴状，故呈现单杪双下昂之现象，形制与正定摩尼殿极相似，盖宋初特征之一也。其后尾则出华栱三跳，昂尾斜上以承槫。上檐则柱头铺作为双杪单下昂，第一跳偷心，但跳头施翼形栱。第二、三两跳均施单栱。耍头出作昂嘴形，昂后尾压于栿下。补间铺作则为单杪重昂，其昂乃平置之假昂，其耍头则作蚂蚱头形。此用真昂与假昂之两种斗栱，在上下两檐适互调其位置，可谓穷极技巧者矣。此殿角柱生起颇为显著，而以上檐柱为尤甚。

（二）献殿。小殿三间，九脊顶，四周不筑墙壁，第于栏墙上安叉子，如凉亭然。其斗栱与正殿下檐斗栱几完全相同，全部所呈现象颇为灵巧豪放。

（三）飞梁。正殿与献殿之间，方池曰鱼沼，其上架平面十字形之桥，曰飞梁。在池中立方石柱若干，柱头以普拍枋联络，其上置大斗，斗上施十字相交之栱，以承桥之承重梁，此即古所谓石柱桥也。此式石柱桥，在古画中偶见，实物则仅此一孤例，洵为可贵，此桥年代殆亦与两殿同时。

---

9 梁思成、林徽因《晋汾古建筑预查纪略》，见《中国营造学社汇刊》第五卷第三期。

广济寺三大士殿[10]

在河北宝坻县城内。殿建于辽太平五年（宋仁宗天圣二年，公元1024年）。殿单层四注顶，平面长方形，广五间，深四间。其内柱之前面当心间两柱，向后退入半间，以增广殿内前部地位；因而其上梁架与次间缝柱上之梁架异其结构，而产生富有趣味之变化。

外檐斗栱双杪重栱计心造，其后尾两跳偷心，以承梁，梁之外端则斫作耍头，与令栱相交。补间铺作亦出双杪以短柱支托大斗，立于普拍枋上。其后尾则四跳偷心以承榑。如独乐寺山门之制。殿内“彻上露明造”，各层梁架均以斗栱承托，各缝梁架间以襻间牵引联络，条理井然。屋顶正脊两端，鸱吻颇高而直，略近长方形；垂脊仙人及蹲兽，均有为辽代原物之可能、观音、文殊、普贤三大士像，相传为元刘銮塑。河北新城县开善寺大殿[11]，规模结构均与此殿相似，殆亦同时期物也。

华严寺薄伽教藏及海会殿[12]

寺在山西大同县城西门内，为辽代巨刹。现存殿宇分为两组，俗称为上寺、下寺。其下寺薄伽教藏及海会殿为两寺中最古建筑。

（一）**薄伽教藏**。为寺藏经之殿，建于辽重熙七年（宋仁宗宝元元年，公元1038年）。广五间，深四间，单层九脊顶，立于高台之上。

柱之分配，作内外两周，无不规则处。外檐斗栱出双杪，大致与宝坻三大士殿相同。内柱上斗栱则出三杪以承四椽栿，其上为平棊及藻井。藻井简单，并未施斗栱，其平棊或正方或长方，如《营造法式》之制，殿顶坡度举高不及前后橑枋间距离四分之一，在辽、金现存诸例中，此殿为

---

10 梁思成《宝坻广济寺三大士殿》，见《中国营造学社汇刊》第三卷四期。

11 刘敦桢测绘未刊稿。祁英涛《河北新城开善寺大殿》，见《文物参考资料》1957年第10期。——陈明达注

12 刘敦桢、梁思成《大同古建筑调查报告》，见《中国营造学社汇刊》第四卷第三、四期。

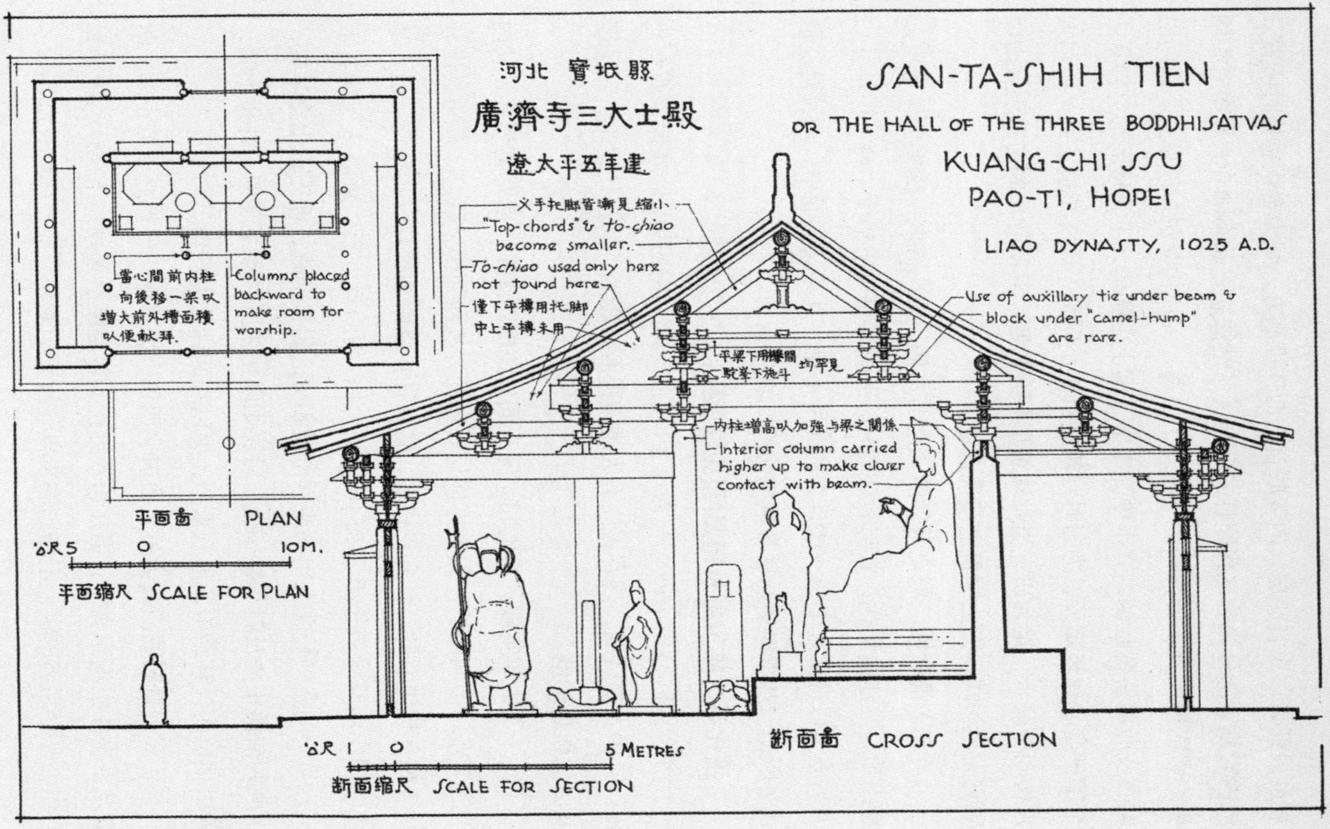

图6-10 河北宝坻县广济寺三大士殿平面及剖面图

坡度最低者。正脊鸱尾，内缘颇直，而外缘颇方，疑为金代重修时所置。殿内彩画大部分尚为辽代原样式，与《营造法式》及奉国寺大殿多有相同者。殿内塑像大小佛菩萨金刚等三十一尊，为辽代原塑，颇精美。殿内沿左右及后墙皆置经橱，立于须弥座上，橱上出腰檐，上为楼阁形之佛龛。全部佛龛之建筑部分，为当时建筑之真实小模型，即《营造法式》所谓天宫楼阁壁藏者，足为研究当时建筑形制之借鉴。其鸱吻形制与独乐寺山门鸱吻完全相同，尤为罕贵之辽代遗物。

（二）海会殿。殿在薄伽教藏之前左侧，殿广五间，深四间。单层，悬山顶，其建造年代，宜与教藏同时。外檐斗栱仅出华栱一跳，但栌斗口内另施类似替木之半栱一层，为前此所不见。其梁架颇简单，即《营造法式》所谓“八架椽屋前后乳栿用四柱”者是。

善化寺大雄宝殿及普贤阁[见注12]

寺在大同县南门内，亦为辽金巨刹，虽已部分残塌，尚保存原有规模。其中主要殿阁，现存者尚有大雄宝殿及普贤阁，为辽代建筑，三圣殿及山门则金建也。

（一）大雄宝殿。广七间，深五间，单檐四注顶，阶基甚崇高，其内柱之分布，中间四缝省去老檐柱与后金柱，故内外槽之修广，均得其度。其外檐斗栱出双杪，计心重栱造；转角铺作以附角栌斗，加铺作一缝。其补间铺作以驼峰置于普拍枋上以承栌斗；梢间者，第一跳跳头仅施翼形栱；当心间者则栌斗上出约成六十度相交之斜栱两跳，而无正出之华栱；次间则前面正角及斜华栱相交，后尾则以华栱五跳承下平槫，斗栱形制，各因地位而异其结构，形颇繁杂，尤以补间铺作为甚焉。

（二）普贤阁。在大雄宝殿前之西侧，为平面正方形之重层小阁。两檐及平坐斗栱均为双杪，但在第一跳跳头各层略有区别。下层跳头仅施翼形栱，平坐则施单栱，上檐则施重栱。故同为双杪，而在横栱之施用上，

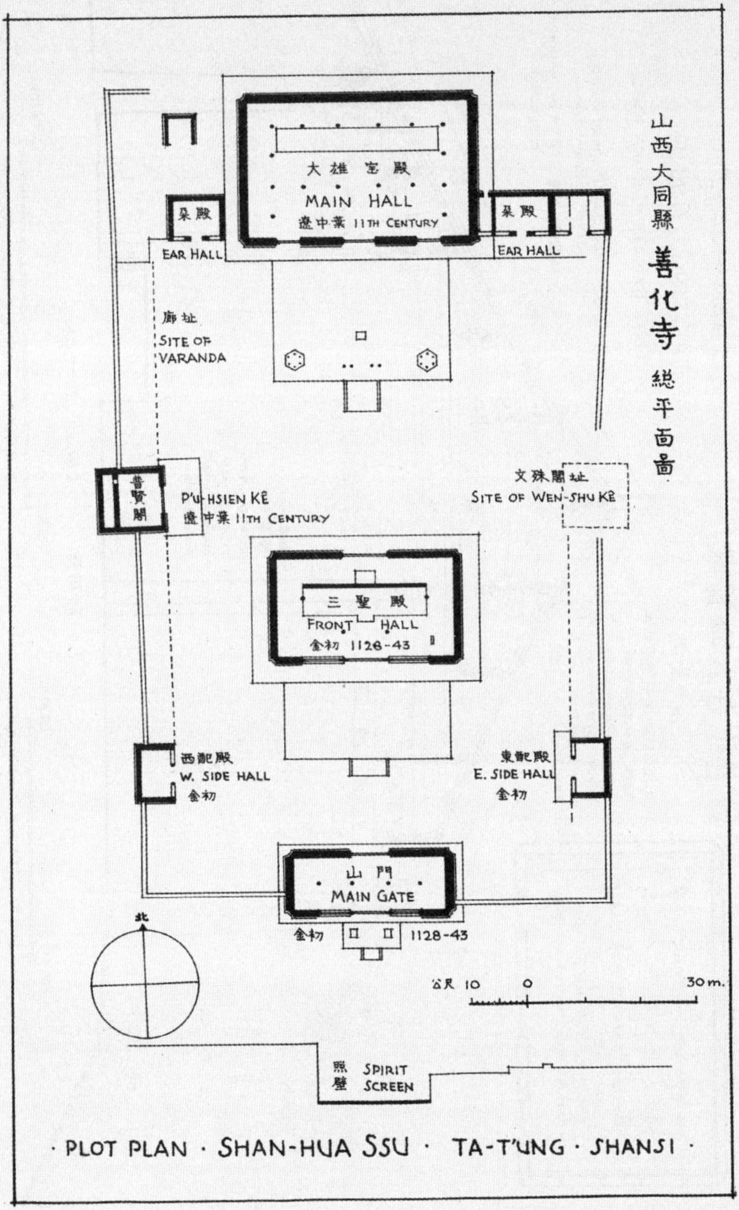

图6-11　山西大同县善化寺总平面图

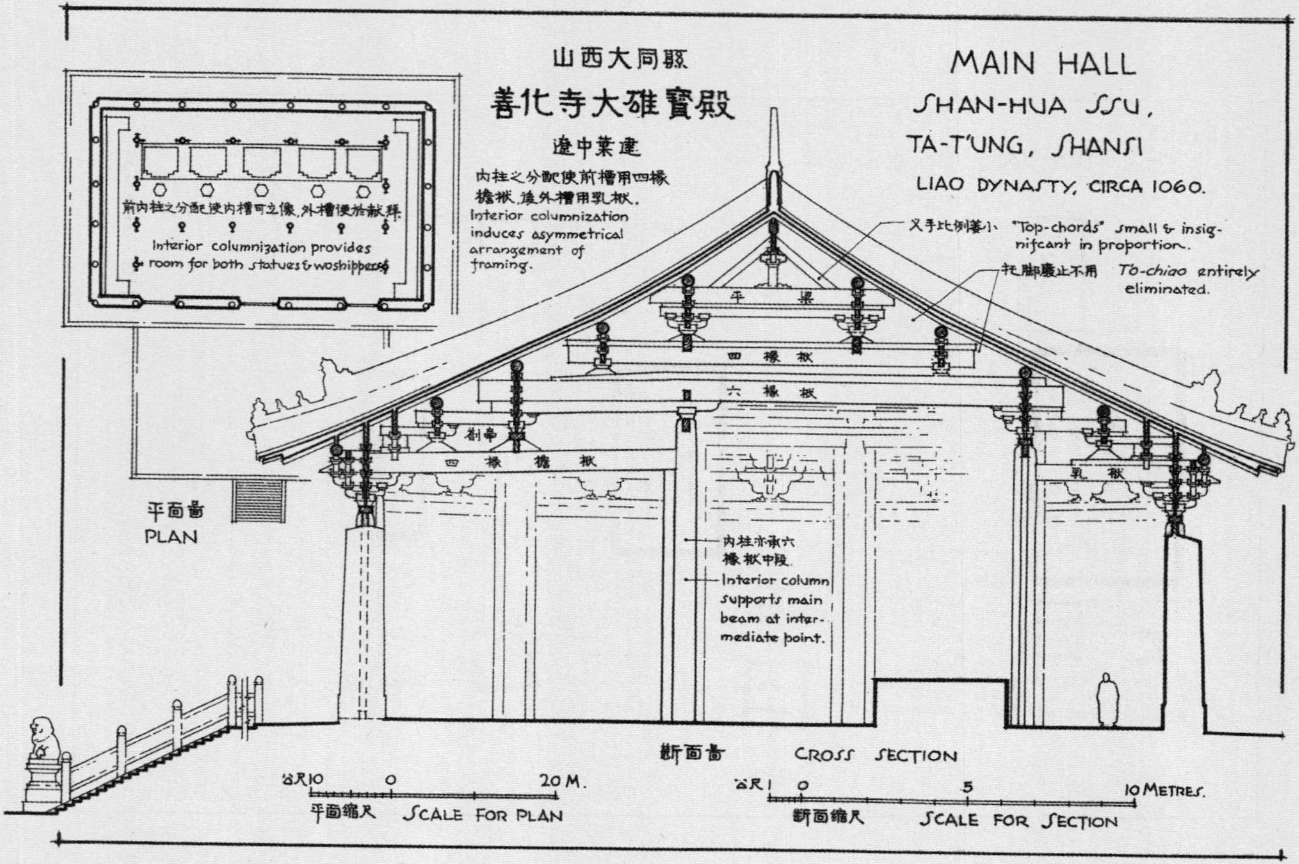

图6-12　山西大同县善化寺大雄宝殿平剖面图

可区别轻重也。屋顶为九脊顶，两际于丁栿上别施阑头栿以承侏儒柱及叉手。此阁与大雄宝殿盖均辽中叶所建也。

佛宫寺释迦木塔[13][见注4]

在山西应县城内，塔立于寺山门之内。大殿之前，中线之上，为全寺之中心建筑。辽清宁二年（宋仁宗嘉祐元年，公元1056年）建，为国内现存最古木塔，塔平面八角形，高五层，全部木构，下为阶基，上立铁刹，全高约六十七米，塔身构架，以内外两周柱为主，其第一层于塔身之外，更加周匝副阶，形成第一层重檐之制。以上四层均下为平坐，上出檐，层层相叠。最上层檐合为八角攒尖顶，其上立铁刹。内外柱之上均施斗栱。上承乳栿以相固济，其上更施草栿，每层之平坐柱即立于下一层之草栿上。内周各层柱，均微侧脚，下四层均上下中线相直，顶层乃退入少许。外檐柱则各层平坐柱均较下一层檐柱微退入，促成塔全部向上递收之势。其外檐斗栱，副阶出双杪，偷心；第一、第二两层出双杪双下昂，如独乐寺观音阁上层檐所见，第三层三杪，第四层双杪，第五层半栱承单杪。其补间铺作有以驼峰短柱承大斗者，有以斜栱相交者，如善化寺大殿

图6-13　山西应县佛宫寺释迦木塔

13 陈明达《应县木塔》，见文物出版社1966年第一版。——陈明达注

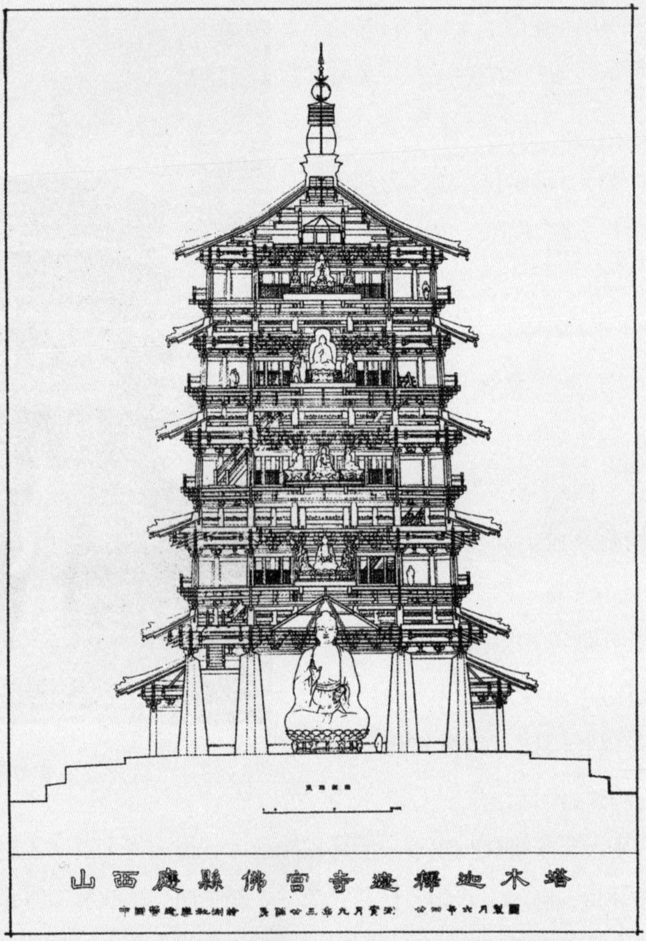

图6-14　山西应县佛宫寺释迦木塔剖面图

及普贤阁所见。平坐铺作，第二、第三、第四，三层均出三杪，第五层出双杪。内槽斗栱，一律出华拱四跳，跳头或施横栱或偷心不等。总计各层内外共有斗栱三十余种，胥视其地位功用之不同而异其结构及形制。塔最下层内外柱两周均甃以土墼墙。上四层外柱间，除四正面当心间辟门外，其余各间俱作木条编道抹灰墙，上四层内柱间无墙壁，但立叉子。塔顶刹以砖砌仰莲两层为坐，上又为铁仰莲一层，以承覆钵、相轮、宝盖、圆光等部分，各层佛像均为辽代原塑，颇精美。

万安寺后殿[见注4]

在山西太谷县城内。小殿三间，九脊顶，其斗栱形制与晋祠圣母庙正殿极相似，当亦为天圣间物。

安禅寺前殿[见注4]

在山西太谷县城内。亦为三间，九脊小殿。其单杪斗栱至雄伟，亦为北宋初期木构。

开元寺三殿[14]

寺在河北省易县城内东北隅，主要建筑有毗卢、观音、药师三殿。东西横列，其配列法颇为奇特。寺创于唐开元间，现存三殿当为辽末乾统五年（宋徽宗崇宁四年，公元1105年）所重修。

（一）**毗卢殿**。殿在寺中线上，平面三间正方形，单檐九脊顶。外檐斗栱双杪重栱计心，次间补间铺作与转角铺作相联，成为缠柱造。斗栱后尾一律偷心。殿内斗八藻井，下部排列斗栱，上部则于阳马之间，以小支条，配列菱形格，当为辽代原物。檐柱及槫，断面皆近于八角形，至为奇特。

（二）**观音殿**。在毗卢殿之东，平面三间正方，单檐九脊，如毗卢殿而略低小；结构亦较简单。斗栱在栌斗口内施替木以承华栱一跳，如华严

---

14 刘敦桢《河北省西部古建筑调查记》，见《中国营造学社汇刊》第五卷第四期。

寺海会殿及佛宫寺木塔顶层所见。盖当时较简单斗拱之惯用方法也。此殿柱槫亦近八角形，如毗卢殿。

（三）药师殿。在毗卢殿之西，广三间梁二间单檐四阿顶。外檐斗栱双杪偷心，跳头仅施替木，无令栱，每间用补间铺作一朵。其柱头铺作承梁栿，而补间铺作后尾仅承平棊藻井，两者荷载截然分划，不相淆乱为仅有之孤例。

净土寺大雄宝殿[见注4]

山西应县城内。建于金天会二年（公元1124年）。殿三间单檐九脊顶。斗栱单昂每间补间铺作两朵。其普拍枋广厚与阑额同，与善化寺三圣殿山门相似之点极多。然就柱高与斗栱之关系言，则此殿斗栱之比例较为雄大也。

少林寺初祖庵大殿[15]

寺在河南登封县嵩山，为我国著名古刹，庵在寺西北约二里许。殿为近正方形之三间小殿，单檐九脊顶。建于宋徽宗宣和七年（公元1125年），在时间与空间上为与《营造法式》最接近之实物。殿内外诸柱皆八角石柱。后内柱向后移约一架以安佛座。檐柱有显著之生起，阑额至角出头斫作楷头，其上未施普拍枋。外檐斗栱单杪单下昂，重栱计心造，其转角铺作与柱头铺作俱作圆栌斗，补间铺作用讹角栌斗。其令栱位置较第一跳慢栱略低，均《营造法式》之定制也。殿前踏道中间夹入垂带石一列，殆即明、清殿陛御路之前身。殿檐柱雕卷草式荷渠，内杂饰人物、飞禽之类；内柱浮雕神王，墙护脚雕云水鱼龙等；佛座下龟脚及束腰所饰卷草文，均极精美。

善化寺三圣殿及山门[见注12]

大同善化寺，除大雄宝殿及普贤阁二辽建外，尚有三圣殿及山门，均金天会六年至皇统三年间（公元1128—1143年）重修时所建也。

---

15 刘敦桢《河南省北部古建筑调查记》，见《中国营造学社汇刊》第六卷第四期。

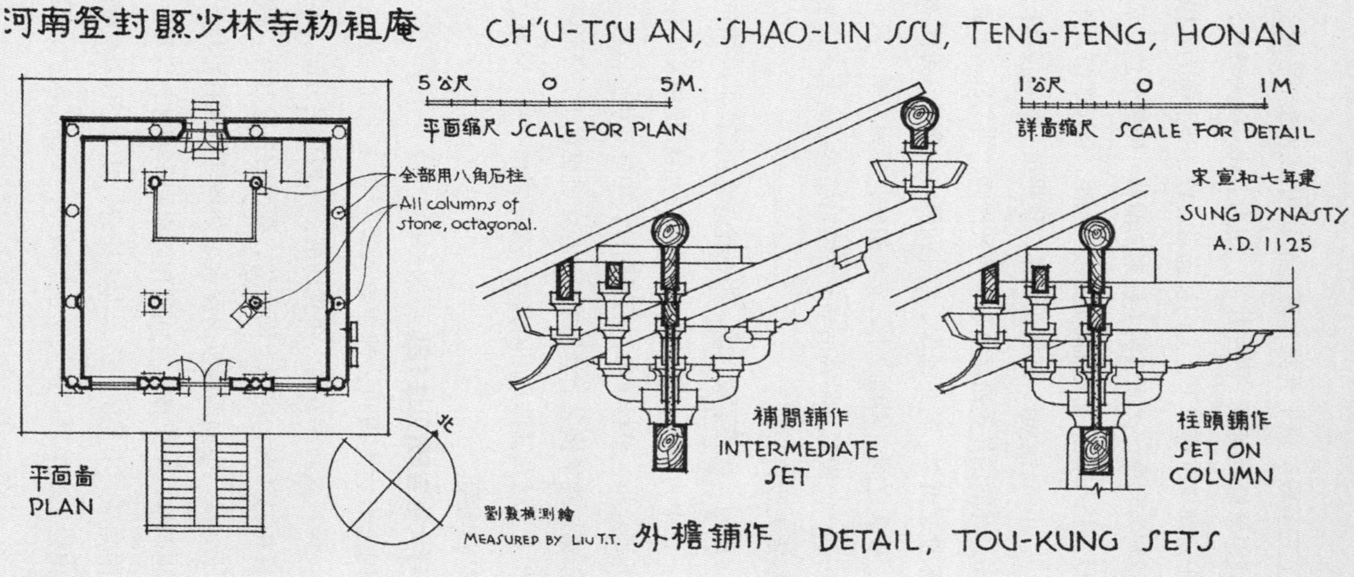

图6-15 河南登封县少林寺初祖庵平面及斗拱图

（一）三圣殿。位于大雄宝殿之前，山门之后。平面长方形，广五间，深四间，单檐四阿顶，内柱共八，四为主柱，四为辅柱，其当心间两主柱，置于后面第三槫缝下，为内柱通常位置，其上前为六椽栿，直达前檐柱，其后则为乳栿。次间缝两主柱则向前移一槫缝分位，前为五椽栿，后为三椽栿。柱与栿相交处辅以庞大之合楷，至为雄伟，外檐斗栱出单杪，双下昂，重栱计心造，其柱头铺作，华栱第一跳直接承托六椽栿，昂嘴遂成插昂，补间铺作则昂尾挑起承槫及襻间；当心间者且跳头施斜栱，成为复杂笨拙之组合。转角铺作于角斗两侧安附角枓，每面添出铺作一缝为缠柱造。柱头之间，阑额之上，安普拍枋，甚为淳厚，其下更加由额一道，异于古制。此殿屋顶举高适当前后橑檐枋间距离之三分之一，与《营造法式》规定大致符合。

（二）山门。在三圣殿之前，为善化寺之正门。门广五间，深两间，单檐四阿，正中为出入孔道。其柱之分配为前后檐柱及中柱各一列，共十八柱。外檐斗栱，单杪单昂，后尾两杪；中柱斗栱亦双杪。内外柱头铺作之间，于第二跳华栱之上承月梁形乳栿。乳栿以上，不用平梁，而用搭牵，前后相对，转角铺作亦用附角斗，多出铺作一缝。阑额之上，亦用普拍枋，广厚同阑额。

华严寺大雄宝殿[见注12]

即大同上寺之大殿也，建于金天眷三年（宋高宗绍兴十年，公元1140年）。殿广九间深五间。单檐四阿。其内柱之分配，左右二尽间者与两山檐柱相对并列，居中七间六缝，则前后各仅二柱，故其断面遂成为前后各三椽栿，中间四椽栿之配合、外檐斗栱双杪重栱计心造。柱头铺作后尾出两杪以承梁栿；补间铺作后尾则出四杪，以承平棊。转角铺作两侧加附角斗，出铺作一缝，为缠柱造。其当心间补间铺作一朵，仅用两斜栱出跳无正华栱；梢间则正华栱外，又加以斜栱，殿正面当心间及左右梢间各设门。两门之间仍甃以砖壁，权衡适当悦目，门额之上为格子窗，下为门，饰以壶门牙子，门颊两侧，施腰串，上下俱装板。门扉每扇具门钉七列，列各九枚。全部形制古朴，在宋辽金之遗物中，此殿门实为难得之原物。

图6-16　山西大同华严寺大雄宝殿

奉仙观大殿[见注12]

在河南济源县城西北二里，其大殿广五间深三间半，单檐“不厦两头造”，但前坡短而后坡长。檐柱用八角石柱，阑额狭而高，上无普拍枋。外檐前面斗栱单杪单昂重栱计心造，与少林寺初祖庵斗栱极相似，殿内内柱仅二根，前四椽栿，后三椽栿，山面丁栿，皆交于此柱之上，故屋顶重量，大部分集中于此二柱；其手法豪放，运思奇特，至为罕见。殿之年代文献无可考，揆之形制，当属金初。

玄妙观三清殿[16]

在江苏吴县城中央。殿建于南宋淳熙六年（公元1179年），为江南现存最古木构[17]。平面广九间深六间重檐九脊顶。其柱之分布，最为规则，无缺减变动者，内外柱共七列，列十柱，共七十柱。殿之斗栱，下檐单昂，柱头铺作昂嘴，事实上为华栱之延长，其上承月梁，梁头出为耍头，斫成霸王拳状。其补间铺作昂尾挑起，以承下平槫下令栱。上檐斗栱则柱头补间均为双杪双昂，但其昂仅为华栱前端雕出假昂形，其后无昂尾挑起之杠杆作用。至于上檐内槽斗栱，双杪之上，前后对施上昂，为唯一孤例，至为珍贵。

曲阜孔庙碑亭[18]

曲阜孔庙大成门外有碑亭十三，其中二亭建于金明昌六年（公元1195年），为孔庙最古之建筑物。亭平面正方形，重檐九脊顶；檐柱石制，八角形，下檐斗栱单杪单昂重栱计心造；昂尾交于上檐柱间枋上。上檐斗栱单杪双下昂，第二层昂尾挑起，以承下平槫及两际平梁之下。两檐椽及顶部梁架，恐为清代改作。

二、砖石塔幢

栖霞寺舍利塔[见注12]

在江苏江宁县栖霞山栖霞寺。塔全部石造，平面八角形，共五层。初层塔身颇高，立于堂皇富丽之须弥座及仰莲座上。须弥座下更有阶基两

---

16 刘敦桢《苏州古建筑调查记》，见《中国营造学社汇刊》第六卷第三期。

17 解放后发现福州华林寺大殿建于五代钱弘俶十八年（公元 964 年），余姚保国寺大殿建于宋大中祥符六年（公元 1013 年），早于三清殿一百余年至二百年。——陈明达注

18 梁思成《曲阜孔庙建筑及其修葺计划》，见《中国营造学社汇刊》第六卷第一期。

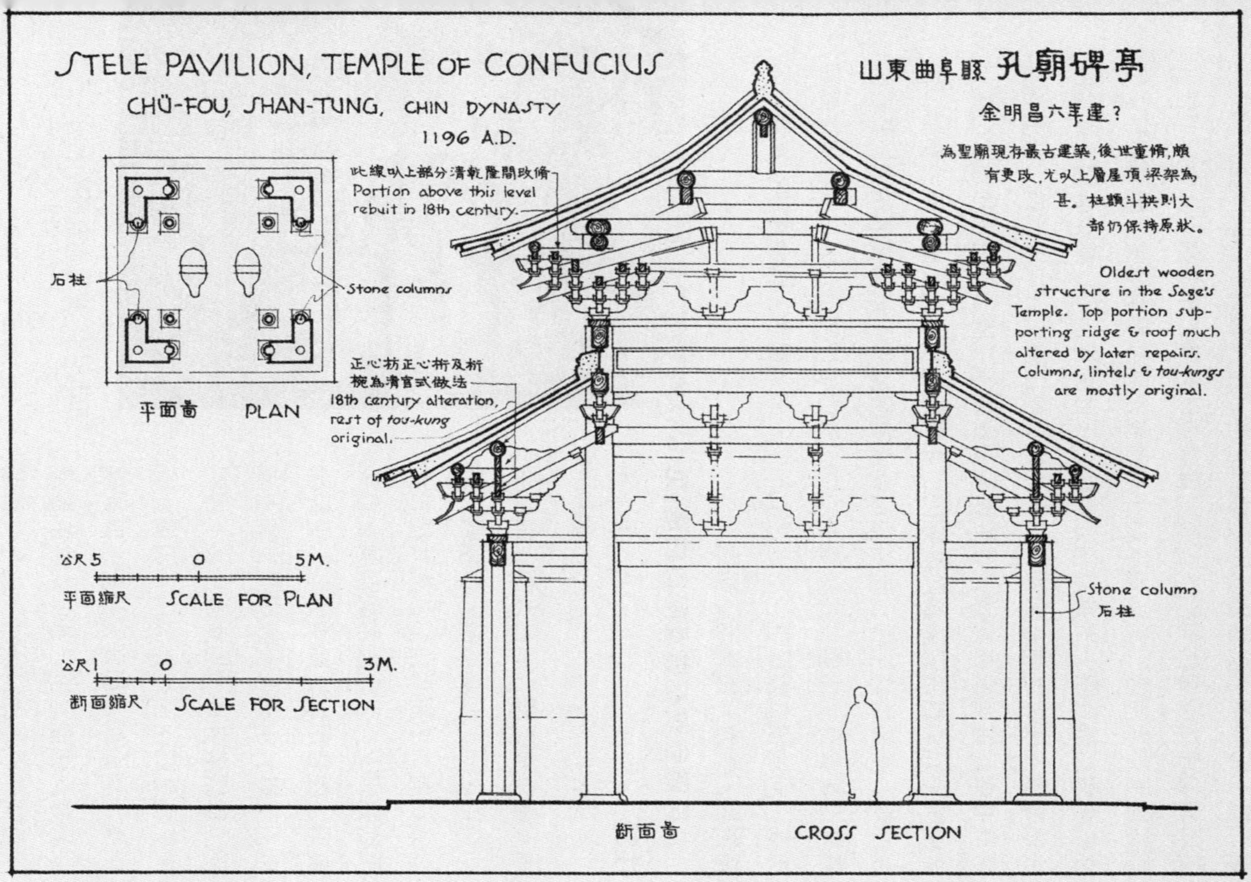

图6-17 山东曲阜县孔庙碑亭平剖面图

级，最下乃敞阔之阶基也。阶基地栿之上，压阑石之下，以间柱分间，其上周施勾片斗子蜀柱勾栏，正面则置踏道以升降，角上则立八角形望柱。须弥座下方涩两级，镌压地隐起斗八水浪龙凤宝相华等文，雕刻极精。须弥座束腰刻佛迹图。塔身每角立倚柱，正面刻作门形，其余各面浮雕金刚菩萨等像。柱头之间有阑额，但无斗栱，仅出混石一层以承檐。以上各层塔身低矮，每面作二龛像，各层檐均刻作椽子瓦陇形，塔下部埋没已久，至民国十九年重修，始将阶基掘出，并得残勾栏一段，因得照式补制，恢复旧观。全部重修工作，除塔刹形制或有可疑外，至为谨慎精审，开我国修葺古建未有之佳例。其计划人乃中国营造学社社员、中央大学建筑系卢树森、刘敦桢二教授也，塔之建造年代无确实纪录，然考其建筑形制与雕刻作风，当为五代吴越王朝物。

灵隐寺双石塔及闸口白塔[见注3]

均在浙江杭县，灵隐寺塔立于寺大雄宝殿之前，闸口塔则在闸口车站铁轨之间。三塔形制大致相同。塔全部石造，平面八角形，高九级，立于须弥座上，为模仿木构形制之忠实模型，就功用言，则实为塔形之经幢也，三塔大小高低大致相同，高十米强。每层塔身八角均立圆柱，上施阑额。塔之四正面刻作假门，门侧刻菩萨像，其余四隅面则无门窗，但刻佛菩萨像。柱额之上，各层均雕单杪单下昂铺作以承檐，除第一层外，各层

图6-18　栖霞寺舍利塔

之下均承以平坐，平坐铺作则均为简单之一斗三升。塔顶刹已残毁，但仰莲座、刹杆及相轮七重尚存。诸塔建造年代无确实记录，灵隐寺双塔，就其形制及文献资料推测，当为宋太祖建隆元年（公元960年）吴越忠懿王钱弘俶重拓灵隐寺时所建，实北宋一朝最古之建筑物也。

繁塔[19]

河南开封之名胜也，塔建于宋太平兴国二年（公元977年）。平面六角形，现只存三层，乃明初为“铲王气”削改之余，原有层数已不可考。塔身各层以双杪斗栱承檐，密密排列，除泥道栱外，无横栱，檐部仅较斗栱略出，恐已非原状；上二层塔身之下，均有平坐，其斗栱与檐同。各层塔身遍镶小佛像砖，南北两面作圆券门，塔中心为六角形小室。室顶叠涩，中留小孔，由下可望见二层以上。三层以上，改建六角形塔尖，已非宋代原状。

图6-19　河南开封繁塔

19 杨廷宝《汴郑古建筑游览记》，见《中国营造学社汇刊》第六卷第三期。

罗汉院双塔[见注16]

江苏吴县双塔各七层，宋太平兴国七年（公元982年）王文罕兄弟所建。二塔平面皆八角形。四正面各辟一门达中央方室。方室四层，每层方向以四十五度相错，故各层门窗位置富于变化。塔第一层重檐，阶基两重，以上六层皆下平坐，上出檐，各层檐斗栱除第七层出华栱二跳外，余皆一跳。斗栱之上，出檐结构，以菱角牙子与板檐砖三层逐渐挑出，至角微翘起，其上施瓦陇垂脊。塔身各层外壁，每角立八角柱，柱间砌作阑额、地栿、槏柱、直棂窗等，忠实模仿木构形制。塔内方室下五层，亦于四隅立柱砌枋额地栿等，其上亦出斗栱。塔顶之刹，以木为杆，覆钵、相轮、宝盖、圆光等，虽屡经后代修理，仍大致保存宋初原形。

虎丘塔[见注16]

江苏吴县虎丘灵岩寺塔，亦此式塔之著名者也。塔八角七层，塔身各层各隅砌圆柱，上施阑额并槏柱、壶门。阑额之上为砖砌斗栱，双杪重栱偷心

图6-20　罗汉院双塔

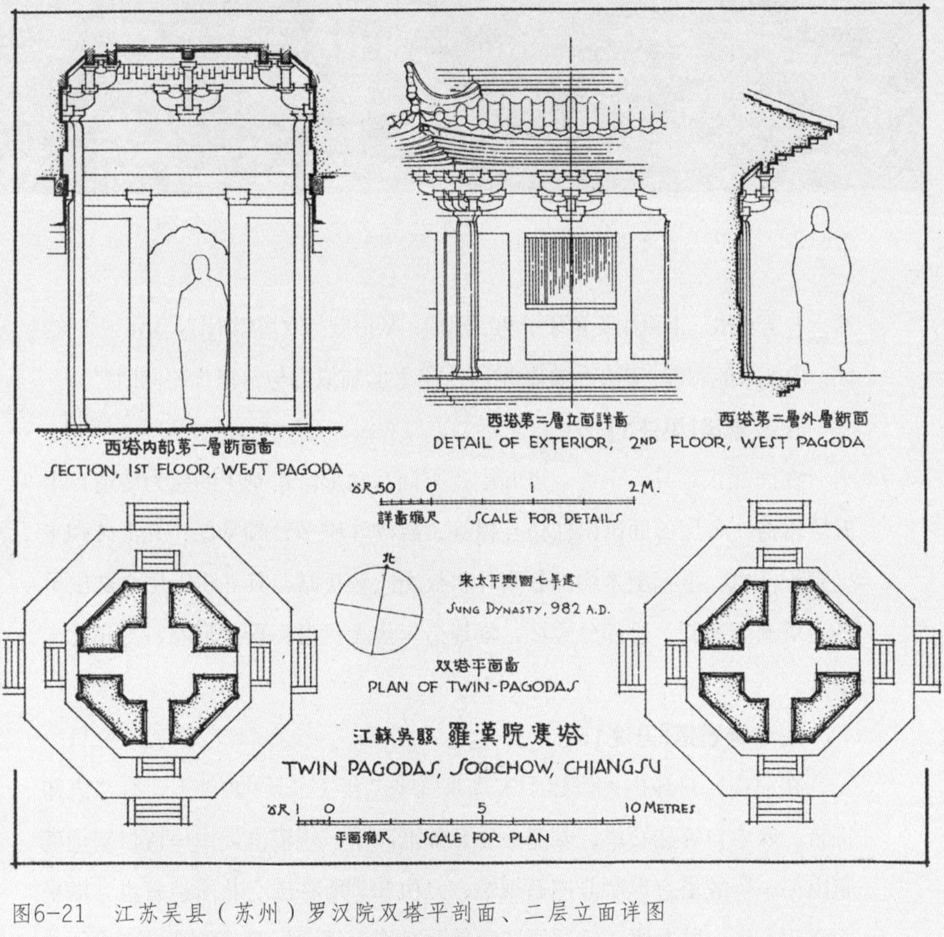

图6-21 江苏吴县（苏州）罗汉院双塔平剖面、二层立面详图

图6-22　虎丘灵岩寺塔

造，各层斗栱之上更用菱角牙子两层出檐，其形制与双塔极相似。塔门近已封闭，内部未能调查。塔年代文献无征，揆之形制似当与双塔约略同时[20]。

正定木塔[见注1]

在河北正定县天宁寺。塔九层，平面八角形。塔身下四层为砖造，上五层木造，各层砖面砌出柱枋斗栱等，砖砌斗栱多，颇紧促，其上砖砌平坐则无斗栱。上五层木构部分则斗栱权衡比较正常。其斗栱七层全部出单杪。塔刹金属制，已部分毁坏，塔建造年代无可考，揆之形制，当属北宋中叶。

法海寺石塔[见注15]

在河南密县城内，塔建于宋真宗咸平二年（公元999年），有“仇知训者，寐中自算造石塔，既觉……凡绳准高下，规模洪促……皆自知训襟臆出……”故塔之形制非遵循规矩，乃仇知训所独出心裁所造者也。塔平面作正方形：共九级，每层檐皆雕作瓦葺形，第一层塔身较高，其檐下斗栱阑额，比例均违矩，第二、第四层刻圆顶门，第三层周绕勾栏，第五、

20 刘敦桢《苏州云岩寺塔》，见《文物参考资料》1954 年第七期。其考定此塔建于五代钱弘俶十三年（公元 953 年）。——陈明达注

层第八层身下托以莲座，刹之覆钵部分刻作山文，皆非正常形制，仇知训所“寐中自算”者也。

延庆寺舍利塔[见注15]

在河南济源县。寺创于唐武后朝，但今殿宇倾颓，但存宋仁宗景祐三年（公元1036年）舍利塔一座，塔砖造，高七级，平面六角形。各层壁面砌佛像砖；叠涩出檐，无柱额斗栱等饰。塔中为六角内室，南面开门。其北面入口，则可折入梯级，绕内室而上，其布置法与开封繁塔同。内室各层叠涩，以承各层木楼板。

宜宾白塔[21][见注9]

在四川宜宾旧州坝。塔平面正方形。初层塔身颇高，上叠涩出密檐十三重，塔内设方室五层，各层走道阶级，则环绕内室螺旋而上。塔建于北宋崇宁元年至大观三年之间（公元1102—1109年），在外观上，属于唐代常见之单层多檐方塔系统，但内室及走道梯阶之布置，则为宋代所常见。盖因地

图6-23　四川宜宾白塔

21 王世襄《四川南溪庄宋墓》，《中国营造学社汇刊》第七卷第一期；莫宗江《宜宾旧州坝白塔宋墓》，见《中国营造学社汇刊》第七卷第一期。——陈明达注

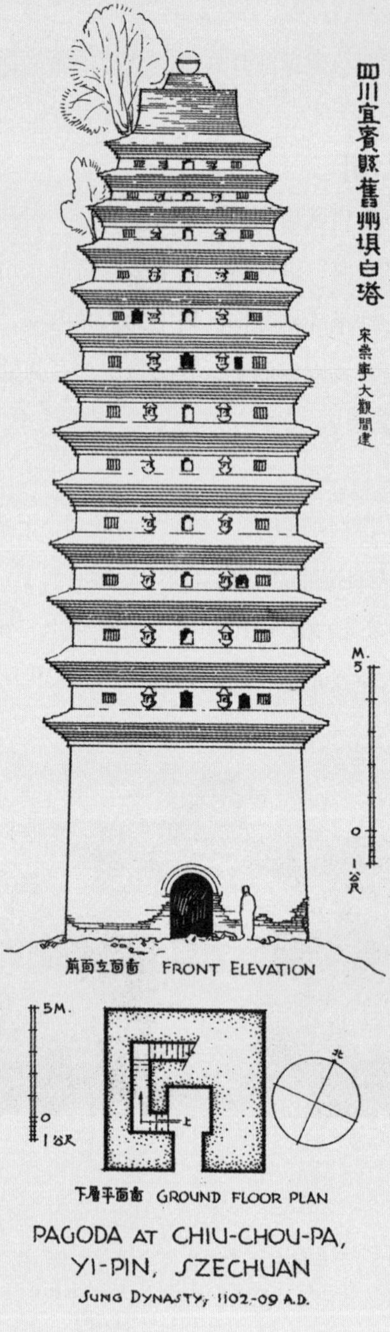

图6-24　四川宜宾县旧州坝白塔平立面图

处偏僻，其受中原影响迟缓，故有此时代落后之表现也。

祐国寺“铁塔”[22][见注21]

在河南开封城内。塔建于宋庆历间（公元1041—1048年）。塔面用铁色琉璃砌成，故俗称“铁塔”。塔平面八角形，高十三级，第一层下段埋入土中，其在地面以上部分有大方涩数层，似为须弥座之上半。以上塔身，八角砌圆柱，柱上为普拍枋，承托密列之双杪斗栱以承檐。自第二层以上，每层均在平坐之上砌塔身，角上均用圆柱，其中砌普拍枋斗栱出檐，如第一层。塔身壁面褐色琉璃砖，砖面隐起花纹。各层塔身宽度递减，故补间铺作之数，自第一层六朵递减至第十三层出两朵。因各层高度递减，故平坐铺作第二层至第六层出两跳，第七层以上仅出一跳。塔内无空室，仅有梯道穿塔身旋绕而上；梯道所至，则于壁面开窗焉。全塔权衡高瘦，颇欠安定感。

图6-25　河南开封祐国寺“铁塔”

22 杨廷《汴郑古建筑游览记》,《中国营造学社汇刊》第六卷第三期；龙非了《开封之铁塔》，见《中国营造学社汇刊》第三卷第四期。

料敌塔[见注14]

河北定县城内开元寺砖塔，俗呼料敌塔。宋至和二年（公元1055年）建。因当时定州与契丹邻接，塔可作瞭望敌情之用，故名。塔平面八角形，十一级。第一级较高，上施腰檐，其上为平坐，以承第二层。以上诸层仅各有檐而无平坐。各层檐均为叠涩挑出，断面微凹。全塔轮廓，微有卷杀，外观至为匀妥秀丽，塔内各层均以走廊周绕，而无内室。塔心砖礅内则穿以梯级。走廊顶部出砖制斗栱两跳，以承雕砖平棊，其平棊雕文，至为精美。第四至第七层则用木版，上施彩绘。第八层以上仅用穹窿而无斗栱。今塔东北面已崩塌一部，全塌之厄，恐已为日不远矣。

灵岩寺辟支塔[见注3]

在山东长清县万德镇灵岩寺，居泰山北壑中，风景幽绝。塔平面八角形，高九级。其第一层立于重层阶基之上，其上砌阑额，普拍枋，出双杪斗栱以承檐，第二至第四三层均有平坐，平坐亦用双杪斗栱；以上各层则仅出檐而无斗栱。顶上砖砌刹座以立刹。塔四正面各层均辟圆券门。塔内走廊与梯级布置大致如定县料敌塔，塔年代无纪录可凭，似属北宋中叶所建。

兴隆寺塔[见注3]

山东滋阳县兴隆寺塔，形制颇为特殊。塔平面八角形，高十三级。全塔简洁无赘饰，各层但叠涩出短檐而已。其塔身逐层递减；但最上六层则骤然缩减，如以另一小塔置于未完塔上者。盖建至第七层而建筑费告罄，故将上六层缩小欤。塔之建造年代为宋嘉祐八年（公元1063年）。

普寿寺塔[见注14]

寺在河北涿县东门外里许。入寺门而北有七级砖塔一座，在南北中线上。其后为门墙前殿及崇台上之大雄宝殿。全寺平面配置，尚存六朝古制，塔八棱七级，最下为方台，上立八角形须弥座，座上为斗栱平坐，上设勾栏，再上则为仰莲座以承塔身，塔身颇高，八隅砌八角柱，上为阑额普拍枋斗栱以承檐。塔身四正面作圆券门，四隅面作假直棂窗，第一层檐以上，仅有额枋斗栱承各层檐而无塔身，故此七层塔实乃七檐单层塔也。辽代此式砖塔最为盛行，此塔建于辽太康六年（宋神宗元丰二年，公元1079年），为年代确实可考者之最古者。故举为例。此外如北京天宁寺塔，河北房山县云居寺南塔（辽天庆七年，公元1117年），皆此同式者也。

图6-26　北京天宁寺塔

泰宁寺舍利塔[见注14]

河北易县泰宁山泰宁寺塔亦为辽代常见塔型之一。自第一层檐以下与普寿寺塔几完全相同，但自第二层以上各层檐，则均叠涩而不施斗栱，河北易县双塔庵东塔荆轲山圣塔院皆此类也。

涿县北塔及南塔[见注14]

河北涿县云居寺塔及智度寺塔，均为模做木塔形制之砖塔。塔之最下层基座，及第一层塔身，并阑额斗栱腰檐等与普寿塔完全相同。但第一层以上为第二层平坐，其上塔身，又完全与第一层塔身相同；如此逐层相叠，第各层高广略递减耳。其塔身均于四正面辟圆券门，四隅面砌假直棂窗，模仿木构至为忠实（除圆券门外）。其原范即应县佛宫寺木塔之形式也。云居寺塔俗呼北塔，高六层，辽大安八年（宋哲宗元祐五年，公元1090年）建。其以偶数为层数，颇为罕见。智度寺塔俗呼南塔，五层；易县城内千佛塔，三层；辽宁白塔子白塔，七层，均属此式，盖亦约略同时所建也。

邢台天宁寺塔[见注11]

在河北邢台，其下第一层塔身以下，与其他辽塔相同，其上但出叠涩檐三重，而顶上乃以类似喇嘛之窣堵坡为刹。河北房山县云居寺北塔，蓟县观音寺白塔，易县双塔庵西塔，皆属此型，亦辽代所特有之塔型也。

云居寺南塔及北塔[23]

河北房山县云居寺两塔，南塔为普寿寺塔塔型，北塔为邢台天宁寺塔塔型。但两塔均有大方阶基，阶基四隅各立一小塔，盖即“金刚宝座”或“五塔”之义也。

六和塔[24]

在浙江杭州钱塘江岸开化寺，为国内著名佛塔，塔建于宋隆兴元年（公元1163年），为模做木构形之八角七层砖塔，与吴县双塔同属一型者也。今塔之外表为八角十三层矮拙之木构，实则此塔原形与现状大异，乃权衡秀丽之砖塔也。原有檐及斗栱均已朽毁，但壁面砌出柱额尚存。塔平面之布置，中为正方小室，梯级周绕而上，至各层为廊，在各正面辟为壶门。自第一至第六层走廊，及第二至第五层内室壁面均砌作阑额斗栱。江南宋塔似此者颇多，西湖雷峰塔、保俶塔皆同属此型。

---

23 Siren, O., History of Early Chinese Art, Vol. IV.

24 梁思成《杭州六和塔重修计划》，见《中国营造学社汇刊》第五卷第二期。

三圣塔[见注12]

河南沁阳县天宁寺三圣塔，建于金大定十一年（宋孝宗乾道七年，公元1171年）。平面正方形，中为方室，各层楼板已毁，故上下通彻。方室之外走廊围绕。塔下为石造阶基，塔身上砌普拍枋，枋上施一斗三升斗拱，斗口出耍头，其上叠涩出檐十三层，轮廓颇秀丽。

白马寺塔[见注12]

河南洛阳东约二十五里白马寺，相传创建于汉明帝永平末年，为国内渊源最古之佛寺，然寺内现存最古之建筑，则仅金大定间建一砖塔而已。塔平面四方形。下为须弥座两层，立于八角形阶基之上，塔身上部砌出普拍枋与一斗三升斗栱，其上以菱角牙子与叠涩出檐十三层，与三圣塔外观几完全相同。五代以来中原塔式已作八角形，方形者已极罕见。但塔身以下之高基，则非唐代所有也。

图6-27　河南洛阳白马寺塔

图 6-28　河北正定临济寺塔

临济寺青塔[见注1]

河北正定县临济寺塔，俗呼青塔，金大定二十五年（公元1185年）建。塔平面八角形。四方石坛之上，先立八角石基，基上始为砖砌须弥座及平坐栏杆，再上为莲座。莲座之上为塔身，八隅均砌圆柱上砌阑额，普拍枋及双杪斗栱。以上出檐九层，第二层以上均出单杪斗栱。塔顶以双层仰莲座立金属刹。塔形态秀丽，为辽金最通常型类，与涿县普寿寺塔极相似。河北赵县真际禅师塔，亦建于金大定中，形制亦极相似。

广惠寺华塔[见注1]

在河北正定县城内，形制甚为特殊，为国内佛塔中一孤例。塔由一“主塔”，四隅附以四“子塔”联合而成。主塔高三层，平面八角形，四正面辟门，四隅面各附以六角形单层子塔。主塔及子塔壁面均砌出枋额门窗等。主塔三层出檐，除第三层平坐外，均有斗栱；第三层之上为高大之

图 6-29 福建晋江双石塔

圆锥体，表面塑出多数单层方塔及象头等。最上又出檐一层为塔顶。四子塔亦砌斗栱出檐，各自具一顶，就其壁面所砌出之枋额斗栱瓦檐论，此塔实为模仿木构形之砖塔，唯上段圆锥体则当别论。就塔之平面论，殆可视为“金刚宝座”塔之变形，盖将四隅塔与中央主塔合而为一者也。因其形制复杂特殊，俗呼为“花塔”。塔年代无可确考，志称唐建，金大定及明清屡次重修；揆之所仿木构形制，当为金代建。

晋江双石塔[25]

福建晋江县双石塔。东塔称镇国塔，西塔称仁寿塔，均建于南宋理宗朝（公元1228—1247年）。两塔均平面八角形，高五层，全部石构。各

25 Ecke, G., Strcutural Features of the Stone Built Ting Pagoda. Monumenta Sirica, Vol1, Fase2.
林钊《泉州开元寺石塔》，见《文物参考资料》1958年第一期。——陈明达注

层塔身八隅雕出圆柱，上为阑额，柱额之间为门或窗额及槏柱等。阑额之上出双杪斗栱以承檐，各层腰檐以上为勾栏无平坐。两塔形制大致相类如此，其唯一显著之区别乃在斗栱：

（一）东塔斗栱计心造，西塔偷心造。

（二）东塔上下五层每面均用补间铺作两朵；西塔下两层用两朵，上三层只有一朵。

（三）东塔转角铺作于栌斗两侧，各安附角斗，自出铺作一缝；西塔则无附角斗。

除此而外两塔形制几完全相同。我国佛塔以砖塔居多，如此双塔者，全部石构，雕镌柱额斗栱等模仿木构部分至为忠实，实可贵之罕见例也。

玉泉寺铁塔[26]

宋代以铁铸塔之风颇盛。现存实例，以湖北当阳玉泉寺铁塔保存最佳。塔铸于宋仁宗嘉祐六年（公元1061年）。虽名为塔，实则铁铸之幢耳。塔平面八角形，高十三级。第一层之下为须弥座阶基，以上各层皆有平坐腰檐，均以斗栱承托，各层之门，均以四十五度与其上下层相错其方向。此外如山东济宁铁塔寺及江苏镇江甘露寺均有宋代铁塔，但皆残破锈损不全。

赵县幢[见注3]

宋代建造经幢之风甚盛。盖以镌刻佛经为主之小型塔也。然亦有形式较近乎柱状者。现存宋代诸幢中，以河北赵县幢为最大。最下为四方扁大须弥座，次为八角须弥座，其上雕廊屋，每面三间；再上则为宝山，上立幢柱身，上为宝盖，更上为狮子仰莲座，以承第二层柱身及宝盖，第三层亦约略相同，更上为八角城墙，雕太子出四门故事。最上为宝顶。幢确实

---

26 Boersechmann, E., Chinesische Architektur.

年代无文献可稽，揆之形制当属北宋初年。唐宋经幢遍布南北，虽非真正建筑物，亦为富于建筑意味之纪念建筑。明清以后，此风乃渐杀。

三、其他

永通桥[27]

在河北赵县，俗呼小石桥，盖对赵县隋代大石桥而见称者也。桥建于金明昌间（公元1190—1195年），褒钱而所建。其形状及结构方法，与大石桥完全相同，两端撞券亦砌两小券，为空撞券式，其为模仿隋桥而建，毫无疑义，第其长度仅及大桥之半耳。今桥上石勾栏，雕刻至为精美，乃明正德间遗物。

宜宾墓室[28]

在四川宜宾县旧州坝宋故城之北。墓室全部石造，墓室平面长方形，墓门自狭面入，两侧各立四柱，划分三间；柱外两侧又为“廊”，与墓门相对方向，亦立双柱，其下镌小龛如门状。各柱均八角形，其上镌大斗、阑额、驼峰、补间铺作等。左右两廊之内，每间倚壁立硕大矮墩，其上承庞大栌斗。柱上阑额当心间者均作月梁形，其下则引次间材出为绰幕。墓室顶部则作长方形藻井，其上更作菱形池，雕双凤流云纹。此墓室内部对于建筑各件之应用，颇能得心应手，而非绝对模仿木构者，与欧洲文艺复兴建筑之应用古典式建筑部分颇有相似之处，在现已发现之古墓中，尚属孤例也。就各部细节观之，墓为南宋遗物，殆无可疑。

---

27 梁思成《赵县安济桥》，见《中国营造学社汇刊》第五卷第一期。

28 王世襄《四川南溪李庄宋墓》，《中国营造学社汇刊》第七卷第一期。

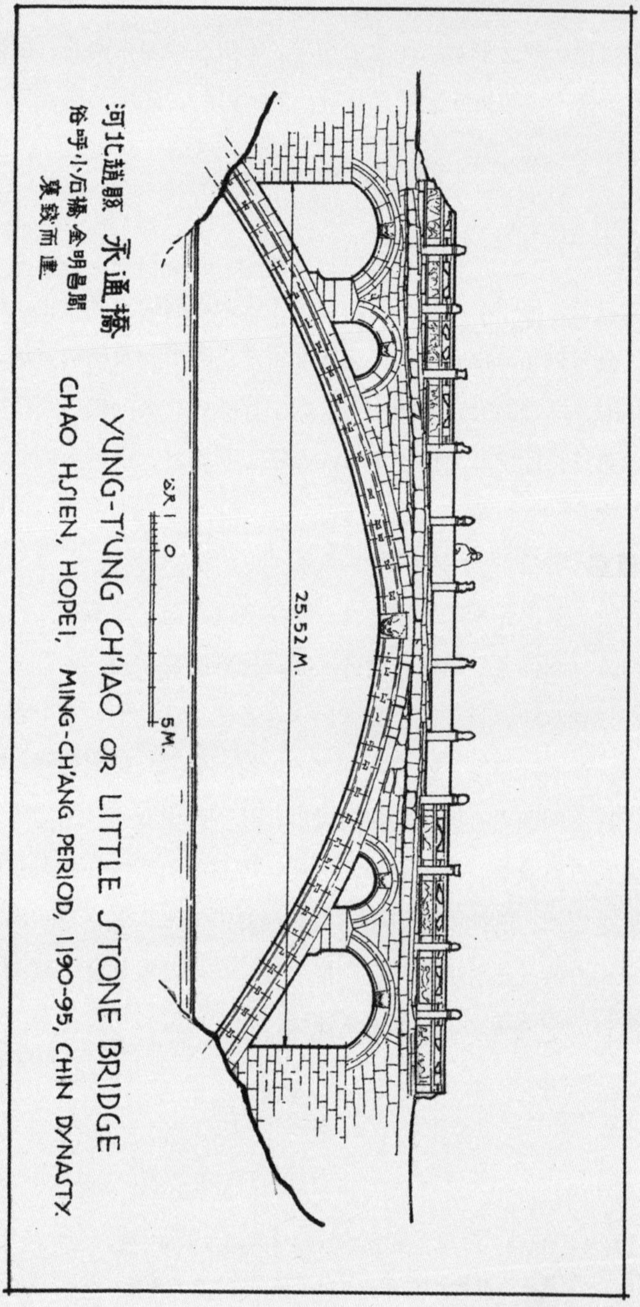

图6-30　河北赵县永通桥立面图

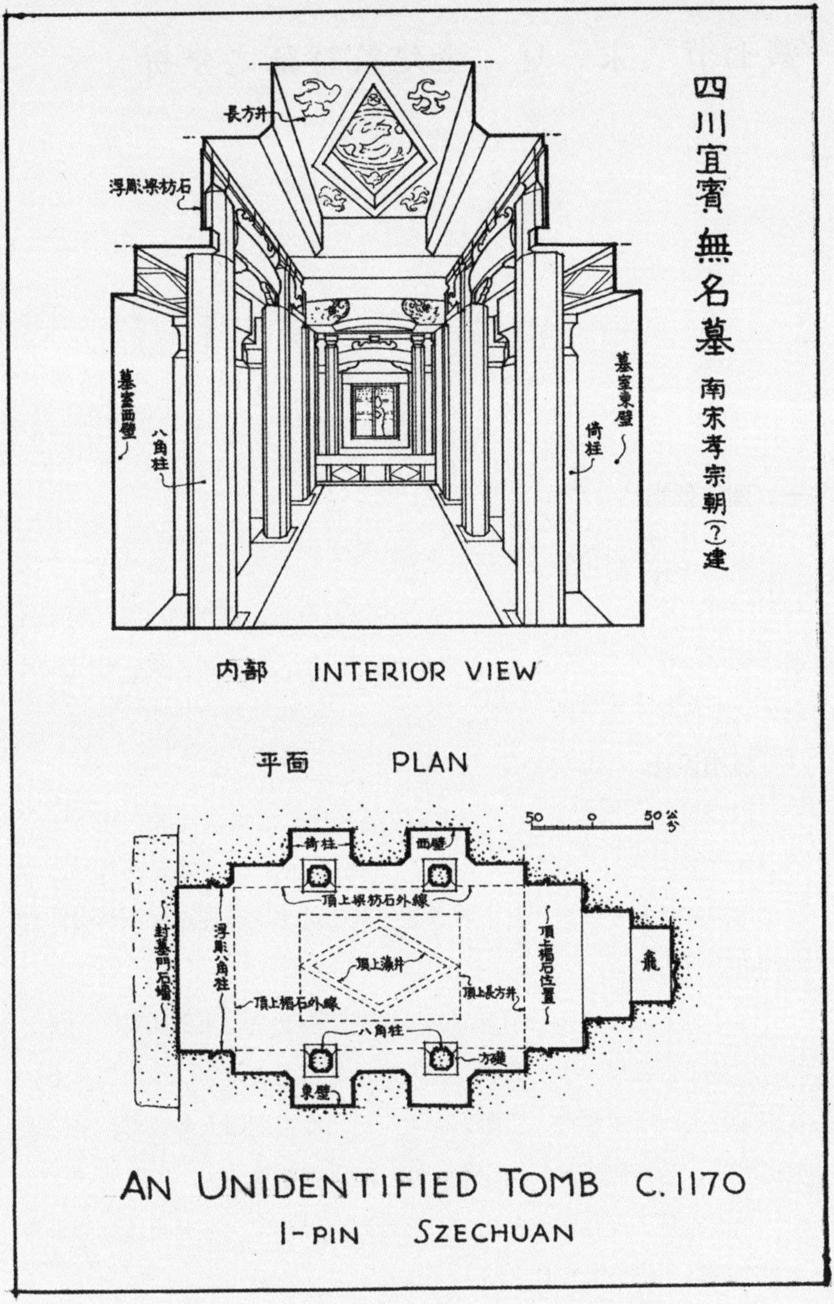

图6-31 四川宜宾无名墓墓室立平面图

第七节　宋、辽、金建筑特征之分析

一、建筑型类

宋、辽、金已降，建筑实物之得保存至今者更多。以木构言，在唐代仅得一例，而宋、辽、金遗物，曾经中国营造学社调查测绘者，则已将近四十单位，在此三百二十年间，平均每二十年，已可得一例，亦可作时代特征之型范矣。至于砖石塔幢，为数尤多。兹先按建筑物之型类略述之。

城市设计

后周世宗之筑大梁，实为帝王建都之具有远大眼光者。其所注意之点，如“泥泞之患”、“火烛之忧”、“易生疫疾”、“寒温之苦”，皆近代都市设计之主要问题。其街有定阔，两边五步内种树掘井，修盖凉棚，皆为近代之方法。

至于地方城市规模，则有江苏吴县苏州府文庙《宋平江府图》碑。宋绍定二年（公元1229年）刻石。城大致作不规则长方形，城内另有子城，本南宋建炎间所建皇宫，后即为平江府治。城内街衢大多正直，但因城内渠道纵横，为其他城市所无，未足为一般之例范耳。

平面布置，现存城市及建筑，已无完全保存宋代平面布置之原形者，幸当时碑刻，尚可得窥其大略。

（一）衙署平面。平江府图中部之平江府治，为关于我国古代官署建筑不可多得之史料。府治之外，周以城垣，称曰子城，唐时已有，非创于宋。其南门偏东，西门偏北，而无东门北门，非我国之传统对称式样。

城内建筑虽因府门偏东，故不能采取对称方式，然其主要厅堂仍以府门为中轴，其全部可分为六区：（甲）府门中轴线上各层设厅及小堂，并两翼廊屋，为府治主体。（乙）其北宅堂，为郡守住宅。（丙）更北后园，有池亭之胜。（丁）设厅及小堂之东为掌户籍、赋税、仓库及州院庶务诸户厅府院。（戊）西侧南部为处理民刑政务之各厅司。（己）西侧北段则为军旅驻屯训练及制造军器之所。其全体范围之广，包容之众，非明清官署所能睹也。

（二）庙宇平面。现存嵩山中岳庙，大金承安《重修中岳庙图》碑，及元刊《孔氏祖庭广记》所载宋阙里庙制图，金阙里庙制图，皆为关于当时平面研究之罕贵资料。宋代曲阜文庙于每座主要楼殿两翼皆有廊庑，并两翼廊庑，合成庭院。故其平面为多进方形院庭合成。至金代各庭院，虽仍周绕迴廊为主要布置法，但大殿与其后寝殿之间，均联以主廊，使平面为“工”字形。中岳庙之峻极殿与寝殿之间，阙里大成殿与郓国夫人殿之间，鲁国公殿与鲁国太夫人殿之间，莫不如此，盖至金代已成为极通常之布置也。至于庙坦四隅建角楼，亦为金代所常用。

殿宇

宋、辽、金木构，以佛殿为最多，均立于阶基之上，或单檐，或重檐；或四阿，或九脊顶。其结构方法大致上承唐代，下起元、明。如榆次永寿寺雨华宫、大同薄伽教藏、晋祠圣母庙正殿皆此类也。

楼阁

现存楼阁有独乐寺观音阁及大同善化寺普贤阁，大小虽悬殊，但其结构原则则大致相同，皆于下层斗栱之上立平坐，其上更立上层柱及枋额斗栱椽檐等。木塔结构在原则上亦与此完全相同。

厅堂

《营造法式》所谓厅堂，乃指“厦两头”（歇山）或“不厦两头造”（悬山）而言。属于此式者，有大同海会殿及佛光寺文殊殿两例；大同善化寺大雄宝殿东西两朵殿乃厅堂或廊屋之不施斗栱者。

大门

大门与殿宇厅堂之别，仅在中柱之施用。中柱在门平面之纵中线上，为安门扇之用。独乐寺山门及善化寺山门皆为此型实例。

碑亭

曲阜文庙金明昌间碑亭，重檐九脊顶，为国内最古碑亭实例。

佛塔

宋、辽、金佛塔计有下列六型：

（一）木塔，唯应县佛宫寺释迦塔一孤例。在结构原则上，与独乐寺观音阁大致相同。其柱之分配，为内外二周，其上安平坐，以承上层构架，五层相叠，至顶层覆以八角攒尖顶。正定天宁寺塔则下半为砖，上半为木。

（二）模仿多层木构之砖塔，其蓝本即为佛宫寺释迦塔之类。因地域之不同，又可分为二支型。（甲）宋型：如苏州双塔、虎丘塔、杭州六和塔之类，每间比例较狭，角柱之间立槏柱以安门窗，多作壸门。与塔身比，斗栱比例颇大。檐部多用菱角牙子叠涩为檐。（乙）辽型：如易县千佛塔、涿县南北二塔、辽宁白塔子塔。柱颇高，每间颇广阔，斗栱比例较小于宋型而模仿忠实过之。门均为圆券门，与宋型迥异其趣。

（三）模仿多层木构之石塔，如灵隐寺双石塔及闸口白塔，模仿至为忠实，但塔身小，实为一种雕刻品，在功用上实同经幢。至如泉州开元寺双塔则为正式建筑，其仿木亦唯肖逼真，但省去平坐，为木构中所少见耳。

（四）单层多檐塔，亦可分为二型：（甲）仿木斗栱出檐型，第一层斗栱檐以上各层均砌斗栱，上出椽檐多层，如普寿寺塔、北京天宁寺塔、云居寺南塔、均属此型。（乙）叠涩出檐型，其第一层檐仍用斗栱，但第二层以上均叠涩出檐，如易县圣塔院塔、涞水县西冈塔、大名城大小两塔、辽阳白塔、均属此型。

（五）窣堵坡顶塔，塔之下段与他型无大区别，多三层，其上塔顶硕大，如窣堵坡、河北房山云居寺北塔、蓟县白塔、易县双塔庵西塔、邢台天宁寺塔、皆属此型。此型之原始，或因建塔未完，经费不足，故潦草作大刹顶以了事，遂形成此式，亦极可能，但其顶部是否后世加建，尚极可疑。

（六）铁塔，其性质近于经幢，径仅一米余，比例瘦而高。铁质易锈，今保存最佳者，唯当阳玉泉寺铁塔。

墓塔，宋、辽、金墓塔大致仍遵唐之旧，以方形单层，单檐或多檐者为多，如登封少林寺宋宣和三年（公元1121年），普通禅师塔，及金正隆二年（公元1157年）之西堂老师塔是。又有六角或方形，多层叠涩檐者，如少林寺大定十九年（公元1179年）之海公塔是。此外如金贞祐三年（公元1215年）之衍公长老窣堵坡，则仅为不规则椭圆球形墓表，不足称为塔也。

墓室，经著者测绘者仅四川宜宾一孤例。

桥，赵县小石桥为年代准确之金代桥。但桥形制特殊，不可以为当时一般造桥方法之典范也。

二、细节分析

阶基及踏道

宋代木构皆有阶基，然莫不屡经后世修砌，其能确实保存外表原形者，恐无一实例，仅得知其高广之大致耳。济源济渎庙渊德殿遗基，恐亦非原形矣。《营造法式》对于阶基之尺寸，无比例之规定。宋辽木构之阶基，或甚低偏，如正定摩尼殿、榆次永寿寺、独乐寺观音阁山门等均是。然有承以崇伟之阶基者，如大同华严寺大雄宝殿及薄伽教藏、善化寺大雄宝殿皆此类也。赵宋诸塔，阶基均矮，辽金诸塔则多高基，而尤以辽、金式单层多檐塔，对于阶基最为注重，其最下层土衬及方涩之上，先为须弥座一层，其上更立平坐斗栱，平坐之上绕以勾栏，更上为仰莲座以承塔身。须弥座及平坐束腰壶门之内大多饰以狮子；勾栏均为斗子蜀柱，其华版以勾片为最通常图案，亦有用其他类似万字之华纹者，勾栏每间之内，巡杖以下，盆唇以上，作类似地霞之花版以托巡杖，亦为辽塔常见之例。至如金建白马寺塔，其塔身以上虽富于唐代作风，然其下高基，则辽金之特征也。

阶基前之踏道，宋代乃有设东西二阶者，渊德殿阶基为现存东西阶之唯一实例。此外如金中岳庙图，其峻极殿亦画东西阶，足证此式当时尚极普遍。《营造法式》踏道之制，两侧三角形内多作逐层减退之池槽，名曰象眼，嵩山少林寺初祖庵踏道即作此式。

平坐及勾栏

平坐实例木构者见于独乐寺观音阁、应县木塔、大同普贤阁等处。其平坐柱均将下端叉于下层斗栱之上，其上施阑额，普拍枋为其必有之一部。砖塔上所砌平坐，仅皆砌其外表，平坐斗栱均只出杪，不用昂，《营造法式》所举缠柱造，左右各出附角斗一枚，别出铺作一缝，及用上昂之制，均未见于实例。

平坐之上多施勾栏，唐以前之斗子蜀柱钩片华版之制，已不为唯一图案。独乐寺观音阁勾栏仍用此制。应县木塔平坐勾栏亦用斗子蜀柱，但华版无华。其扶梯勾栏则不用华版而用卧棂。至如大同薄伽教藏内壁藏，则华版花纹有几何图案多种，辽金塔坐勾栏上最普遍之样式，于巡杖、盆唇之间安斗子地霞，则为前所未见。赵县小石桥明刻勾栏，尚存此式焉。

柱及柱础

《营造法式》造柱之制，有梭柱、直柱之别，其梭柱将柱之上三分之一卷杀，如欧洲古典式柱之Entasis，柱头紧杀如覆盆样。现存木构，其用木柱者，以直柱为多，但柱头均略有卷杀。石柱遗例不多，初祖庵所用八角柱上径较下径微收，但无卷杀，柱面刻各种花纹。苏州双塔寺大殿残石柱，虽有卷杀，但残破难加细测。长清灵岩寺大雄宝殿，其柱有显著之卷杀，但柱头不“紧杀如覆盆”；柱身断面作十余凹入瓣，上下为槽，与希腊陶立克式柱极相似。唯灵隐寺双塔及闸口白塔，则柱身之下三分之二大体垂直，上段有显著之卷杀，与《营造法式》梭柱之规定，大致相符。

至于用柱之制，《营造法式》规定有角柱平柱加高之生起，及柱首微侧向内之侧脚两法，几为宋代不易之定则。

河北、山西境内宋辽金柱础，以平础不出覆盆为最多；但如佛光寺文殊殿内柱，则用莲瓣覆盆，故亦非绝不用者。长清灵岩寺大殿柱础则覆盆雕山水龙纹。江南柱础几无不用覆盆，其上且加櫍，如苏州双塔寺大殿址柱础，覆盆雕卷草花纹，其上并櫍同雕出。吴县甪直保圣寺大殿遗址柱础多枚，雕饰精美，宋代柱础之佳例也。

《营造法式》造柱础之制，规定础方为柱径之倍，覆盆高为础方十分之一，盆唇厚为覆盆高十分之一。现存诸例大致与此相符。至于仰覆莲花柱础，则尚未见实例也。

门窗

大同华严寺大雄宝殿之门，为可贵之遗物。其装门之法，先按门之高宽安门额及门颊，其内饰以壶门牙子，两侧施腰串，装余塞板，额上安格子窗，门扇每扇具门钉七列，每列各九枚，佛光寺文殊殿则于门之两侧及门额以上均安板。额上用门簪两枚以安鸡栖木，其门簪扁而长与《营造法式》规定之方形门簪用四枚者迥异其趣。其版门门钉，则仅四行，行各七钉而已。

江南诸塔表面模仿木构形者，其门多不发券而叠涩作成壶门牙子形，较辽塔之作圆券者调和。至于塔身砌作假门者，或作版门，或作格扇。宋、辽门簪均二枚；至金代遗例，已增至四枚。

与地栿相交以承门轴之门砖石，则为砖塔假门所必有，而木构实例反多不用者。

窗之实例以直棂窗为最多，但亦有用菱形或方格者。《营造法式》所见各式图样，尚未见之实例也。

斗栱之结构与权衡

至宋代而发达至于成熟，其各件之部位大小已高度标准化，但其组成又极富变化。按《营造法式》之规定，材分八等，各有定度；“各以材高分为十五分，以十分为其厚”，以六分为栔，斗栱各件之比例，均以此材栔分为度量单位。其各拱及斗之规定长度，及出跳长度，直至清代尚未改变焉。

就实例言，其在燕云边壤者，尚多存唐风，如独乐寺观音阁、应县木塔、奉国寺大殿等，其斗栱与柱高之比例，均甚高大；斗栱之高，竟及柱高之半。至宋初实例，如榆次永寿寺雨华宫、晋祠大殿等，则在斫割卷杀方面较为柔和，比例则略见减缩。北宋之末，如初祖庵，以及《营造法式》之标准样式，则斗栱之高仅及柱之七分之二，在比例上更见缩小。至于南宋及金，如苏州三清殿、大同善化寺三圣殿及山门等，斗栱比例更小，在此三百年间，即此一端已可略窥其大致。

在铺作之组成方面，因出杪出昂，单栱重栱，计心偷心，而有各种不同之变化。实物所见，有下列诸种：

（一）单杪下附半栱见于大同海会殿及应县木塔顶层。

（二）双杪单栱偷心独乐寺山门双杪重栱计心，大同薄伽教藏、宝坻三大士殿等。

（三）三杪重栱计心，应县木塔平坐。

（四）三杪单栱计心，正定转轮藏殿平坐。

（五）单昂，苏州三清殿下檐。

（六）单杪单昂偷心，榆次永寿寺。

（七）单杪单昂偷心，昂形耍头，正定摩尼殿，转轮藏殿。

（八）双杪双昂重栱偷心，独乐寺观音阁及应县木塔。

（九）双杪三昂重栱计心，正定转轮藏殿转轮藏（小木作）。

（十）转角铺作附角斗加铺作一缝，大同善化寺大雄宝殿，华严寺大雄宝殿。

（十一）内槽斗拱用上昂，苏州三清殿。

（十二）双杪或三杪与斜华栱相交，大同善化寺大雄宝殿及三圣殿、华严寺大雄宝殿。

（十三）内槽转角铺作，栱自柱出，不用栌斗，苏州三清殿。

（十四）补间铺作之下施矮柱，其下或更施驼峰，大同薄伽教藏、蓟县独乐寺山门、宝坻三大士殿等。

至于斗栱之各部，其为宋代所初见，或为后世所无或异其形制者，有下列诸项：

（一）斜栱，即上文（十二）所述。

（二）下昂，其后尾挑起，以承下平槫，或压于栿下。为一种杠杆作用，如永寿寺、初祖庵等。明清以后，昂尾即失去其机能，成为一种虚饰。

（三）昂形耍头与令栱相交，在通常耍头位置，其前作昂嘴形，后尾挑起为杠杆，其功用与昂无异，正定转轮藏殿、晋祠大殿及献殿均为此例。

（四）华头子，自斗口出以承昂之两卷瓣，明清以后即不见。

（五）替木在令栱之上以承槫接缝处，亦明清以后所无。

斗栱各部之卷杀，宋代较唐代为柔和。唐代直线斜杀之批竹昂，在时期上唯宋初，在地域仅晋冀北部见之。天圣间建之晋祠大殿献殿及约略与之同时之隆兴寺转轮藏殿，昂嘴虽直杀，但更削两侧如琴面。北宋中叶以后昂嘴顱入如弧线，乃成惯例。斗栱最上层伸出之耍头，后世多作蚂蚱头形者，在宋代遗例中，或直斫，或斜杀如批竹昂，或作霸王拳，或作翼形，或作夔龙头等等，颇富于变化。至于栱头卷杀，分瓣已成定则，但瓣数未必尽同《营造法式》所规定耳。

模仿木构之砖塔，在斗栱之仿砌上，较之唐代更进一步。唐代砖塔仅作把头绞项作（即一斗三升），但宋代砖塔则砌砖出跳，至二跳三跳不等。其在辽、金地域以内者，斜栱且已成为常见部分。然因材料之限制，下昂终未见以砖砌制者也。至于杭州灵隐寺及闸口之石塔，以材料为石质，乃能镌出昂嘴形，模仿木构形制，更为逼真。

构架

就柱梁之分配着眼，《营造法式》规定及实物所见均极富变化。

（一）外檐柱多分间周列，其侧脚及角柱之生起，凡此期实物，无不见之，内柱则视情形之不同，可以酌情撤减。其内柱全数按缝排列，一柱不减，如苏州三清殿者，在宋代较大殿堂中至为罕见。至若佛光寺文殊殿、济源奉仙观大殿及大同善化寺三圣殿，将内柱减少至无可再减，而以特殊巧技之梁架解决其因而产生之困难，亦特殊之罕例也。

（二）在梁架之施用上，多视殿屋之深，依其椽数及柱之分配，定其梁之长短及配合法。除实物中所见特殊实例，如善化寺大雄宝殿之以前后二栿之一部分相叠，以及前条所举数例外，《营造法式》图样即有侧样二十余种，其变化几无穷尽也。

（三）梁栿有明栿与草栿之别，若有平棊，则屋盖之重由草栿承托如独乐寺观音阁；若“彻上露明造”，则用明栿负重，如宝坻三大士殿、独乐寺山门、永寿寺雨华宫等等。明栿又有月梁与直梁之别，直梁较为普通，月梁见于善化寺山门，较之佛光寺大殿之唐例，及清式之规定，均略为低偏，其梁底顱起亦较甚。在年代虽与《营造法式》相近，但在形制上则反与唐例相似，梁横断面高宽之比例，在宋初近于二与一，至宋中叶，则近三与二，至明清乃成五与四或六与五之比矣。

（四）宋代平梁之上，皆立侏儒柱以承脊槫，但两侧仍挟以叉手，以与唐代之有叉手而无侏儒柱，及明清之有侏儒柱而无叉手，诸实例相较，其演变程序固甚显然。

（五）举折之制，《营造法式》“看详”谓：“今采举屋制度，以前后橑檐枋心相去远近分为四分，自橑檐枋背上至脊槫背上，四分中举起一分”；其卷五本文则改定为三分中举起一分，今就实物比较，宋初及辽以近于四分举一者为多，如永寿寺雨华宫、大同薄伽教藏、海会殿等是，至北宋末及南宋金则近于三分举一，如善化寺山门及三圣殿是也。

（六）阑额、普拍枋。普拍枋虽已见于唐初，然至北宋末，尚有省而不用者，如初祖庵是也。其用普拍枋者，则早者扁而宽，如薄伽教藏，与阑额在断面上作T字形，其后渐加厚，如大同善化寺三圣殿及山门，普拍枋、阑额所出无几。至明清则普拍枋竟狭于阑额矣。

（七）宋代各槫缝下，均施襻间一材或二三材，所以辅槫之不足。襻间与槫之间，更施斗栱以相支撑联络，其制见于《法式》及实物。实物之中最特殊者，莫如佛光寺文殊殿所见，其槫下以内额承托次间梁缝，因而构成类似Truss之构架，为仅见之孤例。

平棊、平闇及斗八藻井。平闇作正方格，唐末宋初者格甚小，如佛光寺大殿及独乐寺观音阁。平棊作长方形，如大同薄伽教藏。斗八藻井施之于平棊或平闇之内，其下或饰以斗栱，如应县净土寺大殿；或无斗栱，如观音阁、薄伽教藏、应县木塔皆是也。

角梁及檐椽

角梁两重已成定则，宋代大角梁为一直料，下端作蝉肚或卷瓣。子角梁折起，其梁头斜杀。檐椽及飞椽亦不杀檐椽而杀飞檐。但卷杀子角梁及飞椽之制，明、清宫式已不用矣。砖塔檐部，无斗栱者完全叠涩出檐，如宜宾白塔及洛阳白马寺塔；有斗栱者或作木檐形，如易县千佛塔、涿县普寿寺塔等；多见于北方，为辽、金特征；有在斗栱之上砌菱角牙子及版檐槫，与叠涩檐约略相同者，如苏州虎丘塔及双塔，多见于江南。然亦有出木檐者，如苏州瑞光寺塔及正定天宁寺木塔，其配合法实无定则也。

扶梯

独乐寺观音阁及佛宫寺木塔均保存原有扶梯，观音阁曾略经后世修改，而木塔梯则尚完全保存原状。其梯之结构，以两颊夹安踏板及促版，梯之斜度大致为四十五度，颊上安斗子蜀柱勾栏不施华版，而用卧棂一条。

其制度与《营造法式》所定者大致相同：但《营造法式》勾栏已加高，卧棂之数亦用至三条之多，不若古式之妥稳淳朴也。

屋顶

四阿顶为宋代最尊贵之屋顶，法式亦称吴殿，即清所称庑殿是也。法式谓“八椽五间至十椽七间，并两头增出脊槫各三尺”，使垂脊近顶处向外弯曲，即清式推山之制之滥觞也。但宋、辽诸例，如三大士殿及大同华严寺、善化寺正殿等，皆无推山。九脊殿位次于四阿一等，盖为“不厦两头”与四阿联合而成者，清式称之曰歇山，其两头梁架露明，自外可见，搏风板下且饰以悬鱼、惹草等，不若清式之掩以山花版。观音阁、薄伽教藏、晋祠献殿皆其实例也。“不厦两头”者清式称为悬山或挑山。于两山墙之外出际。如大同海会殿及佛光寺文殊殿是也。正定摩尼殿身重檐歇山顶，而于四面另加歇山顶抱厦，为后世所少见。

瓦及瓦饰

《营造法式》瓦作有筒瓦，瓪瓦之别；筒瓦施之于殿阁、厅堂、亭榭等；瓪瓦施之于厅堂及常行屋舍。更视屋之大小等第，分瓦之大小为若干种。其屋脊由瓪瓦多层叠砌而成，以屋之大小定层数之多寡。其脊之两端施鸱尾。垂脊之上用兽头、蹲兽、傧伽等。各等所用大小与件数，制度均甚严密。唯现存实物，无全部保存原状者。独乐寺山门鸱尾，其尾卷起向内，外缘作鳍形，为鸱尾最古实例。薄伽教藏内壁藏上木雕鸱尾与独乐寺山门鸱尾完全相同，足证为当时样式。但薄伽教藏殿及华严寺大雄宝殿，宝坻三大士殿，则鸱尾之轮廓成为约略上小下大之长方形，疑为宋中叶以后或金代样式。永寿寺雨华宫鸱尾略似此式而曲线较多，恐已非原物，但其脊之构造，以瓦叠成，则仍宋代方法也。

雕饰

瓦饰本亦为雕饰之一种。除瓦饰外，宋代之建筑雕饰，可分为雕刻与彩画两类。

（一）**雕刻**。柱础雕饰实例最多。其华纹或作莲瓣，或作龙凤云水纹，如甪直保圣寺、苏州双塔寺、长清灵岩寺所见。石柱雕饰，有作卷草纹者，如苏州双塔寺大殿遗址所见；有作佛道像者，如少林寺初祖庵石柱。至如墙脚须弥座雕饰，见于初祖庵及六和塔。佛像及经幢须弥座，饰以间柱、壸门内浮雕飞仙乐伎等，如正定隆兴寺大悲阁像座及赵县幢须弥座，皆此式之翘楚也。

（二）彩画。《营造法式》彩画作制度甚为谨严，图样亦极多。其基本方法，乃以蓝、绿、红三色为主，其色之深浅，则用退晕之法，至清代尚沿用之法也。其图案虽已高度程式化，但不若清式之近于几何形。民国十四年本《营造法式》彩画图样着色颇多错误之处，不足为例，尚有待于改正再版。至于实例，唯义县奉国寺、大同薄伽教藏尚略存原形，但多已湮退变色，或经后世重描，已非当时予人之印象矣。

第七章

元、明、清时期

History of Chinese Architecture

第一节　元、明、清宫殿建筑大略

元室以蒙古民族入主中土，并迭西征，以展拓疆土，造成地跨亚欧之大帝国，华夏有史以来，幅员之广，无有能逾此者。元初，太祖十年克燕，初为燕京路，总管大兴府。世祖至元元年（公元1264年），复曰中都。四年，于辽金旧城之东北创置新城，始迁都焉。九年（公元1272年）改大都，“京城右拥太行，左挹沧海，枕居庸，奠朔方，城方六十里，十一门”[1]。

大都正南门曰丽正，其内有千步廊，“可七百步，建灵星门，门建萧墙，周回可二十里，俗呼红门栏马墙。门内二十步许有河，河上建白石桥三座，名周桥，皆琢龙凤祥云，明莹如玉，桥下有四白石龙，擎戴水中甚壮。绕桥尽高柳，郁郁万株，与内城西宫海子相望。度桥可二百步为崇天门，门分为五，总建阙楼，其上翼为回廊，低连两观。傍出为十字角楼，高下三级；两傍各去午门百余步。有掖门，皆崇高阁。内城广可六七里，方布四隅，隅上皆建十字角楼……由午门内可数十步为大明门”[2]，门后

1 《元史·地理志》；王璧文《元大都城坊考》，见《中国营造学社汇刊》第六卷第三期。
2 《元故宫遗录》。

正中为大明殿，“殿乃登极正旦寿节会朝之正衙也；十一间，东西二百尺，深一百二十尺，高九十尺，柱廊七间，深二百四十尺，广四十四尺，高五十尺；寝室五间，东西夹六间，后连香阁三间，东西一百四十尺，深五十尺，高七十尺”[3]。“殿基高可十尺，前为殿阶，纳为三级，绕置龙凤白石阑，阑下每楯压以鳌头，虚出阑外，四绕于殿。殿楹四向皆方柱，大可五六尺，饰以起花金龙云。楹下皆白石龙云花，顶高可四尺。楹上分间，仰为鹿顶斗栱攒顶，中盘黄金双龙，四面皆缘金红琐窗，间贴金铺，中设山字玲珑，金红屏台，台上置金龙床，两旁有二毛皮伏虎，机动如生。”“大殿宽广足容六千人聚食而有余，房屋之多，可谓奇观。此宫壮丽富赡，世人布置之良，诚无逾于此者。顶上之瓦，皆红、黄、绿、蓝及其他诸色，上涂以釉，光泽灿烂，犹如水晶，致使远处亦见此宫光辉，应知其顶坚固可以久存不坏”[4]。

“殿右连为主廊十二楹，四周金红琐窗，连建后宫，广可三十步，深入半之，不显。楹梁四壁立，至为高旷，通用绢素帽之，画以龙凤；中设金屏障，障后即寝宫，深止十尺，俗呼为拏头殿……殿前宫东西仍相向，为寝宫……宫后连抱长庑，以通前门”[见注2]，其制略如前述。

寝宫以后，仍多殿阁，以处嫔嫱，其间多以栏庑连之，装饰之美，实难尽述；加以胡元来自沙塞，故金貂银鼠，往往藉为帐褥，内室装饰遂与历代迥异。

苑囿之胜，当首推太液池之万岁山，即今北海琼岛是也。池在大内之西北，“广可五六里，驾飞桥于海中，西渡，半起瀛洲圆殿，绕为石城。圈门散作洲岛拱门，以便龙舟往来。由瀛洲殿后，北引长桥上万岁

3 《辍耕录》。

4 《马可波罗行纪》冯承钧译本。

山”[见注2]。山高可数十丈，“金人名琼华岛，中统三年（公元1262年）修缮之。其山皆以玲珑石叠垒，峰峦隐映，松桧隆郁，秀若天成。引金河至其后，转机遇斛，汲水至山顶，出石龙口，注方池，伏流至仁智殿，后有石刻蟠龙，昂首喷水仰出，然后东西流入于太液池。山上有广寒殿七间，仁智殿则在山半，为屋三间。山前白玉石桥长二百尺，直仪天殿后；殿在太液池中圆坻上，十一楹，正对万岁山。山之东也，为灵圃，奇兽珍禽在焉。”[见注2]

广寒殿在山顶，为全山最大之殿。东西一百二十尺，深六十二尺，高五十尺。重阿藻井，文石甃地，四面琐窗板密，其里编缀金红云，而蟠龙矫蹇于丹楹之上。“左、右、后三面，则用香木凿金为祥云数千万片，拥结于顶，仍盘金龙殿，有间金玉花、玲珑屏台，床四、金红连椅，前置螺甸酒卓。高架金酒海，窗外为露台，绕以白石花阑。旁有铁竿数丈，上置金葫芦三，引铁链以系之，乃金章宗所立，以镇其下龙潭。凭阑四望空阔，前瞻瀛洲仙桥，与三宫台殿，金碧流晖；后顾西山云气，与城阙翠华高下，而海波迤迴，天宇低沉，欲不谓之清虚之府不可也”[见注2]。

明太祖奋起淮右，首定金陵，北上灭元，遂一天下。洪武元年（公元1368年），以应天府为南京而建都焉。“二年九月，始建新城，六年八月成。内为宫城，亦曰紫禁城，门六……宫城之外门六……皇城之外曰京城，周九十六里，门十三……后塞钟阜仪凤二门，有十一门。其外郭洪武二十三年建，周一百八十里，门十有六”[5]。

吴元年（公元1367年），吴王“新内城。正殿曰奉天殿，前为奉天门，殿之后曰华盖殿，华盖殿之后曰谨身殿，皆翼以廊庑。奉天殿之右左各建楼，左曰文楼，右曰武楼。谨身殿之后为宫，前曰乾清宫，后曰坤

5《明史·地理志》。

宁宫，六宫以次序列焉……皆朴素不为雕饰”[6]。“时有言瑞州文石可甃地者，太祖曰：‘敦崇俭朴，犹恐习于奢华，尔乃导予奢丽乎？’”[7]至洪武八年，改建大内宫殿，十年告成，制度如旧，规模益宏，以后续有增建。迨燕王靖难变作，北兵南下，南都宫室，悉付劫灰。唯宫门殿座间有未坏，迄至今日犹有存者。仁宣以降，屡敕兴建南京宫殿，稍稍修复，唯终不能重恢明初之旧观耳。

“成祖永乐元年（公元1403年）建北京于顺天府，称为行在。四年建北京宫殿，修城垣。十五年改建皇城，略偏元故宫之东，十九年告成，即改北京为京师，宫城周六里一十六步，门八。皇城周一十八里有奇，门六。京城周四十五里，门九，实就元之大都，截其北而展其南而成者也。成祖之营建北京，凡庙社、郊祀、坛场、宫殿、门阙制度，悉如南京，而高敞过之。中朝曰奉天殿……南曰奉天门，常朝所御也”[见注7]。其后之华盖谨身诸殿，乾清坤宁诸宫，规划布局一如南京之旧。“其他宫殿，名号繁多，不能尽列，所谓千门万户也”[见注7]。“宣宗留意文雅，建广寒清暑二殿，及东西琼岛，游观所至，悉置经籍”[见注7]。明北京宫寝，常罹火厄。当永乐十八年始成，而翌年前三殿即焚毁。又次年乾清宫亦灾。至英宗正统五年（公元1440年），始予复建。嘉靖万历间，又两次灾而重建焉[8]。

北京御苑之建，始于永乐。于京师南二十里修南海子。宣德间修琼华岛，广寒清暑二殿。天顺间（公元1460年）乃新作西苑殿亭轩馆，即太液池东、西作行殿三，池东殿曰凝和，池西殿曰迎翠，池西南向，以草缮

---

6 《明太祖实录》。

7 《明史·舆服志》。

8 单士元、王璧文《明代建筑大事年表》。

之，而饰以垩，曰太素。此外亭六，轩一，馆一[9]。其后弘治正德嘉靖万历间时或增益焉。

满清入关，当李闯焚毁之后，其宫毁一仍明旧而修葺之，制度规模，改变殊少。京城皇城宫城，并依原址，未曾稍易，仅诸门名称，略予变动耳。

内庭宫室，亦遵旧制，顺治二年（公元1645年）定三殿名。明之奉天、华盖、谨身，明末改称皇极、中极、建极者，至是遂称太和、中和、保和。后宫名称则少变动。并于是年修整诸殿，次年工成。

顺治十二年（公元1655年）重修内宫。康熙八年（公元1669年），敕建太和殿，南北五楹，东西广十一楹。十八年太和殿灾。二十九年重修三殿，三十六年工成。至此大内修建，至清初已告一段落，诸宫殿皆经重修或重建，然无一非前明之旧规也。

乾隆三十年（公元1765年）重修三殿。自此以后，迄未改建，故今之太和、中和、保和三殿即是时修复之面目也。乾隆三十九年（公元1774年）敕建文渊阁于文华殿后，以为藏弆钦定四库全书之所，此今日文渊阁之肇始也。嘉庆二年（公元1797年），乾清宫交泰殿灾，是年重修，次年成之，以后未大修葺。

综观清代大内沿革，一切巨规宏模，无一不沿自明朝。然其修筑之宏，抑又不逮。康熙二十九年，诸臣等复奏云："查故明宫殿楼亭门名共七百八十六座，今以本朝宫殿数目较之，不及前明十分之三。考故明各宫殿九层，基址墙垣，俱用临清砖，木料俱用楠木；今禁内修造房屋出于断不可已，凡一切基址墙垣，俱用寻常砖料，木植皆松木而已"[10]。两代营

9 《日下旧闻考》。

10 缪小山《云自在龛笔记》。

建，优劣之势，于此可见，唯满人颇能保守。综观清代，大工可数，火灾亦少。故能汇为大观，保存至今。然其规模之宏伟，已世无与伦比矣。

在乾清坤宁诸宫两侧，复翼以十二宫。其制盖仿自明初。所谓乾清、坤宁，法象天地，东西辟门，象日月。左右列永巷二，每一永巷，以次列三宫，布为十二宫，则象十二辰也。满清入关，修建宫室，顺治康熙嘉庆诸朝，十二宫亦皆经重修。

御花园在内庭坤宁宫之后，自成一区。其建置沿革，始于明永乐间，景泰万历，迭予增筑，有清一代，革易极少。其间奇石罗布，佳木郁葱，古柏老藤，皆明代遗物，禁中千门万户，阁道连云，虽庄严崇闳，不无枯涩之感。独御花园幽深窅窱，与宁寿宫之乾隆花园及慈宁宫花园，并称胜境。

大内中宫及十二宫东西两侧，尚有宫阁多处，以其繁琐，遂不赘述。

明皇城内花囿凡三：曰南内，曰景山，曰西苑。南内在宫城东南，入清后，析为睿王府及佛寺民居。景山位于宫城正北，明清之际，变易较微，唯乾隆后始予改筑。唯西苑经顺治间略事修葺，并划西北隅为宏仁寺，后康熙继之，又营南海瀛台。二十九年建团城承光殿。雍正中，建时应宫。其后乾隆、光绪二朝，复大事兴筑，逐至蔚成现状[11]。

西苑在西华门之西，内有太液池，系玉泉从北安门水关导入，汇积而成者，周广数里，上跨长桥，修数百步，东西树坊各一，曰金鳌，曰玉蛛。桥之北曰北海，南曰中海，又南曰南海，是以有三海之目。

圆明园在挂甲屯北，距畅春园里许，康熙四十八年，赐为雍邸私园，镂月开云等即成于康熙末叶。雍正之初，又濬池引泉，增构亭榭，斯园规模略具。乾隆六巡江、浙，罗列天下名胜点缀于园；其中四十景，俱仿各

11 刘敦桢《清皇城宫殿衙署图年代考》。

处胜地为之。其后仿意大利巴洛克建筑及水戏线划诸法，营远瀛观、海晏堂等于长春园北，开中国庭园未有之创举，即俗呼西洋楼者是也。是项建筑率为耶稣会教士所经营，钦天监何国宗M・Benoit、王致诚Attiret、郎世宁J・Castiglione辈实主其事，又于圆明园东南，包万春园于内，号称三园，统辖于圆明园总管大臣。同时复扩静明、静宜二园，因瓮山金海之胜，筑清漪园，谓之三山，清世土木之盛，当以此时为最。

圆明园既焚于英法联军之役，同治间曾拟兴修未果。迨光绪十一年（公元1885年），孝钦后欲兴筑花囿，以备临幸，又议重修圆明园，旋罢其工程，而就清漪园修建，改名颐和园。光绪十四年（公元1888年）园成，凡动用海军经费数百万两。庚子之变，八国联军入都，颐和园并受残损，迨辛丑回銮，曾予大修焉。

颐和园在京城西北，距城可二十里，依万寿山围昆明湖以为之。入园有仁寿殿，其后为乐寿堂，即孝钦后寝宫。迤西临湖之北岸为排云殿，向为朝贺之所。殿后佛香阁屹立高壁上。阁后有琉璃殿曰众香界，盖万寿山最高处也。其他殿宇尚多，自山顶俯瞰，亭台楼阁，历历如绘。

热河行宫名避暑山庄，皇帝夏日驻跸之所也。康熙四十二年建，叠石缭垣，上加雉堞，如紫禁城之制，周十六里三分，南为三门，东及东北西北门各一。宫中左湖右山，极池馆楼台之胜。凡敞殿、飞楼、平台奥室，各因地形，不崇华饰，故极自然之妙。民国以来，久受驻军摧残，损毁殊甚。

奉天行宫在沈阳城中，屋不宏敞。建于崇德二年（公元1637年）。大政殿在城之中，殿制八隅，左右列署凡十，为诸王大臣议政之所。大内宫阙在大政殿右，亦崇德二年建，南北袤八十五丈三尺，东西广三十二丈二尺，大门曰大清，其内为崇政殿、凤凰楼、清宁宫等，左、右夏翼以殿阁多所。“宫殿岁时修理，皆内务府董其事”[12]。

清代陵寝，依其分布状态，可别为四区。一为兴京陵，在今辽宁省新宾县，有太祖开基前肇祖兴祖二帝之陵。顺治十五年自沈阳积庆山迁景祖、显祖附葬于此，改称永陵。一在沈阳附近，即太祖福陵与太宗昭陵。入关后，别为东西二陵。东陵在今河北省兴隆县昌瑞山，世祖、圣祖、高宗等五帝及诸后妃所葬。西陵在今河北省易县梁格庄永宁山下，世宗、仁宗、宣宗、德宗四帝及诸后、妃葬焉。

永陵在兴京城西北十里，成于顺治十四年，陵有启运殿，供奉诸帝神位，“顺治十二年十八年，先后立碑四通，护以亭，宝城周十五丈四尺”。福陵在奉天府城东北二十里。陵之“隆恩殿供奉神位，前有亭，内立神功圣德碑一通，宝城周五十九丈五尺”。昭陵在奉天府城西北十里，其制与福陵略同，“宝城周六十一丈三尺”。后二陵均成于顺治八年[见注12]。

东西二陵，为入关以后所营，规模较关外诸陵宏大。其可注意之点有二：

一、平面配置

“历代山陵之制，唐陵因山为坟，汉与北宋均采用方形之坟，故其时有‘方上’之称。自明太祖孝陵改方为圆。复并唐、宋上下二宫为祾恩门、祾恩殿、于是陵之平面配置，为之一变。清关内诸陵配列之法，就大体言，蹈袭明陵旧规，毫无疑义然诸陵宝顶，平面除圆形一种外，复有两侧用平行直线，至前后两端，连以半圆形，与宝城方城之间，增设月牙城，俱非明代所有。此外，沈阳昭陵、福陵，于陵垣上施垛堞，建角楼，

12 《盛京通志》。

尤为罕睹”[13]。

二、地宫结构

“历代地宫结构，史籍略而不言，其片言只字，散见群书，又无图说参证，靡由穷其究竟。唯清代宫阙陵寝，自康熙中叶以来，由样式房雷氏一族承绘图样。鼎革后，其家藏图稿，售于国立北平图书馆及中法大学。内有陵寝地宫平面剖面诸图，标注尺寸，材料大体完备，而中国营造学社所藏惠陵工程全案与崇陵崇妃园寝工程做法册，及故宫文献馆所藏崇陵施工像片多种，皆极重要之史料，由此推测，清代地宫情况，略能得其梗概”[见注13]。

诸帝之陵，类生前已卜吉地，开始营建，泰、昌诸陵率皆如此。唯履霜末世，海内多故，营墓之举或未遑及，如崇陵地点，即德宗崩后始择定者。宣统元年兴工，民国四年始成，盖清室陵寝工程之最近者也。

13 刘敦桢《易县清西陵》。

第二节　元代实物

一、元代木构

就结构方法论，元代与宋金虽尚多相似之点，似应在上章叙述，然其整个建筑活动，以大都为中心，创建明、清北京之规模，六百余年继续不断，故元、明、清实应作一时期之三阶段论。

元故宫于明初为大将军徐达拆毁，其建筑物后世无存焉。今所存元代实物亦如前代遗例，仅各州郡零散殿堂数处而已。

阳和楼[1]

在河北正定县城中央，下为重台，上建屋七间；砖台下开两券门如城门。楼屋平面广七间，深三间，比例狭长。其柱头间阑额刻作假月梁形，为罕见之例。其角柱上普拍枋出头角上刻一入瓣，为元代最常见作风。角柱生起尤为显著。内部梁架当心间、次间、梢间三缝各不同，颇为巧妙，两际结构更条理井然。斗栱双下昂单栱计心，其柱头铺作实际上为昂嘴华栱两跳。梁栿外端出为蚂蚱头，已兆见明、清桃尖梁头之滥觞，其补间铺作第一跳亦为假昂，但第二层昂斜上，后尾挑起，仍保持其杠杆作用。至

1 梁思成《正定调查纪略》，见《中国营造学社汇刊》第四卷第二期。

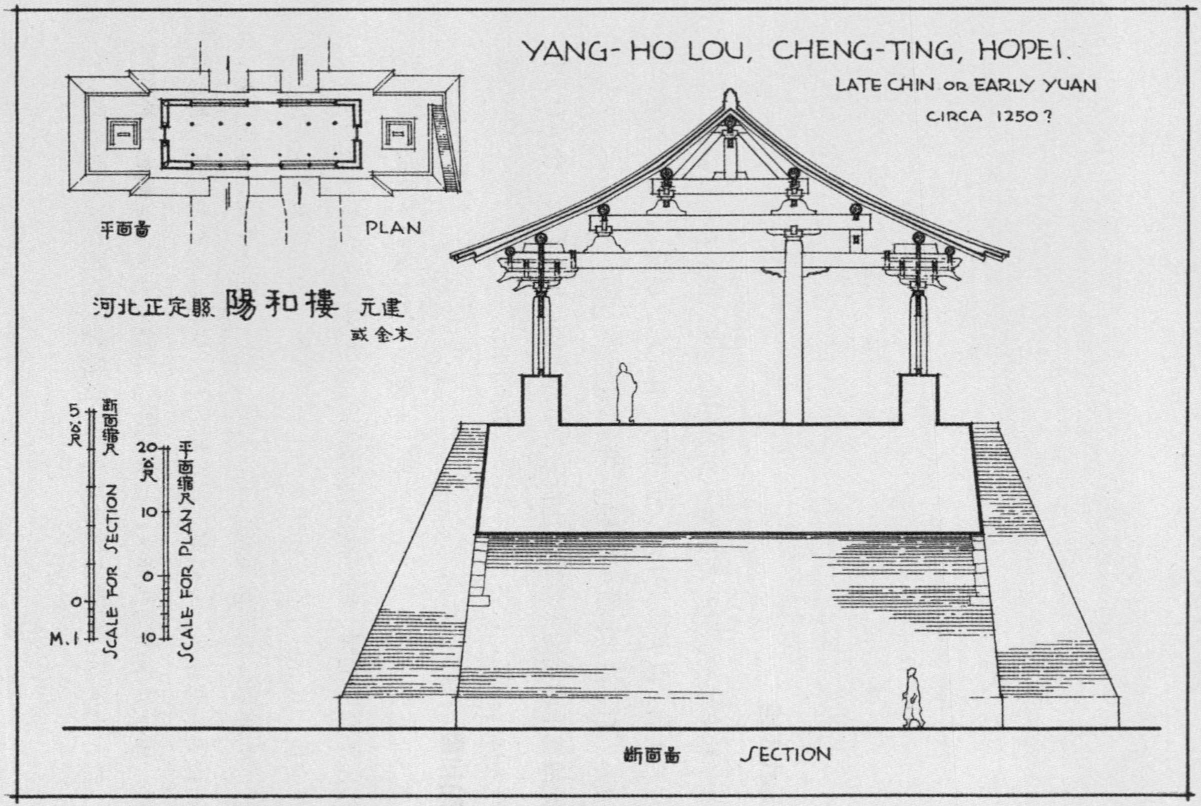

图7-1　河北正定阳和楼平剖面图

图7-2 河北正定阳和楼

于华栱后尾施横栱，宋代仅见于《营造法式》，但实物则金、元以后始见盛行。楼准确年代无考，元至正十七年曾经重修，想当为金末元初（约公元1250—1290年间）所建。

北岳庙德宁殿[2]

庙在河北省曲阳县城内。自唐迄明遥祭北岳之所。清初改为北岳祭典于山西浑源州，此庙遂归废弃。庙址一部荡为民居，仅德宁殿保存稍佳。殿建于高台上，重檐四阿顶。殿身平面广七间，深四间，周以回廊，故成广九间深六间状。与《营造法式·卷三十一》“殿身七间，副阶周匝……身内金箱斗底槽。”图一极相似。殿下檐斗栱，重昂重栱造，第一层假昂，其上华头子则为长材，与第二层昂后尾斜挑达槫下。上檐斗栱单杪重昂，昂亦为昂嘴形华栱，与苏州三清殿上檐斗栱做法相同。其后尾第二第三两跳，重叠三分头与菊花头，尤为奇特。殿于宋淳化二年及元至元七年（公元1270年），两度重建，现存殿宇，盖为元代遗物。殿壁壁画尚存一部，似元人手笔。

---

2 刘敦桢《河北省西部古建筑调查记》，见《中国营造学社汇刊》第五卷第四期。

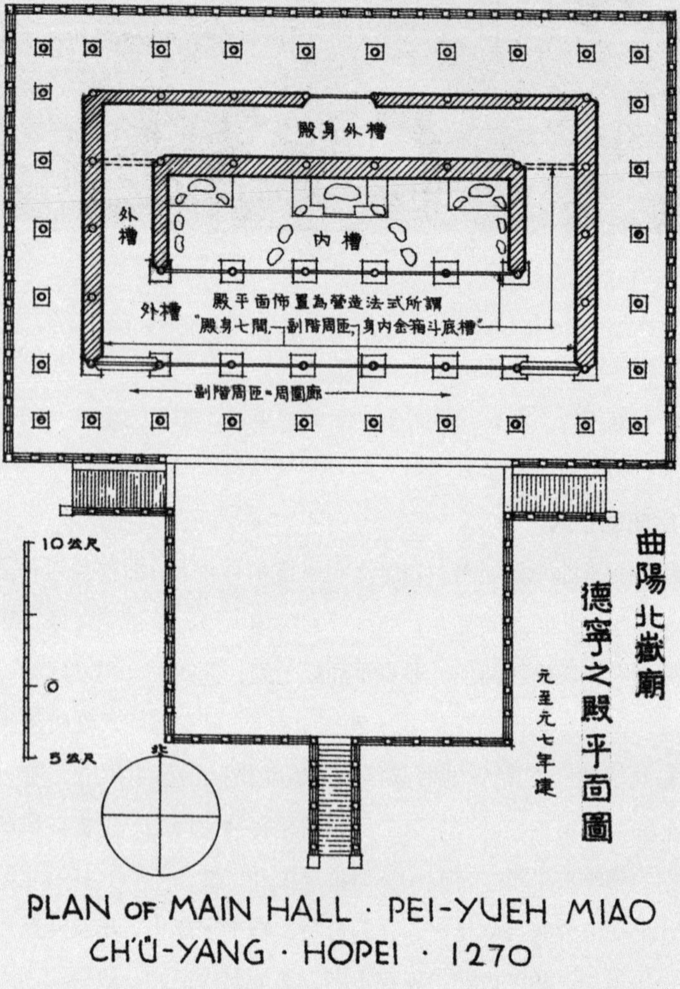

图7-3　河北保定曲阳北岳庙德宁殿平面图

图7-4 河北保定曲阳北岳庙德宁殿

曲阜孔庙承圣门及启圣门[3]

孔庙除金、明昌两碑亭外，其次古建筑当推承圣门及启圣门，均元大德六年（公元1302年）所建。门广三间，深二间，中柱一列，辟门三道，单檐，“不厦两头造”，阑额狭小，普拍枋扁平。斗栱单昂，为平置假昂，而将衬枋头伸引为挑斡，以承金桁。

曲阜颜庙祀国公殿，广五间，深三间，单檐，四阿顶。斗栱双下昂重栱计心造。其柱头铺作用平置假昂，补间铺作则第二层昂后尾挑起。曲阜诸殿堂，唯此一元构耳。

慈云阁[见注2]

在河北省定兴县城中央。元大德十年（公元1306年）建。平面为近似正方形之长方形，广深各三间，重檐九脊顶。其柱分内外两列。内列承上檐斗栱及屋顶，外列仅承下檐及斗栱。其用柱法与曲阜金代碑亭相同，但内外两列相去特近，以致均砌入砖墙以内，颇为罕见。其上檐斗栱双下昂重栱造，第一层昂为昂嘴形华栱，其华头子后尾不平置，而斜上挑起，承托于第二层昂之尾下，与曲阳德宁殿下檐斗栱相似，殆为元代通行做法。

---

3 梁思成《曲阜孔庙建筑及其修葺计划》，见《中国营造学社汇刊》第六卷第一期。

圣姑庙[见注2]

在河北省安平县城北门外，为周孝女郝女君之庙，见于《太平寰宇记》及《魏书·地形志》。今庙则元大德十年（公元1306年）所建也。庙立于广大高台之上，其正殿平面于前后二殿之间以柱廊连接成为工字形；其前后二殿均为单檐九脊顶。盖工字形平面在金、元乃极盛行也。此殿在结构上可特别注意者三点：（一）其斗栱单昂为平置假昂，其后部挑斡乃衬枋头所延长，开明清通常做法之先例。（二）柱虽为梭柱，但卷杀之法唯下段三分之一垂直，以上三分之二逐渐削小，至顶仅等于栌斗之底，其权衡颇乏秀丽之感。（三）梁架富于变化，尽量利用木材之天然形状，不加斫削。

明应王殿[4]

在山西赵城县霍山，为广胜寺泉水龙王之殿。殿平面正方形。广深各五间，重檐九脊顶，其周回为廊，殿身实方三间也。上檐斗栱出重昂，下檐则为单昂。殿内壁画多幅，其一以演剧为题材，款题泰定元年（公元1324年）四月，至于殿之建立，当在是年以前也。

延福寺大殿[5]

在浙江宣平（今武义）县陶村，建于元泰定间（泰定三年，公元1326年）。殿平面梁广各五间，近正方形，当心间特大，次梢两间之联合长度，尚略小于当心间，屋顶重檐九脊，阑额之上不施普拍枋，为元以后所不多见。其上檐斗栱出单杪双下昂，单栱造，第一跳华栱头偷心。第二三跳为下昂，每昂头各施单栱素枋。其昂嘴极长，下端特大。其第二层昂不出自第一层昂头交互斗以与瓜子栱相交，而出自瓜子栱上之齐心斗。第二

---

4 梁思成、林徽因《晋汾古建筑预查纪略》，见《中国营造学社汇刊》第五卷第二期。

5 梁思成测绘，未刊稿。见《文物》1966年第4期，陈从周《浙江武义县延福寺元构大殿》。——陈明达注

层昂头亦仅施令栱，耍头与衬枋头均完全省却。其在柱头中线上，则用单栱素枋三层相叠。其后尾华栱两跳偷心，上出靴契以承昂尾。昂尾不平行，故下层昂尾托于上层昂尾之中段，而在其上施重栱。其柱头铺作，则仅上层昂尾挑起其下层昂尾分位乃为乳栿所占。此斗栱全部形制特殊，多不合历来传统方式，实为罕见之孤例。下檐斗栱双杪单栱偷心造，后尾则三杪偷心。其当心间补间铺作三朵，盖已超出宋代两朵之规定矣。屋顶仅覆瓪瓦，不施脊兽等饰。

广福寺大殿[6]

在云南镇南县城内。寺创于元代。大殿平面广五间，深四间，单檐九脊顶。檐柱卷杀为梭柱。外檐斗栱重杪重昂，昂为平置假昂，昂嘴斜杀为批竹式，但昂尖甚厚，至为奇特，柱上阑额虹起如月梁，补间铺作遂不用栌斗，将华栱泥道栱相交直接置于阑额之上，至为罕见。梁栿断面均近圆形，为元代显著特征之一。

广胜寺诸门殿[7][见注4]

山西赵城县霍山广胜寺上下两院（俗呼上寺、下寺）建筑两组，在结构上为我国建筑实物中罕见之特例。

（一）下寺山门。平面广三间，深二间，单檐九脊顶，但主檐之下，前后两面各有垂花雨搭悬出檐柱以外，故前后面为重檐，侧面为单檐，为富于变化之外观。其斗栱单杪单昂，但山面中柱上用双杪，每间用补间铺作一朵。其梁架不用平梁而将三侏儒柱并立于四椽栿上以承脊槫及平槫，亦罕例也。

（二）下寺前殿。平面广五间，深四间，椽六架，单檐“不厦两头造”。除前面当心间外，无补间铺作。其内柱之分配，仅于当心间前后立

---

6 刘敦桢《西南建筑图录》，未刊稿。

7 见《文物参考资料》1954 年第 11 期，《山西省新发现的古建筑》。——陈明达注

内柱，次间不用，使梁架形成特殊结构。在当心间内柱与山柱之间，施庞大之内额，而在次间与门楣间之柱上，自斗栱上安置向上斜起之梁，如巨大之昂尾，其中段即安于内额之上。前后两大昂之尾相抵于平梁之下，加垫楷头以承托之。我国建筑，历来梁架结构均用平置构材，如此殿之用巨大斜材者，实不多见也。

（三）下寺正殿。殿广七间深八间，其次梢间亦用类似之大昂式乳栿，其尾与斗栱相交承托于四椽栿下。正殿斗栱单杪单昂重栱计心造。各间均无补间铺作。

（四）上寺前殿。民国二十年发现金版藏经之处，即此殿也。殿广五间，深四间，单檐九脊顶，斗栱重昂重栱计心造；当心间用补间铺作两朵，次间一朵，梢间不用。其梁架结构亦有巨昂挑起，但用于山面中柱上以承托两际构架。自藏经一部被窃后，其前面门道已被县府封砌。

（五）上寺后殿。平面广五间，深四间，单檐九脊顶。因平面之近似方形，故正脊极短，形成奇特之外观。斗栱亦重昂重栱计心造。内部梁架

图7-5　山西洪洞广胜寺（下寺）

亦用巨昂挑起，但不若前举数例之巨大；其位置则在山面中柱，以挑托山面上平槫。

广胜寺诸殿堂均有用此巨昂之共同特征。其斗栱阑额及普拍枋并断面圆形之梁栿，均为元代之特征。寺创始甚早，唐代宗朝就原有塔院建立伽蓝。金代曾大修葺。元大德七年地震至延祐六年（公元1319年）重修。现在殿宇殆即延祐间所建也。上寺前部正中为飞虹塔，明代重建，当于下文另述之。

资福寺藏经楼[见注5]

山西太谷县城内资福寺，创于金皇统间，其大殿前之藏经楼，则为元构，楼左右夹以钟鼓楼，成三楼并列之势，楼本身两层，每层各重檐，成为两层四檐，外观至为俊秀。其平坐铺作之上施椽作檐，尤为罕见。

二、元代砖石建筑

观星台[8]

河南登封县告成镇周公庙有观星台及测景台，前者唐建，仅小石台，上立石柱。后者为崇伟砖台，元郭守敬所建，所以竖表以测冬夏至日影之长短者，我国现存最古之天文台也。台平面作正方形，北面为直漕以竖表，在地与表成正角者为圭，圭面为水渠以取平。圭长一百二十八尺，表高四十尺（元尺），其制见《元史·天文志》。台自北面近中作踏道分左右簇拥而上，至为雄壮。台上小屋为后世所加。

安阳天宁寺塔[9]

在河南安阳，塔平面八角形，高五层，其形制介乎单层多檐塔与多层

---

8 刘敦桢《河南省北部古建筑调查记》，见《中国营造学社汇刊》第六卷第四期。

9 刘敦桢测绘，未刊稿。

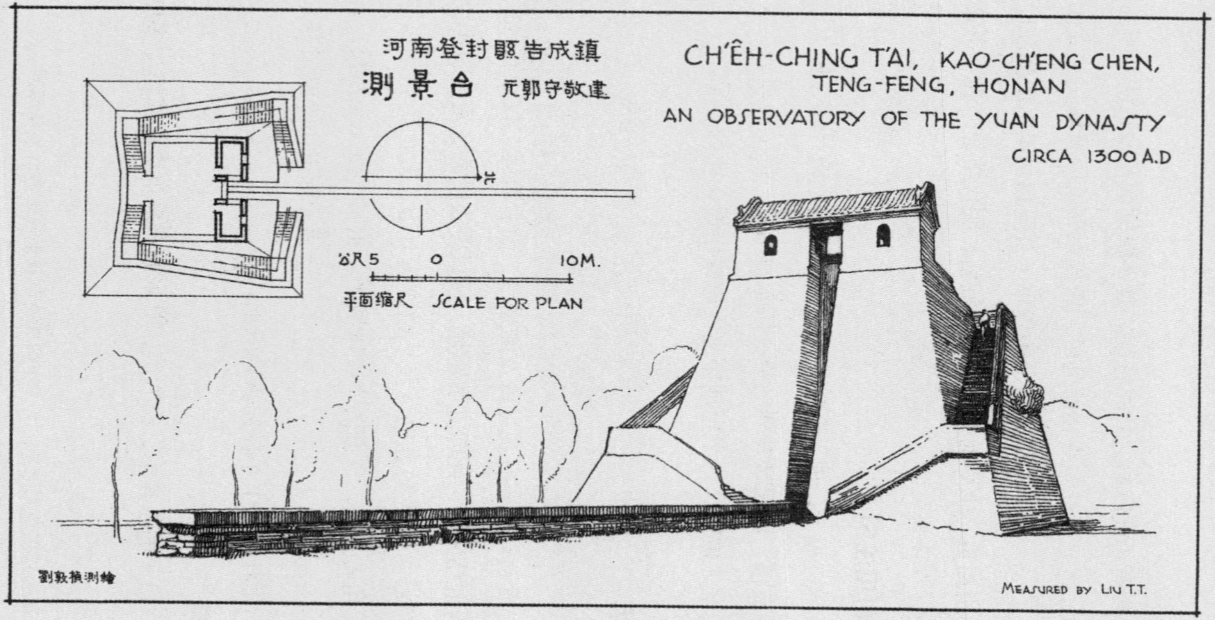

图7-6 河南登封县告成镇周公庙测景台

塔之间。塔身极高。立于不甚高之阶基之上；以上四层均有低矮之塔身。各层上砌斗栱出檐。顶上立喇嘛塔为刹。此塔形制特殊之点颇多。其塔座“莲瓣”作螺发状。塔身四正面作圆券门，四隅面作直棂窗，但塔身甚高，故门窗以上作佛菩萨像。塔身八隅皆立圆柱，其上为阑额普拍枋以承斗栱。五檐斗栱，层各一式；第一层出三杪，转角铺作用附角斗，补间铺作一朵出斜栱。上四层均出双杪。第二层用补间铺作三朵，双杪单栱。第三、四层转角铺作均施附角斗；补间铺作两朵均用斜栱，第四层在两朵之间更加偷心双杪一缝。第五层不用附角斗而用斜栱，补间铺作三朵。自下至上各檐大小完全相同，无丝毫收分或卷杀，为他塔所不见。

弘慈博化大士之塔[见注9]

在河北邢台西门外开元寺元代塔院。塔平面八角形，在高基之上立平坐勾栏及莲座，上立高瘦塔身，上出密檐七层。塔八隅均隐砌七层檐小

图7-7　河南安阳天宁寺塔

塔，普拍枋下隐出惹草文饰，为金元特征之一。

安阳白塔[见注5]

在河南安阳城内，塔制如瓶。塔座由八角须弥座两层相叠而成，上为宝瓶，此例颇为瘦高。宝瓶之上又置八角塔脖子，上更置仰覆莲座。顶部更立三层八角“刹”，略如小塔，以代十三天。塔全部石造。此式塔型至元代始见于中国。此塔准确年代虽无可考，但其形制与元代多数塔略异，殆为元代最古之瓶式塔也。

妙应寺塔

在北平阜成门内。元之圣寿万安寺也。世祖于至元八年（公元1271年）毁辽旧塔改建今塔。塔亦瓶形，立于崇峻之双层须弥座上。须弥座平面为折角四方形，殆即清式所谓四出轩者。宝瓶肥短，其下为庞大之覆莲瓣。其上塔脖子平面亦为四出轩。十三天收分紧骤，成为下大上尖之圆锥体。其上施金属宝盖及宝珠。此外如北京护国寺舍利塔，建于元延祐二年（公元1315年），虽高仅六米余，形制则与大塔几完全相同。

居庸关

关隘所建石门如台，其下穿以梯形券门道。券面外圆，雕饰繁缛。门道两壁浮雕四天王像及各族文字经文咒语等。门上相传原立瓶式塔三座，今已不存，门建造年代则元顺帝至正五年（公元1345年）也。关门全部样式雄伟，雕刻精致，为我国石建筑中之精品。

漳州桥

在福建龙溪县九龙江上。相传建于元代。桥砌石为墩，上置庞大石板，为闽省常见形制。

第三节　明代实物

一、都市

北京城，今日北京市之规模，实明太祖以下诸帝所陆续经营，而有系统之计划，则定自成祖之时。盖明之北京本元故都。洪武元年（公元1368年）改为北平府，缩其城之北五里，其后更展其南里许，遂成今日北京近似正方形之内城，其外城则嘉靖三十二年（公元1553年）所建也。成祖于永乐十五年（公元1417年）改建皇城于燕王府之东，悉如金陵之制，而宏敞过之，遂形成明清之规模。其制以宫城（紫禁城）为核心，周以皇城，最外乃为京城。禁城西侧，皇城以内，就原有之太液池琼岛作西苑，以为游宴之所，即今之三海公园也。城中街道系统，以各城门为干道中轴，故北京各大街莫不广阔平直，长亘数里。其内城干道以南北向者为多，而小巷或胡同则多东西向；至于外城则干道在城中相交作十字形，北半小巷以东西向者为多，而南半小巷则多南北向焉。城中街道相交处或重要地点往往以牌坊门楼之属为饰；而各街至城门处之城楼，巍然高耸，气象尤为庄严。皇城诸门，丹楹黄瓦，在都市设计上尤为无上之街中点景饰。

我国自上古以来，营国筑室，首重都城计划。汉、唐长安规模尤大，而隋文帝所建之大兴城（即唐之长安城）皇宫、官府、民居，各有区域，界限清晰，树后世城市设计分区制之型范，高瞻远识，尤足钦敬。明之北京，在基本原则上实遵循隋唐长安之规划，清代因之，以至于今，为世界现存中古时代都市之最伟大者。就近代都市计划观点论，庞大之皇城及西苑，梗立全城之中，使内城东西两部间之交通梗阻不便，为其缺点之最大者，然在当时，一切以皇室尊严为第一前提。民众交通问题，非设计人所考虑者也。

二、明代木构

大同城楼[1]

山西大同东南西三门城楼与城同为洪武五年（公元1372年）大将军徐达所建，为现存明代木构之最古者。诸楼平面均为凸字形，后部广五间，其前突出部分广三间，全部周以回廊。楼之外观，分上、中、下三层，檐三层。下两层檐之上缘，即紧沿其上层窗之下口。每层均较下一层收入少许。屋顶前后两卷相连，均为九脊顶。其各层梁架，均为月梁，各层梁间承以极低之驼峰。外檐斗栱下檐为单杪重栱，上两层檐为双杪重栱，逐跳计心。补间铺作正面三间用两朵，山面用一朵，梢间走廊不用，其斗栱之特点数事：

（一）上两层泥道栱与慢栱之上更施栱一层，成“三栱”之制，为罕见之例；

（二）上两层柱头铺作之耍头乃梁头之延长，其宽较华栱稍大，为后世明、清梁头加大之始。

大同钟楼[见注1]

在大同城内。平面三间，正方形；高两层，檐三重；上层周绕以腰檐平坐，上作九脊顶。下层斗栱单杪重栱，每间补间铺作一朵；平坐双杪重栱，上檐单杪单昂重栱，当心间用补间铺作一朵，梢间无。腰檐斗拱特

1 刘敦桢、梁思成《大同古建筑调查报告》，见《中国营造学社汇刊》第四卷第三、四期。

小，单杪重栱，每间补间铺作两朵，志称钟楼建于明，今考其全部结构手法，与城楼诸多相同，想当时所建也。

开福寺大殿[2]

在河北景县。寺建于明洪武中。大殿则天顺六年（公元1462年）。殿广五间，深四间，单檐四阿顶；但在前面另加廊，两端仅及梢间之半。殿身中三间开敞，安装隔扇，而梢间为雄厚砖墙，以接受廊之两端，权衡至为恰当。殿身斗栱单杪双昂，昂嘴纤长，虽梁头不见加大，但补间铺作，当心间及次间均增至四朵之多，已渐呈繁琐之象矣，殿内藻井于斗八之上以交叉斜栱构成螺旋顶，至为精美。

社稷坛享殿[3]

殿在社稷坛之北，建于明永乐十九年（公元1421年），今中山公园之中山堂也。殿平面长方形，广五间，深四间，单檐九脊顶，立于简单阶基之上。殿斗栱单杪双下昂，重栱造；其第一层昂为平置假昂，第二层则后尾挑起，其上耍头亦将后尾挑起，但在第二层昂尾之下，另施上昂一层。

图7-8　北京中山公园社稷坛享殿

2 刘敦桢测绘，未刊稿。单士元《明代营造史料》，见《中国营造学社汇刊》第五卷第二期。

3 刘敦桢《明长陵》，见《中国营造学社汇刊》第四卷第二期，北平市工务局《明长陵修缮工程纪要》。

殿内梁枋断面高厚之比例，近于三与二；其阑额亦颇高，而普拍枋宽度，则与阑额之厚相等，皆明初显著之特征也。

长陵祾恩殿[见注3]

河北昌平县天寿山南麓，明十三陵所在。长陵为成祖陵，十三陵中规制最宏。关于陵寝当于下文另述，兹先叙长陵祾恩殿木构。陵以成祖永乐十三年（公元1415年）完成，殿亦同时物。殿平面广九间，深五间，较之北京清故宫太和殿深度虽稍逊，而广过之，两者面积大致相等，同为国内最大之木构。其外观重檐四阿顶，立于三层白石陛上。下檐斗栱单杪双下昂，上檐双杪双下昂。其下檐斗栱自第二层以上，引伸斜上者六层，实拍相联，缀以三福云伏莲销，已形成明清通行之溜金科。其补间铺作当心间加至八朵之多。上檐斗栱则唯第二层昂及耍头后尾延长，压于下平槫之下；在比例上，其昂尾之长，尚为前所未见也。殿全部木料均为香楠，当心间四内柱特大（径一点一七米），自顶至根，一木构成，为稀有之巨观。殿梁额横断面均狭而高，不若后世之近乎正方形者。殿内藻井当中三间较高，两侧三间较低。殿于民国二十四年经北平市政府修葺。

北京护国寺[4]

寺本名崇国寺，其创始无考，金、元之际毁于兵。元代重修，另营寺于大都，称崇国北寺，即今寺所在也。寺中现存建筑物则大多为明宣德、成化间（公元十五世纪中叶）物，现有规模亦当时所增扩也。寺平面布置，前后可分为三部，共九层，最前为山门三间，内为广场，为其前部。广场之北为金刚殿五间；殿之北计殿四座，曰天王殿、延寿殿、崇寿殿，均为明构，最后千佛殿则元构也。四殿前左右均有配殿，缀以廊房，自金刚殿左、右折而北至千佛殿左右围绕，为寺之主体。千佛殿之北为垂花门，入门至寺

---

4 刘敦桢《北平护国寺残迹》，见《中国营造学社汇刊》第六卷第二期。

之后部，计有护法殿、功课殿，后楼，共三层。此部地址较前部狭隘，无东西廊。垂花门内东、西各立舍利塔一，即第二节所述之舍利塔也。

寺现状极为残破，其中轴线上殿屋，中部除金刚殿外，无复有屋顶者，后部护法殿与功课殿则较为完整。至于东、西廊屋及各殿配殿，则东面诸配殿及钟楼已不复存在矣。

寺平面布置，以中部为主，殿数座在中轴线上前后相直而列，四周绕以廊屋配殿，盖历来佛寺之通常配置。然如唐以前之建塔于中线之上者，明以后已不复见矣。

鹫峰寺大雄宝殿及兜率宫[5]

寺在四川蓬溪县西门外里许。其中轴线上自外而内，为牌楼、天王门、大雄殿、兜率殿及后堂。兜率殿之前，左、右建钟楼鼓楼，其后为廊庑杂屋，配列殿之两侧规制颇为整然，大雄殿之左则白塔凌空，高十三层，甚峻拔。寺创造无考，元末毁于兵灾，明宣德间重修。白塔为南宋时建，其余木构则明中叶遗物也。

大雄宝殿。殿广三间，深四小间，单檐九脊顶；前砌月台。檐柱间上施阑额二层，下施地栿。外檐斗栱双杪，除当心间外，均无补间铺作。其第一跳华栱之上施瓜子栱。但第二跳华栱不与瓜子栱相交，而自其上齐心斗内出跳，同时左右更出斜栱。在原则上此法与宣平（今武义）延福寺元代大殿斗栱第二层昂之位置相同，为木构中罕见之例。屋顶前后坡均作一阶级，如汉阙所见为此殿重要特征之一。殿建于明正统八年（公元1443年）。佛像三尊亦皆明塑。

兜率宫。建于高台之上。广三间，深四小间，单檐九脊顶。斗栱单杪重昂，昂嘴细长。泥道栱慢栱之上，更施长栱一层，成三栱之制，如大同城楼所见。其两层昂跳头横栱，栱端不齐切，而斜斫作“出锋”状。背面

---

5 刘敦桢、梁思成等测绘；见刘敦桢《西南建筑图录》，未刊稿。

及两山将檐柱加高，上施栌斗挑梁以承檐。殿之建造年代，无记录可凭，但右庑枋下题明成化己丑（公元1469年）年号，想时代相去不远也。

七曲山天尊殿[见注5]

四川梓潼县西北七曲山，山顶柏林中文昌宫，殿堂多座，为明代所建。其中天尊殿在院内最高处，结构较为宏丽。殿广三间，深四小间，单檐九脊顶。其斗栱之分配，前面单杪双下昂，背面及两侧则仅在柱头施栌斗挑梁，如鹫峰寺兜率殿之制。其前面斗栱两昂不平行，第二层昂尾挑承下平槫之下。内部梁架作叉手、襻间、替木等；梁栿上施蜀柱及十字斗栱，与元代宣平（今武义）延福寺大殿颇有相似之处。殿营建年代文献无征，其结构样式，当为明初或明中叶所构也。

曲阜奎文阁[6]

曲阜孔庙本无奎文阁。至宋天祐二年（公元1018年）始建“书楼”，金明昌二年赐名“奎文”。现存之奎文阁则明弘治十七年（公元1504年）所重建也。阁在大成门之外；广七间，深五间，高两层，中夹暗层，檐三重，九脊顶，下层四周擎檐俱石柱，立于砖石阶基之上。阁之构架可分为上下两半，下半为下层，上半为平坐以上之全部。盖下层诸柱之上施列斗拱，以承平坐柱，而自平坐以上，则内外诸柱均直通上层，虽平坐柱头铺作，亦由柱身出华栱。其制已迥异于辽、宋古法矣。在柱之分配上，下层当心间减去前面两内柱，而上层则前面内柱一列全数减去，以求宽敞。三层檐均承以斗栱，并平坐斗栱共为斗栱四层。但上层腰檐之外缘平坐四周施擎檐柱及绦环楣子。平坐斗栱掩以雁翅版，故骤观唯上下两檐斗栱为显著。阁所用昂均为平置假昂，后尾不挑起，为明、清标准做法。但柱头铺作上所出梁头，已较华栱宽加倍，清式桃尖梁头之雏型，已形成矣。

---

6 梁思成《曲阜孔庙建筑及其修葺计划》，见《中国营造学社汇刊》第六卷第一期。

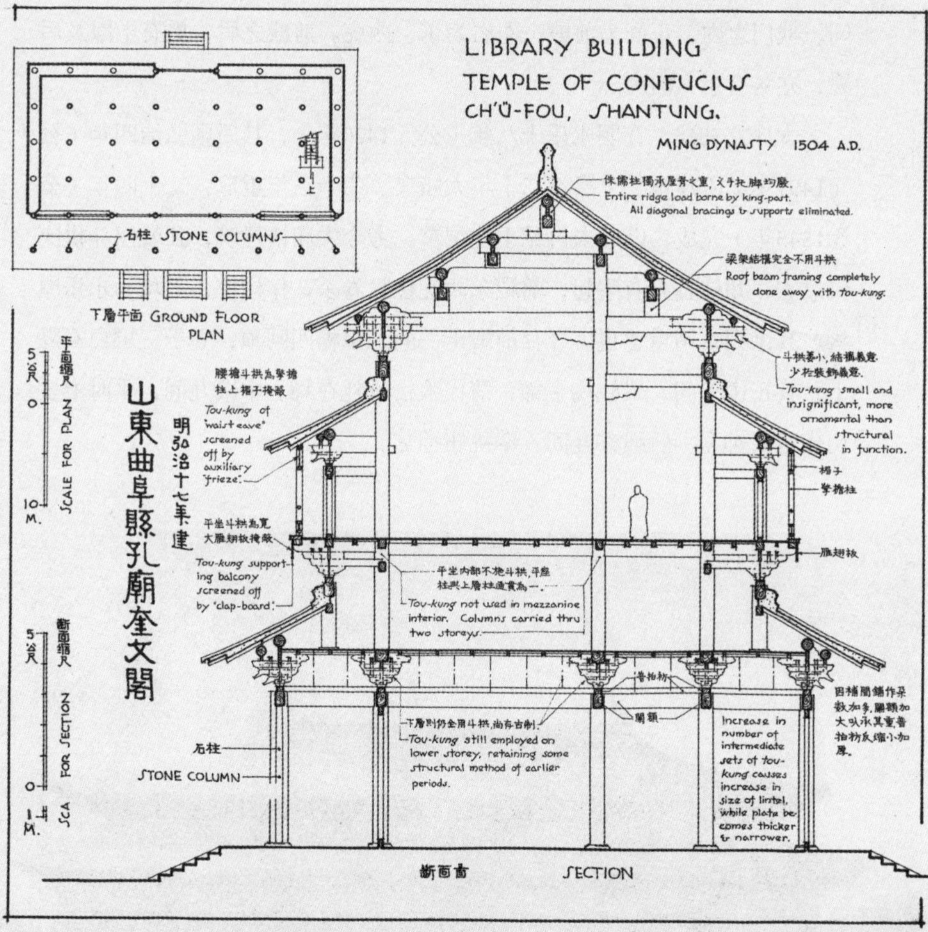

LIBRARY BUILDING
TEMPLE OF CONFUCIUS
CH'Ü-FOU, SHANTUNG.
MING DYNASTY 1504 A.D.
山東曲阜縣孔廟奎文閣
明弘治十七年建
石柱 STONE COLUMNS
下層平面 GROUND FLOOR PLAN
SCALE FOR PLAN
SCALE FOR SECTION
Entire ridge load borne by king-post. All diagonal bracings & supports eliminated.
梁架結構完全不用斗栱
Roof beam framing completely done away with tou-kung.
Tou-kung small and insignificant, more ornamental than structural in function.
Tou-kung of "waist eave" screened off by auxiliary "frieze".
Tou-kung supporting balcony screened off by "clap-board".
Tou-kung not used in mezzanine interior. Columns carried thru two storeys.
Tou-kung still employed on lower storey, retaining some structural method of earlier periods.
Increase in number of intermediate sets of tou-kung causes increase in size of lintel, while plate becomes thicker & narrower.
石柱
STONE COLUMN
闌額
斷面圖 SECTION

图7-9　奎文阁平断面图

太庙

今北京故宫太庙主要建筑，多为明建。庙在天安门内之东侧，今辟作公园。庙周以围墙两重；外垣正南辟琉璃花门三道，内垣正南为戟门五间。戟门之内，正面为前殿，左右为东、西庑。前殿之后，更有中殿及后殿，亦各有东、西庑。

太庙之初建，在明永乐十八年（公元1420年），其后则弘治四年（公元1491年）所建也。至嘉靖二十年太庙灾，二十三年重建，二十四年（公元1545年）完成，以后未再见重建纪录。考今太庙诸建筑，独戟门斗栱比例最宏，角柱且微有生起；前殿东西庑柱且卷杀，作梭柱，当均为永乐原构。其余则嘉靖重建也。今存前殿十一间，重檐四阿顶，立于三层白石陛上。其正中三间，梁柱均金饰，清代祫祫行礼在焉。中殿九间，平时奉安历代帝后神龛。后殿亦九间，奉祧庙神龛。

图7-10 北京故宫太庙

建极殿[7]

今北京清故宫主要殿宇中，唯保和殿为明构，即万历四十三年（公元1615年）所重建之建极殿也。殿于明初名谨身殿，至嘉靖间改名建极殿。明末李自成焚烧北京宫殿，建极殿得幸免。清代未见重建保和殿记录，而著者于民国二十四五年测绘故宫时，发现藻井以上童柱标识，楷书“建极殿右（或左）一（或二三）缝桐柱”墨迹，足证其为明构无疑。殿平面广九间，深五间，重檐九脊顶。斗栱纤小，当心间补间铺作用至八朵之多，已与清式难于区别矣。

三、陵墓

长陵[见注3]

明代陵寝之制，自太祖营孝陵于南京，迥异古制，遂开明、清两代帝陵之型范。按自秦、汉二代，皇帝陵寝厚葬之习始盛。始皇陵建陵园游馆，汉陵有寝庙之设。自唐太宗昭陵设上下二宫，上宫有献殿，仍如汉陵之寝；降至南宋犹有二宫。明太祖营孝陵，不作二宫，陵门以内，列神厨、神库殿门、享殿、东西庑，平面作长方形之大组合。其后成祖营长陵于昌平天寿山，悉遵孝陵旧法，而宏敞过之；献陵景陵以次迄于思陵，悉仍其制凡十三陵。清代诸陵犹效法焉。

十三陵之中，以长陵为最大。陵以永乐七年兴工，十三年（公元1415年）完成。陵可分为二大部分：宝顶及其前之殿堂是也。殿堂东西南北三面周以缭墙，在中线上，由外而内，为陵门、祾恩门、祾恩殿、内红门、牌坊、石几筵、方城、明楼、宝顶。

陵门为三道砖券门，单檐九脊顶。门外，明时，左为宰牲亭，右为

7 梁思成测绘，未刊稿。

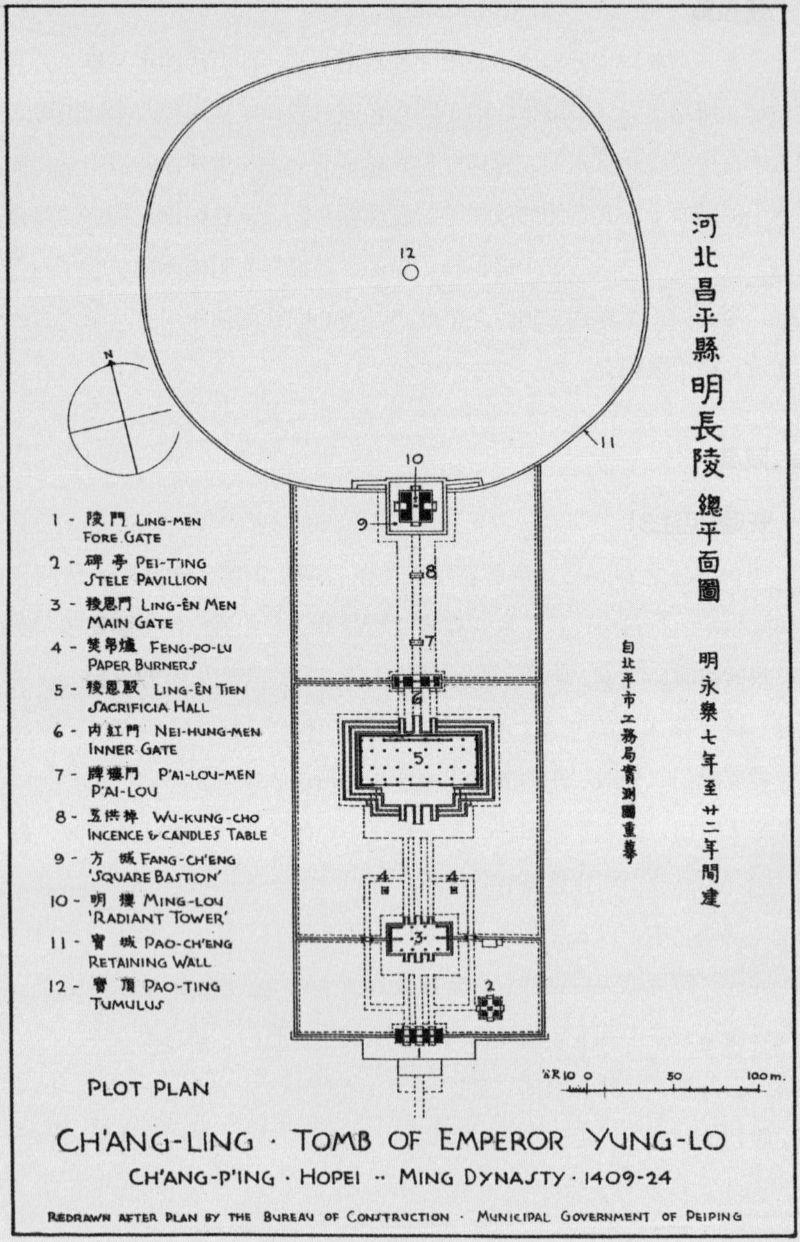

图7-11 明长陵总平面图

具服殿五间，今已不存。门内中为御道，东侧为碑亭，重檐九脊顶；有巨碑。亭东昔有神厨，御道西有神库，今俱毁。祾恩门五间，单檐九脊顶，立于白石阶基上。中三间辟门，阶基前后各为踏道三道。祾恩门内广场御道两侧有琉璃焚帛炉各一。东西原有东西庑十五间，久毁无存。其北为祾恩殿，巍然立于三层白石阶上，即上文所举之木构也。殿北为内红门三洞，门内复另为一院，院北方城明楼，巍然高耸。方城为正方形之砖台，其下为圆券甬路，内设阶级以达城上明楼。甬道北端置琉璃照壁，照壁后即下通地宫之羡道入口也。明楼形制如碑亭，重檐九脊顶，楼身砖砌，贯以十字穹窿，中树丰碑曰“成祖文皇帝之陵”。楼后土阜隆起为宝顶，周以砖壁，上砌女墙，为宝城。

地宫结构，文献无可征，实物亦未经开掘调查，尚不悉其究竟，但清代诸陵现存图样颇多，其为模仿明陵地宫之作，殆无疑义，亦可借以一窥明代原型之大略也。

长陵以南，为长七公里余之神道。其最南端为石牌坊，五间十一楼，嘉靖十九年（公元1540年）建。次为大红门砖砌三洞，单檐九脊顶。建造年代待考。次为碑亭，及四华表，再次石柱二，石人、石兽三十六躯，均宣德十年（公元1453年）建。自石柱至最北石人一对，全长几达八百米，两侧巨像，每四十四米余一对对立，气象雄伟庄严，无与伦比。次为棂星门，俗呼龙凤门，门三间并列，石制，更次乃达陵门。

十三陵之中以长陵规模为最大，保存亦最佳，民国二十四年曾由北平市政府修葺，其他各陵殿宇多已圮毁，设不及早修葺，则将成废墟矣。

四、明代佛塔及其他砖石建筑

明代佛塔建筑，胥以砖石为主，木材因易变毁，已不复用以建塔矣。有明一代，其佛塔之最著者，莫若金陵报恩寺琉璃宝塔；不幸毁于太平天国之乱，至今仅存图绘。据海关报告[8]，塔高英尺二七六呎七吋强，约合八十四点五米。塔经始于明永乐十年，至宣德六年（公元1431年）讫工，历十九年告成；八面九级，外壁以白瓷砖合甃而成，现存佛塔之形制约略相同者，为广胜寺飞虹塔。

飞虹塔[9]

山西赵城县霍山广胜寺木构殿堂，已于元代木构中叙述。其前殿之前，正中线上之琉璃塔，则为佛塔中之极特殊者。塔平面八角形，高十三级，全部砖砌，而壁之柱额斗栱椽檐等，则以琉璃砖瓦镶砌，并饰以多数佛像，外观至为华丽。塔最下层绕以木廊。自第二层以上，塔身逐层收分起点甚低，收率不递加各层檐角亦不翘起；故其轮廓梗拙，无卷杀圆和秀丽感。塔内最下层供极大释迦坐像一尊，如应县佛宫寺木塔之制，其下层藻井作穹窿式，饰以纤细斗栱。塔内阶级结构，于通常用半楼台（landing）之处不作楼台，而使升降者迈空跨上次一段阶级，虽非安全善策，但在各种限制之下，亦可见设计人之巧思也。志称塔建于北周，永乐十五年（公元1417年）重修；塔上琉璃多正德十年（公元1515年）年号，疑即现存塔之建造年代也。

真觉寺金刚宝座塔[10]

寺在北京西直门外，俗称五塔寺，今寺毁仅塔存。永乐间“西番班迪达来贡金像，建寺居之，寺赐名真觉。成化九年（公元1473年）诏寺准中印度式建宝座。累石台五丈，藏经于壁，左右蜗旋而上。顶平为台，列塔五，各二丈”[11]。今塔下石台之外壁，最下承以须弥座，上划为五层，

8 张惠衣《金陵大报恩塔志》。

9 梁思成、林徽因《晋汾古建筑预查纪略》，见《中国营造学社汇刊》第五卷第三期。

10 杨廷宝测绘。

11 《帝京景物略》。

各层以檐为界，龛列佛像，上冠以女墙，南面正中砌为券道，高等于须弥座及下两层，通内部阶级可“左右蜗旋而上”台顶。台上五塔，平面均方形，为单层多檐塔，四角塔檐为十一层，中间塔檐十三层。除五塔外，台上正中南部尚有亭形重檐小殿，下檐方，上檐圆，为阶级上端之出入口，塔于民国二十四年经故都文物整理委员会重修。

云南昆明妙湛寺亦有金刚宝座式塔一座，其上五塔，均为瓶形塔，天顺间（公元1457—1464年）所建也。

慈寿寺塔[见注7]

在北京阜成门外八里庄。寺为明慈圣太后所建，万历四年兴工，至六年（公元1578年）完成，塔亦同时建，今寺已毁，仅塔屹立。塔平面八角形，立于高基之上，基上塔身，上出密檐十三层。其基于土衬之上作须弥座，须弥座上施斗栱平坐及勾栏，更上乃施仰莲两重，仰莲之上乃立塔身，其全部形制为模仿辽塔之作，其蓝本即为附近之天宁寺塔，殆无可疑。但就各部细节观之，其略于辽构之点颇多，如须弥座各层出入之减少，勾栏之每版用一望柱，仰莲瓣之小而密，塔身之低矮、窗之用圆券，阑额之用两层，斗栱之纤小，均其区别之较著者也。

五台山塔院寺塔[见注7]

塔院寺为今五台山之中心建筑，其塔屹立台怀中，为五台最显著之建筑。相传寺原有阿育王舍利塔及文殊双塔，今塔则明万历五年（公元1577年）所重建也。塔为巨大之瓶形。下为双层须弥座，其平面为每面“出轩”两层之亚字形，其上为覆莲及宝瓶，宝瓶上部较下部仅大少许。其上塔脖子平面亦出轩。十三天则下径甚大，收分缓和。最上金属宝盖，较十三天挑出甚少；最上之宝珠，则又为金属之瓶形塔一座也。

此塔与北京妙应寺塔相较，虽同属一型，但比例较之略为紧促，故其全部所呈现象，较为舒适稳妥。

图7-13　北京真觉寺金刚宝座塔

图7-12　山西赵城广胜寺飞虹塔

图7-14　北京慈寿寺塔

图7-15　山西五台山塔院寺塔

永祚寺大雄宝殿及双塔[见注7]

山西太原永祚寺俗呼双塔寺。志称寺塔均建于明万历二十五年（公元1597年）。其双塔及大雄宝殿均为建筑史研究中之有趣实例。

（一）双塔。平面八角形，均十三级，高度亦相若。骤观似完全相同而实则区别颇多。其最大之区别，则在南塔收分圜和逐层收分度递加，轮廓清秀柔和，而北塔则每层收分均等，其轮廓生涩，缺乏秀丽之感。两塔均以斗栱承檐，其斗栱颇为繁复，每华栱一跳施横栱两列，一列在跳头，如通常斗栱之制，但在栱眼之上更施横栱一列，则尚为初见也。南塔第二、第三、第四三层周作平坐，仅叠涩无斗栱。北塔则无平坐焉。

（二）大雄宝殿及其东西配殿。全部以砖砌成，其结构法为明中叶以后新兴之样式。殿平面长方形，下层表面显五间，每间为一券；而实际则为纵横三券并列而成。其中部三间，实为一纵列之大券筒，其中轴线与殿之表面平行，而表面所见之三券乃与大券正角穿交之三小券也。至于两梢间则为与大券成正角之小券洞，由前达后。上层仅三间，深广均逊于下层，其当心间为正方形穹窿，两梢间则为两横券。

殿之外表以砖砌出柱额斗栱椽檐全部模仿木构，至为忠实，唯因材料关系，出檐略短促。正殿两侧配殿，单层五间，其结构与外观均与正殿同取一法者也。

我国用券之始，虽远溯汉代，然其应用，实以墓藏为主。其用于地面，虽偶见于桥梁及砖塔之门窗，然在宋代，城门仍作梯形。其用作殿堂之结构，则明中叶以后始见也。考嘉靖十四年（公元1535年），葡租我国澳门，同年耶稣会成立，至万历十五年，利玛窦至南京以后，而耶稣会之势力乃浸入全国上下。时在欧洲适为文艺复兴全盛时期。其殿堂之结构，多以券洞穹窿为主，而外观上则以砖石模仿古代木构形制，与明末骤然出现之无梁殿，在结构上及外观设计之方法，其原则完全相同，似非偶然之现象。其间蛛丝马迹，可引起研究者之注意也。

南充广恩桥[见注5]

四川南充县西门外广恩桥，俗称西桥。东西七孔，皆半圆券，券之净跨约十一米，桥面宽九米，规制宏巨，巍然壮观。县志载宋嘉定旧桥，毁于明嘉靖间，其旧址在今桥之南，今桥则万历六年所重建，至八年（公元1580年）讫工。桥后世累经修改，恐万历原状或已有改变处矣。

济美桥[12]

河北赵县，除著名之大石桥及小石桥外，在宋村附近，尚有明代石桥一座。桥券下有嘉靖二十八年（公元1549年）题字，是桥之建当在是年以前也。桥四孔而共有五券。居中两孔券大，两端两孔券小。而在两中券之间又施一小券，成为空撞券之制。其样式虽与大石桥不同，而其用空撞券之法，则一也。

万里长城[13]

自秦始皇以来，万里长城虽经历代重修，然均为版筑土垣而已。自明初北逐元后，深感北方边防之重要，自太祖以降，历代修筑，山西、河北两省境内，陆续甃以砖石，遂形成今日东段长城之外观。今河北省居庸关，南口及山海关附近，皆明代所修筑也。城垣下厚约七八米，顶厚约五六米，高度七、八、九米不等；墙上女墙，高与人埒。每距百米许设墩台，较城垣高出约三四米不等。今墩台似较城垣年代稍古，盖长城初为土筑，甃砖之始，先甃墩台，其后始次第甃及城垣也。

---

12 梁思成《赵县大石桥》，见《中国营造学社汇刊》第五卷第一期。

13 单士元《明代营造史料》，见《中国营造学社汇刊》第五卷第二期。

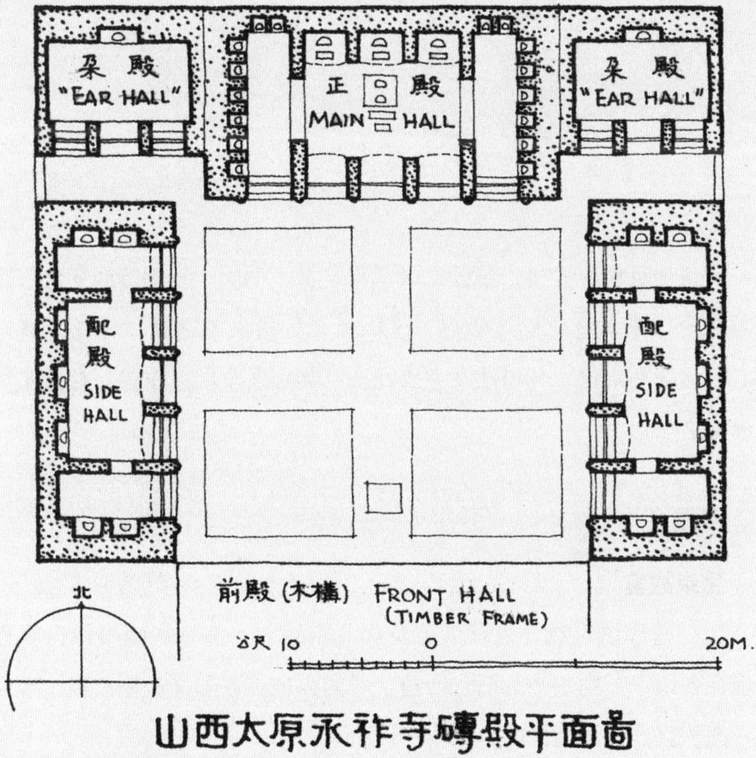

山西太原永祚寺磚殿平面圖

YUNG-CHAO SSU, T'AI-YUAN, SHANSI, PLAN OF BRICK VAULTED HALLS, 明萬曆二十五年建, A.D. 1597.

图7-16　山西太原永祚寺砖殿平面图

第四节　清代实物

清代建筑现存者多，虽经二百余年之长，期间，结构方面变化极微，盖因数千年来，变化已达极点，又因《工程做法》之刊行，遂呈滞定状态。故此期间实物，其堪注意之点乃在其类别及全局之布置。兹就实物大致分论之。

一、宫殿

北京故宫[1]

现存清代建筑物，最伟大者莫如北京故宫，清宫规模虽肇自明代，然现存各殿宇，则多数为清代所建。对照今世界各国之帝皇宫殿，规模之大、面积之广，无与伦比。

故宫四周绕以高厚城垣，曰紫禁城。城东西约七百六十米，南北约九百六十米，其南面更伸出长约六百米，宽约一百三十米之前庭。前庭之最南端为天安门，即宫之正门也。天安门之内，约二百米为端门，横梗前

---

1 梁思成于民国二十四五年间测绘摄影，图稿现存于中国文物研究所。刘敦桢《清北京皇城图考》，见《中国营造学社汇刊》第六卷第二期。

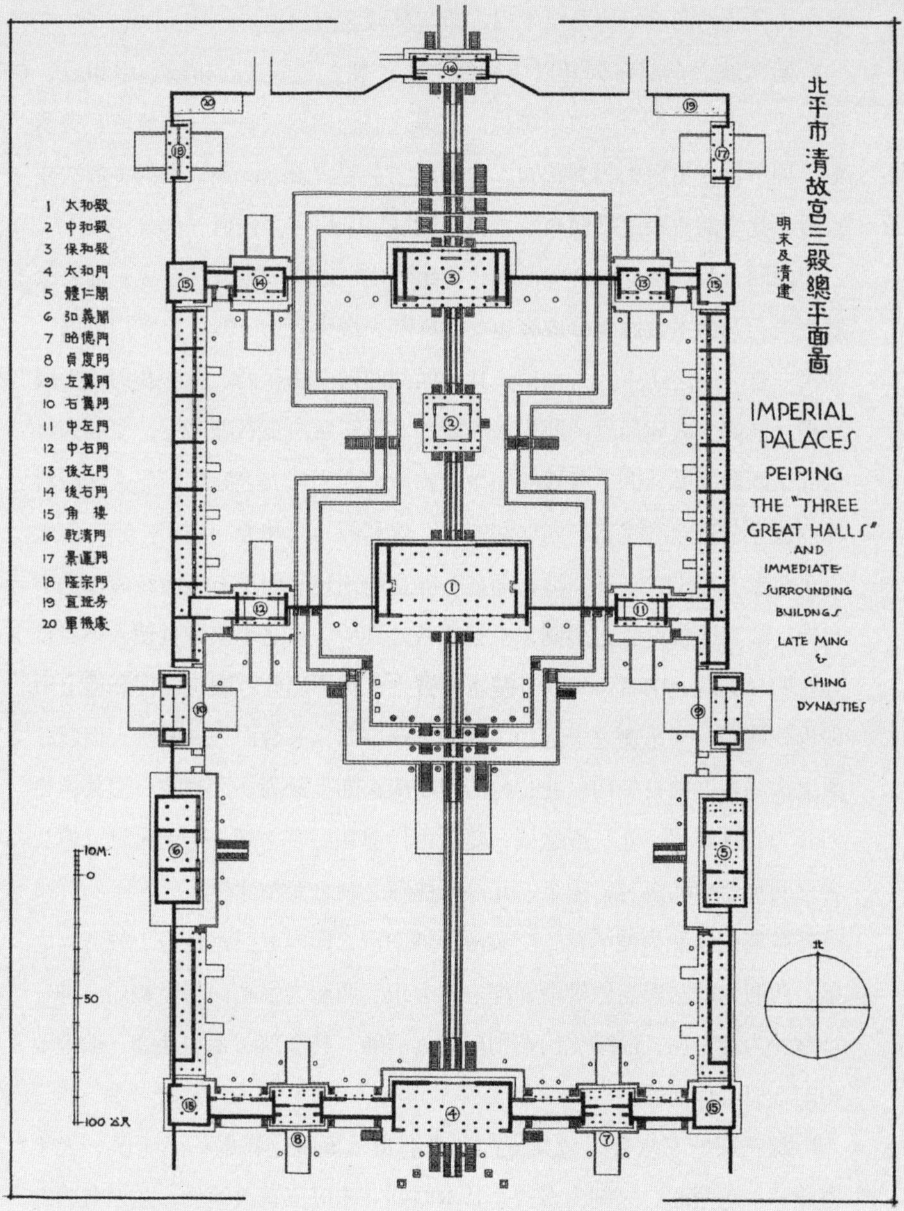

图7-17　北京故宫三殿总平面图

庭中，又北约四百米，乃至午门，即紫禁城之南门也。

紫禁城之全部布局乃以中轴线上之外朝三殿——太和殿、中和殿、保和殿为中心，朝会大典所御也。三殿之后为内庭三宫——乾清宫、交泰殿、坤宁宫，更后则为御花园。中轴线上主要宫殿之两侧，则为多数次要宫殿。此全部宫殿之平面布置，自三殿以至于后宫之任何一部分，莫不以一正两厢合为一院之配合为原则，每组可由一进或多进庭院合成。而紫禁城之内，乃由多数庭院合成者也。此庭院之最大者为三殿。自午门以内，其第一进北面之正中为太和门，其东西两厢则左协和门、右熙和门，形成三殿之前庭。太和门之内北为太和殿，立于三层白玉石陛之上，东厢为体仁阁，西厢为弘义阁，各殿阁间缀以廊屋，合为广大之庭院。与太和殿对称而成又一进之庭院者，则保和殿也。保和殿与太和殿同立于一崇高广大之工字形石陛上，各在一端，而在石陛之中则建平面正方形而较矮小之中和殿，故其四合庭院之形制，不甚显著，其所予人之印象，竟使人不自觉其在四合庭院之中者。然在其基本布置上，仍不出此范围也。保和殿之后则为乾清门，与东侧之景远门，西侧之隆宗门，又合而为一庭院。但就三殿之全局言，则自午门以北，乾清门以南实际上又为一大庭院，而其内更划分为四进者也。此三殿之局，盖承古代前朝后寝之制，殆无可疑。但二者之间加建中和殿者，盖金、元以来柱廊之制之变相欤。

乾清门以北为乾清宫、交泰殿、坤宁宫，即内庭三宫是也。乾清宫之东、西厢为端凝殿与懋勤殿，坤宁宫之东、西厢为景和门与隆福门。坤宁宫之北为坤宁门，以基化门端则门为其两厢。其全部布置与外朝三殿大致相同，但具体而微。

除三殿、三宫外，紫禁城内，尚有自成庭院之宫殿约三十区，无不遵此“一正两厢”之制为布置之基本原则。内庭三宫之两侧，东西各为六宫；在明代称为“十二宫”，清之世略有增改，以致不复遥相对称者，可谓为后宫之各“住宅”。各院多为前后两进，罗列如棋盘，但各院与各院之间，各院与三宫之间，在设计上竟无任何准确固定之关系。外朝东侧之文华殿与西侧之武英殿两区，为皇帝讲经、藏书之所。紫禁城之东北部，东六宫之东，为宁寿宫及其后之花园，为高宗禅位后所居，其后慈禧亦居矣。此区规模之大，几与乾清宫相埒。西六宫西之慈宁宫、寿康宫、寿安宫，均为历代母后所居。

就全局之平面布置论，清宫及北京城之布置最可注意者，为正中之南北中轴线，自永定门、正阳门，穿皇城、紫禁城，而北至鼓楼，在长逾七公里半之中轴线上，为一贯连续之大平面布局。自大清门（明之大明门，今之中华门）以北以至地安门，其布局尤为谨严，为天下无双之壮观。唯当时设计人对于东西贯穿之次要横轴线不甚注意，是可惜耳。

清宫建筑之所予人印象最深处，在其一贯之雄伟气魄，在其毫不畏惧之单调。其建筑一律以黄瓦红墙碧绘为标准样式（仅有极少数用绿瓦者），其更重要庄严者，则衬以白玉阶陛。在紫禁城中万数千间，凡目之所及，莫不如是，整齐严肃，气象雄伟，为世上任何一组建筑所不及。

外朝三殿为紫禁城之中心建筑，亦即北平城全局之中心建筑也。三殿及其周围门庑之平面布置已于上文略述，今仅各个分别略述之。

（一）太和殿。平面广十一间，深五间，重檐四阿顶，就面积言，为国内最大之木构物。殿于明初为奉天殿，九楹，后改称皇极殿。明末毁于李闯王之乱。顺治三年重建，康熙八年又改建为十一楹，十八年灾，今殿则康熙三十六年（公元1697年）所重建也。殿之平面，其柱之分配为东西十二柱，南北共六行，共七十二柱，排列规整无抽减者，视之宋辽诸遗例，按室内活动面积之需要而抽减改变其内柱之位置者，气魄有余而巧思则逊矣。殿阶基为白石须弥座，立于三层崇厚白石阶上，前面踏道三出，全部镌各式花纹，雕工精绝，殿斗栱下檐为单杪重昂，上檐为单杪三昂。

图7-18　北京故宫太和殿

斗栱在建筑物全体上，比例至为纤小；其高尚不及柱高之六分之一；当心间补间铺作增至八朵之多。在梁枋应用上，梁栿断面几近乎正方形，阑额既厚且大，其下更辅以由额，其上仅承托补间铺作一列，在用材上颇不经济，殿内外木材均施彩画，金碧辉煌，庄严美丽。世界各系建筑中，唯我国建筑始有也。

（二）**中和殿**。在太和殿与保和殿之间，立于工字形三层白玉陛中部之上。其平面作正方形，方五间单檐攒尖顶，实方形之大亭也。殿阶基亦为白石须弥座，前后踏道各三出，左、右各一出，亦均雕镂，隐出各式花纹。殿斗栱出单杪双昂，当心间用补间铺作六朵。殿四面无壁，各面均安格子门及槛窗。殿中设宝座，每遇朝会之典，皇帝先在此升座，受内阁、内大臣、礼部等人员行礼毕，乃出御太和殿焉。殿建于顺治三年（公元1650年），以后无重建纪录，想即清初原构也。

（三）**保和殿**。为三殿之最后一殿，九楹，重檐九脊顶，为明万历重建建极殿原构。已详前节，兹不赘述。

清宫殿屋不下千数，不能一一叙述，兹谨按其型类各举数例：

（一）**大清门**。明之大明门，即中华门也。为砖砌券洞门，所谓“三座门”者是也。其下部为雄厚壁体，穿以筒形券三，壁体全部涂丹，下段以白石砌须弥座，壁体以上则为琉璃斗栱，上覆九脊顶。此类三座门，见于清宫外围者颇多。中华门或即明代原构也。

（二）天安门。于高大之砖台上建木殿九间，其砖台则贯以筒形券五道。砖台全部涂丹，下为白石须弥座。其上木构则重檐九脊顶大殿一座。端门、东华门、西华门、神武门皆属此式而略小，其券道则外面作方门，且仅三道而已。

（三）午门。亦立于高台之上，台平面作凵字形。中部辟方门三道。台上木构门楼，乃由中部九间，四角方亭各五间，及东西庑各十三间，并正楼两侧庑各三间合成。全部气象庄严雄伟，令人肃然。当年高宗平定准噶尔御此楼受献俘礼，诚堂皇上国之风，使藩属望而生畏也。

（四）太和门。由结构方面着眼，实与九间、重檐、九脊顶大殿无异。所异者仅在前后不作墙壁、格子门，而在内柱间安板门耳。故宫内无数间屋，大小虽或有不同，而其基本形制则与此相同也。

（五）体仁阁、弘义阁。九间两层之木构，其下层周以腰檐，上层为单檐四阿顶。平坐之上周立擎檐柱。两阁在太和殿前，东西相向对峙。此外延春阁、养性斋、南海之翔鸾阁、藻韵楼、北海庆霄楼，皆此型也。

（六）钦安殿。在神武门内御花园。顶上平，用四脊、四角吻，如重檐不用上檐，而只用下檐者，谓之盝顶。

（七）文渊阁[2]。在外朝之东，文华殿之后，乾隆四十一年（公元1776年）仿宁波范氏天一阁建，以藏《四库全书》者也。阁两层，但上下两层之间另加暗层，遂成三层；其平面于五间之西端另加一间以安扶梯，遂成六间，以应易大衍郑注“天一生水，地六承之”之义。外观分上下二层，立于阶基之上。下层前后建走廊腰檐，上层栏窗一列，在下层椽脊之上，

2 梁思成、刘敦桢《文渊阁实测图说》，见《中国营造学社汇刊》第六卷第二期。

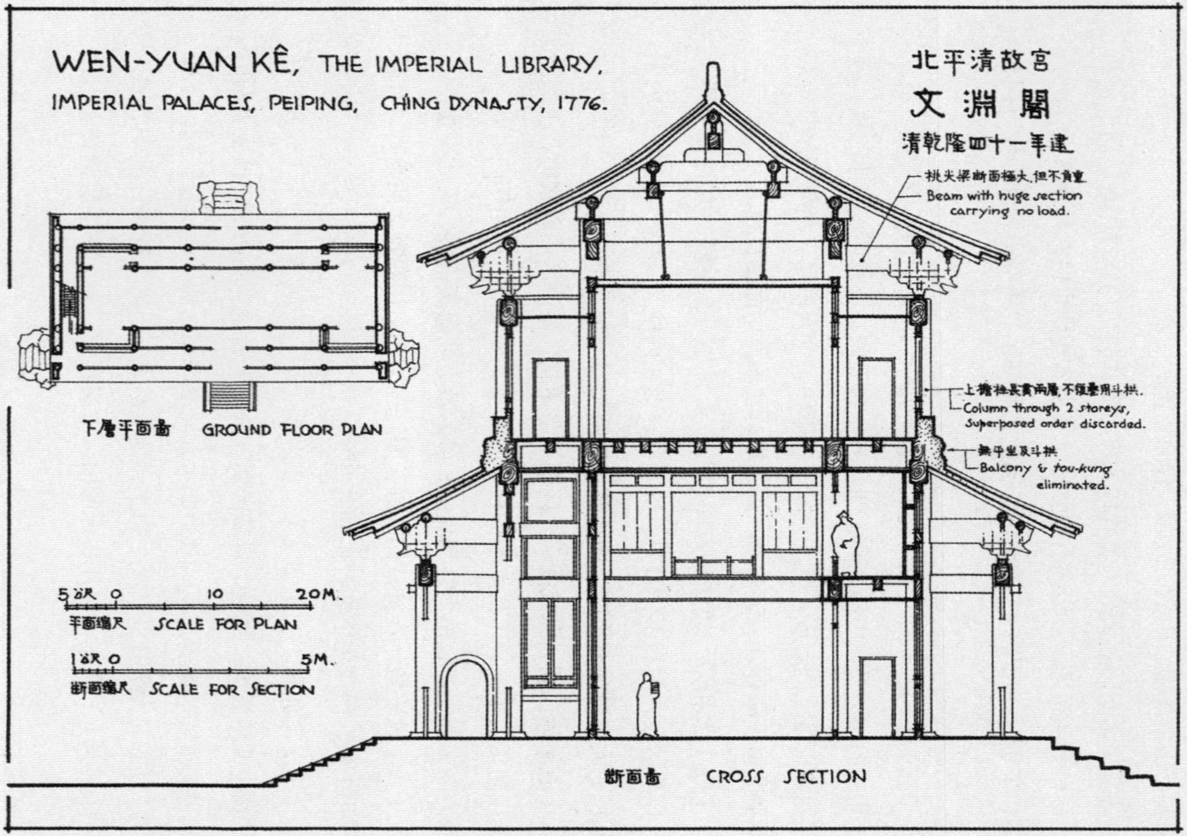

图7-19 北京故宫文渊阁平剖面图

在原则上与天一阁相同。然其全体比例及大木结构皆为《工程做法则例》宫式做法，屋顶不用硬山而用九脊顶，尤与原范相差最甚也。

（八）雨华阁。为宫内供奉佛像诸殿阁之一。阁三层，平面正方形，但因南端另出抱厦，遂成长方形，南北长而东西狭。第一层深广各三间，并前抱厦深一间，东西另设游廊，第二层深广各三间；第三层则仅一间而已。阁各层檐不用斗拱，柱头饰以蟠龙。最上层顶覆金瓦。其形制与北平黄寺、热河行宫诸多相似之点，为前代所无，盖清代受西藏影响后之特殊作风也。

北京清宫其他殿堂无数。限于篇幅，兹不详论。

沈阳故宫

在辽宁沈阳城内，建于清初，规模狭隘。其外朝布置无三殿之制，仅于广庭北端正中建八角形殿曰大政殿，其两侧沿广庭之东西各立亭十。内庭宫室则视北平民间豪富府第且有逊色也。

二、苑囿离宫及庭园

西苑

西苑在北京皇城内紫禁城之西，就太液池环筑，分为南海、中海、北海三部。自金、元、明以来，三海即为内苑。清代因之屡世增修，现存建筑均清代所建。池之四周散布多数小山，北海之中一岛曰琼华，南海一岛曰瀛台，其建筑则依各山各岛之地势而分布之。而各组建筑物布置之基本原则，则仍以一正两厢合为一院之基本方式为主，而稍加以变化。

南海布置以瀛台为中心，因岛上小山形势，作为不规则形之四合院，楼阁殿亭，与假山杨柳互相辉映，至饶风趣，岛上建筑大多建于康熙朝。清末光绪帝曾被囚于此，民国初年袁世凯以中南海为总统府，而瀛台则副总统黎元洪所居也。

南海与中海之间为宽约一百余米之堤，其西端及西岸相连部分，有殿屋三四十院，约数百间，其中以居仁堂、怀仁堂为主。殿屋结构颇为简朴，如民居之大者，植以松柏杨柳、玉兰海棠，清幽雅驯，诚可为游憩之所，民初总统府所在也。

中海东岸半岛上为千圣殿、万善殿、佛寺及其附属庑屋等，颇为幽静。西岸紫光阁崇楼高峻，为康熙试武举之所。

北海在三海中风景最胜，其南端一半岛，介于北海中海之间，筑作团城，其上建承光殿即金之瑶光台也。自半岛之西，白石桥横达西岸，为金鳌玉蛛桥。在半岛之北隔水相望者为琼华岛，有石桥可达，桥面曲折，颇饶别趣。岛上一山，高约三四十米，永安寺寺门与桥头相对，梵宇环列，直上山巅为白塔。塔为瓶形塔，建于清顺治八年（公元1651年），其址即金之广寒宫也。琼华岛山际尚有仙人承露盘等胜，盖汉以来宫苑中之传统点缀也。岛之北面长廊绕之，廊之正中曰漪澜堂，其楼曰远帆楼。长廊以外更绕以白石栏楯，长几达三百米，隔岸遥瞻至为壮观。太液池北岸西部为阐福寺、大西天等梵宇。其中万佛楼全部琉璃砖砌成，其外形模仿木构形制，为双层大殿，广五间，下层作腰檐，上出平坐，上层则重檐九脊顶。

北海北岸诸单位中，布置精巧清秀者，莫如镜清斋，今亦称静心斋。其全局面积长仅一百一十余米，广七十余米，地形极不规则，高下起伏不齐，作成池沼假山，堂亭廊阁，棋布其间，缀以走廊，极饶幽趣，其所予人之印象，似面积广大且纯属天然者。然而其中各建筑物虽打破一正两厢之传统，然莫不南北东西正向，虽峰峦池沼胜景无穷，然实布置于极小面积之内，是均骤睹者所不觉也。园内建筑大多成于乾隆二十三年（公元1758年），唯叠翠楼则似较晚。

圆明园[3]

圆明园“实物”，今仅残址废墟而已。圆明园与其毗连之长春园、万春园、称曰三园，其中建筑物一百四十余组，统辖于圆明园总管大臣，实际乃一大园也。三园之中，圆明园最大，其中大多数建筑于乾隆一朝，长春园及其北部之意大利巴洛克式建筑亦同时所建。咸丰十年（公元1860年）英法联军破北京，先掠三园，后因清政府俘留议和使臣，虐待致死，于是英军派密切尔（Sir John Mitchel）所部及骑兵围赴园加以有系统之焚毁破坏，百余处建筑之得幸免者仅十余处而已。

三园设计最基本之部分乃在山丘池沼之布置，其殿宇亭榭则散布其间。在建筑物成组之平面上，虽仍重一正两厢均衡对称，然而变化甚多。例如方壶胜境，其部临水，三楼两亭，缀以回廊。而正楼之前，又一亭独立，其后则一楼五殿合为一院，均非传统之配置法。又如眉月轩、问月楼、紫碧山房、双鹤斋诸组，均随地势作极不规则之随意布置。各个建筑物之平面，亦多新创形式者：如清夏斋作工字形，涵秋馆略如口字形，澹泊宁静作田字形，万方安和作卐字形，眉月轩之前部作偃月形，湛翠轩作曲尺形；又有三捲、四捲、五捲等殿。然就园庭布置之观点论，三园中屋宇过多，有害山林池沼之致，恐为三园缺点耳。

园内殿宇之结构，除安佑宫、舍卫城、正大光明殿外，鲜用斗栱。屋顶形状仅安佑宫大殿为四阿顶，其余九脊顶、排山、硬山或作卷棚式，不用正脊，一反宫殿建筑之积习，而富于游玩趣味。此外亭榭、游廊桥梁，以至船艇冰床之属，莫不形式特异，争妍斗奇。盖高宗之世，八方无事，物力殷阗，为清代全盛时期。除三园外，同时复营静明园（玉泉山）、静宜园（香山）、清漪园（后改名万寿山颐和园），谓之三山，土木之盛，

---

3 刘敦桢《同治重修圆明园史料》，见《中国营造学社汇刊》第四卷第二、三期。

图7-20　圆明园海晏堂铜版画

海晏堂西面十

图7-21 圆明园大水法铜版画

莫此为甚。

长春园北部之意大利后期文艺复兴式建筑[4]，其内部平面布置如何，已颇难考；但在外观言，其比例权衡，不臻上品，但雕饰方面如白石雕柱及其他栏楯壁版等，颇极精致；以琉璃料作各种欧式纹饰，亦为有趣之产品。除各地教堂外，我国最初期之洋式建筑，此其最重要者也。

热河行宫

热河承德之避暑山庄系康熙四十二年清圣祖所肇建，就天然风景区而形成者也。其行宫境界绕以石垣，垣石皆不规则形，即所谓“虎皮石墙”者。石垣界限亦不甚规则，随地势弯曲起伏，全部极饶自然趣味。园中“敞殿飞楼，平台奥室，咸各因地势任天趣，不崇华饰，妙极自然”[5]，盖与圆明园略同其趣者也。

园南门丽正门之内为澹泊诚敬殿及其附属殿屋，为山庄之正殿。清帝接见藩王等多在此。此部之后，以湖为设计中心，湖四周冈峦环抱有三十六景之胜。其中如芝径云堤，由澹泊诚敬后万壑松风之北，长堤蜿蜒直渡芳洲。堤左右皆湖，中架木为桥，桥两端各树一坊，盖仿西湖风景也。湖北岸之万树园，高宗屡赐宴诸藩王处。西峪风景清幽，高宗所最爱幸。

民国初年，以行宫为热河都统公署，保存尚佳。迨自东北军汤玉麟部驻防以后，以行宫为省政府，殿宇装修，胥供焚料，数百年古树，任意砍伐。旧日规模破坏殆尽矣。

颐和园

北京西郊现存唯一完整之清代苑囿，清末慈禧太后就清漪园所改建

4 滕固《圆明园欧式宫殿残迹》。

5 钦定《热河志》。

也。园环昆明湖作。其主要建筑均在湖北岸万寿山上及山麓，园之大宫门在山之东焉。入门为仁寿殿，为园之正朝。自殿后乐寿堂，长廊里许，沿湖岸至山之南，为排云殿。山南面累石为拦土墙，成高约百米之高台，上建八角三层四檐之佛香阁，为全景重心所系。阁后山巅琉璃砖砌万佛楼，曰众香界，则山之最高处也。山麓各部庭院棋布，不如排云殿及其前后殿宇之正整拘谨，而较富随意之趣。例如谐趣园，园中小池自然，累石为岸，小榭数曲，踞临池上，清幽尽致，为颐和园中最秀丽之一组建筑。

万寿山之背面，沿山作西藏式石楼，与前山迥异其趣；松林密茂，曲径蜿蜒，尤富山林景色。山北麓下小溪弯曲，俗呼苏州河，极为幽静。

湖之南岸为龙王庙，于小岛上架石桥十七孔以达之，虽亦壮观，然附近濯濯无树，遂索然无味矣。

北方诸苑囿，在布置取材方面，多以明末清初江南诸园为蓝本。今京沪铁路沿线各县，名园甚多，如苏州怡园、拙政园、狮子林、汪园、羡园等，皆其名例。狮子林传出自元倪瓒手，但经后世篡改，殊不类瓒生平疏落之作风。汪园面积不足一亩，而深豁洞壑，落落大方。相传乾隆间蒋楫所建。木渎镇严氏羡园，面积颇广，区划院宇。轩厅结构，廊庑配列。以至门窗栏槛，新意层出，不落常套；而其后部小池，上跨石梁，仅高出水面数寸，池周湖石错布，修木灌丛，深浅相映，尤为幽绝。大抵南中园林，地不拘大小，室不拘方向，墙院分割，廊庑分割，或曲或偏，随宜施设，无固定程式。其墙壁以白色灰色为主，间亦涂抹黑色其间，配列漏窗，雅素明净，能与环境调和。其木造部分，多用橙黄褐黑深红等黯幽色彩，故人为之美，清幽之趣，并行不悖也[6]。

6 刘敦桢《苏州古建筑调查报告》，见《中国营造学社汇刊》第六卷第三期。

三、坛庙

清代坛庙建筑，多沿朱明之旧，天安门之内，午门之外，东为太庙，西为社稷坛。外城永定门内，东为圜丘（亦称天坛），西为先农坛。方泽（地坛）在安定门外；日坛在朝阳门外东郊；月坛在阜成门外西郊。孔庙及太学与城中最大之喇嘛寺雍和宫均在安定门内。皆京城之重要坛庙也。其大多数坛庙之布置，均以前朝后寝为定则。其祭祀之礼，举行于前面之坛或殿中，其后殿则为安奉神位之所。凡遇大祀则迎神位至前坛或殿受礼焉。兹仅举数例：

（一）天坛

天坛建筑可分为两组，圜丘在前，祈年殿在后。

圜丘为祭天之所，为坛三层，其平面圆形，盖以象天也。坛全部白石砌成；每层均周以栏楯，四面均出踏道九级。上层径九丈（营造尺），下层径二十一丈，共高约一丈六尺。坛之四面绕以矮垣，曰壝，每面设棂星门三道。

其北门之北为皇穹宇，为一平面圆形单檐之小殿，盖平时安奉上帝神位之殿也。遇祭典则迎神位置于圜丘之上受祭，礼毕则又回置皇穹宇中。殿立于白石高基之上；其南面辟门，其他三面均甃以砖壁。顶盖蓝色琉璃瓦，顶尖撮以金顶。殿前左右为东、西庑各五间，此外尚附有神库、神厨等建筑焉。圜丘初建于明代，较今存者较小较高，清初仍之，今坛则乾隆年间所改建也。皇穹宇于明代本重檐，乾隆八年改建，始成今制焉。祈年殿在圜丘之北，祈谷之所也；在明本称大享殿，至乾隆十六年始改今名。祈年殿之后为皇乾殿，平时安奉上帝及配祀诸帝神位。祈年殿平面圆形，檐三重，上安金顶，立于三层圆坛之上。其坛之制略如圜丘，而径较大，殿用内外柱二周，各十二柱，中更立龙井柱四。圆周十二间均安格甬门，无砖壁。皇乾殿五间，单檐庑殿顶，立于单层石基之上，基四周亦绕以石栏。祈年殿本明建，光绪十五年（公元1889年）毁于雷火，翌年重修，即现存殿是也。皇乾殿及祈年殿前之祈年门，则尚为明嘉靖二十四年（公元1545年）竣工之原构。祈年殿及圜丘两组外，复绕以缭垣，垣内古柏苍茂，为今日北京公园之一。

（二）社稷坛

在天安门内之西侧，祀大社大稷。其坛方形，两层白石砌成，无栏楯雕饰；其上层以五色土辨方分筑。其四面绕以壝；每面立棂星门。壝北门之北为拜殿五间，又北享殿五间，均明代遗构也。民国以来，开放社稷坛为公园，其享殿即今称中山堂者是也。

四、陵墓

清代陵墓，分布四区。其在关外者二区，在辽宁省新宾县及沈阳市。入关后，别为东西二陵。东陵在今河北省兴隆县昌瑞山；西陵在河北省易县永宁山下。东陵葬顺治、康熙、乾隆、咸丰、同治诸帝及后妃；西陵则雍正、嘉庆、道光、光绪诸帝及后妃葬焉。

清代陵墓之制，大体袭明陵旧观，然亦略有新猷。宝顶除平面作圆形外，尚有两侧作平行直线，两端作半圆形者。其在宝顶与方城之间，另设半月形天井，谓之月牙城者，非明代所有。至始沈阳昭陵、福陵，陵垣高厚如城垣，上施垛堞，建角楼，尤为罕见之例。故清陵虽遵明陵旧规，但局部上则颇多出入之处。至于地宫结构，虽历代陵墓未经发掘，又无文献可征，难求究竟，唯清陵地宫，则因尚有样式房雷氏图样及各陵工程案册可考，故所知较详。其地面全部布置，关内关外略有不同。沈阳昭陵及西陵泰陵，可为两式典型作品。

昭陵[7]

在辽宁沈阳县城北，为清太宗皇太极之陵。其陵地绕以围墙两重，外墙南面正中辟门，门外为牌楼及值房数间。门内为神道，两旁列华表及走兽共七对；其北正中为碑亭，亭北两旁又列华表一对，又北为朝房，东西各二间，又北则内墙，南面正中隆恩门也。内墙制如城墙，上施垛堞，隆恩门制如城门，城墙四隅建角楼，其方城明楼则与隆恩门遥相对立。隆恩门之内，左右有东西配楼，更北为东西配殿，正北居中则隆恩殿，殿后即方城明楼也。内墙北壁之外为圆城宝顶，但圆城之前，方城明楼之后，有新月形小院，曰月牙城。宝顶之后，土山回抱，为人造假山，即所谓隆业山也。

昭陵之布置，颇为奇特，其可注意者有下列诸点：1.陵地全部绕以围墙，并隆业山及神道亦在墙内。2.内墙作城墙形并施垛堞，建城楼角楼。3.月牙城之制，为明代所无，开清陵特有之例。4.其神道两侧石兽自南而北，每对间之距离递减；其东西朝房之布置亦如之，故东侧者西向微偏南，西侧者东向微偏南，成为不明显之八字形，此或因神道短促，故借此以增进透视感觉，以予人以深长之幻象欤。

泰陵[8]

泰陵为清世宗（雍正）之陵，在河北易县西永宁山，西陵之中心部分也。陵之最前为五孔石桥，次石牌坊三座，皆五间六柱十一楼，气概雄伟。稍北下马碑二、石兽二。其后大红门三洞，单檐四柱。门内东侧为具服殿，门北小桥三孔；桥北为圣德神功碑亭，方五间，重檐九脊顶。亭旁四隅各建白石华表。亭北又为桥一座，七孔。次为石望柱、狮、象、马、

---

7 梁思成测绘，未刊稿。

8 刘敦桢《易县清西陵》，见《中国营造学社汇刊》第五卷第三期。

文臣、武臣各二。文武臣像衣冠介胄均为清式，狮象等体格矮小，气魄逊明陵远甚。神道至此，阻以人造小山，使折东转北，至龙凤门三道，门柱梁均石制，夹以琉璃壁。门北又越桥两座，至泰陵神道碑亭。自大红门至此约一公里余，乃至陵之本身。神道两侧乔松罗列，甚为严整。

碑亭之北，正中南向者为隆恩门，即陵墙之正门也。门前为大月台，台上东西各列朝房及守护班房。隆恩门五间，辟门三道，单檐九脊顶，立于须弥座阶基之上；其前更自有月台。门内正中广庭之北为隆恩殿，殿前东西配殿。隆恩殿广五间，深三间，重檐九脊顶，为陵地最巨之建筑物。殿阶基及其前之月台，均绕以白石栏楯。月台前出踏道三道，左右各出一道，台上原列铜鼎、铜鹤、铜鹿各二，今仅鼎存。

殿后丹垣区隔南北，中辟琉璃花门三道；门内为二柱门，如单间牌楼。更北白石祭台，列石五供；再北为方城明楼。方城明楼之后为宝城及其上宝顶。宝城平面圆形，但其前部作成月牙城，阔约为宝城直径之三分之一。正中有琉璃影壁，正对方城隧道，左右设踏跺，以达城上明楼。宝顶之下即为地宫。自隆恩门左、右，陵墙周绕全部陵地，并宝城宝顶包括于内，其制与明陵同。

诸陵地宫结构，虽未经发掘，但样式房雷氏图样颇多，可供参考。惜均为嘉庆以后物，然审其体制，以前结构当亦大同小异也。

西陵各陵地宫，除泰陵无图可考外，见于雷氏图者，有昌陵（嘉庆）、慕陵（道光）、崇陵（光绪），及后妃陵墓共六处。就中昌陵、崇陵规模最巨。地宫全部为砖石券穹窿构成，共计七重，其最外为隧道券二重，闪当券一重；其次罩门券，则地宫之外门也。罩门之内为明堂。其前后贯以门洞券，地宫之前室也。明堂之后为穿堂，以达金券，地宫之正宫，奉安梓宫之所也。罩门、明堂、穿堂、金券四部之上，均覆以琉璃瓦，吻脊走兽俱全，如普通宫殿形状，其上更覆以灰土。然道光二年，上谕停止地宫覆琉璃瓦，故其后不复用焉。东陵之定陵（咸丰）、定东陵（咸丰两后）、惠陵（同治），规模布置亦均如此，当为清陵中最通行之配置；然如光绪崇陵，更将金券前之穿堂扩大为一室，而将明堂前后门洞券加长，使与穿堂埒，则视昌陵似更大矣。

清陵循明旧制，其布置虽大致相同，然亦颇多变化，尤以方城宝城部分为甚。其宝城平面，自半圆形（昭陵）圆形（泰陵）以至短长圆形（景陵、昌陵）以至狭长圆形（孝陵、惠陵、崇陵）均有之。月牙城虽成一主要特征，然亦有例外，如泰东陵、定东陵，均无月牙城。慕陵简陋，仅作宝顶，并宝城方城明楼亦无之。定东陵两后陵左右并列，自下马碑、碑亭以至宝城宝顶，莫不完备；隔壁相衬，视慕东陵之后妃十七宝顶，掬促共处一地，其俭侈悬殊亦甚矣。至于陵之前部，自隆恩门及其外朝房，守护班房，隆恩殿及其配殿，以至琉璃花门，则鲜有增损焉。

五、寺庙

我国寺庙建筑，无论在平面上、布置上或殿屋之结构上，与宫殿住宅等素无显异之区别。盖均以一正两厢，前朝后寝，缀以廊屋为其基本之配置方式也，其设计以前后中轴线为主干，而对左右交轴线，则往往忽略。交轴线之于中轴线，无自身之观点立场，完全处于附属地位，为中国建筑特征之一。故宫殿寺庙，规模之大者，胥在中轴线上增加庭院进数，其平面成为前后极长而东西狭小之状。其左右若有所增进，则往往另加中轴线一道与原有中轴线平行。而两者之间，并无图案上之关系，可各不相关焉。清代建筑承二千余年来传统，仍保存此特征，前所举宫殿实例，固均如是。至于寺庙亦莫不如是焉。

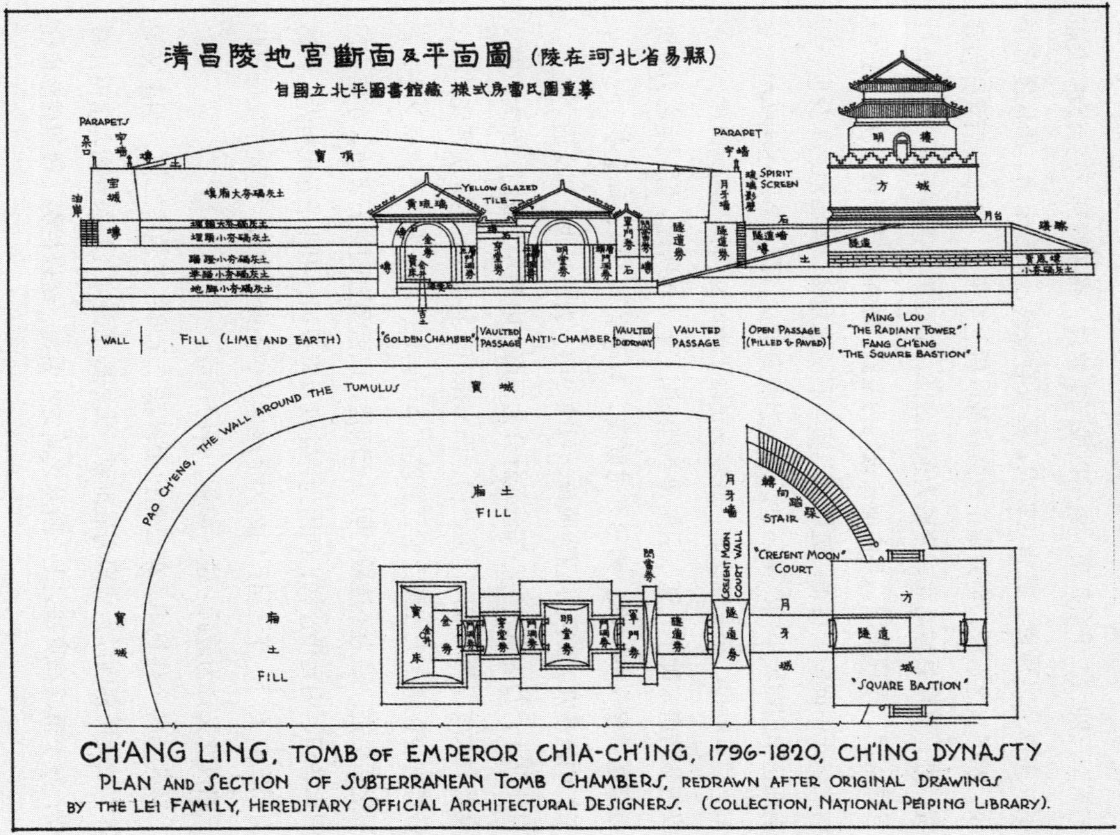

图7-22　清昌陵地宫断面及平面图

曲阜孔庙[9]

阙里至圣庙为我国渊源最古，历史最长之一组建筑物，盖自孔子故宅居室三间，二千余年来，繁衍以成国家修建，帝王瞻拜之三百余间大庙宇，实世上之孤例。孔庙之扩大，至现有规模，实自宋始。历代屡有增改，然现状之形成，则清雍正乾隆修葺以后之结果也。庙制前后共分为庭院八进，贯彻县城南北，分城为东西二部。前面第一进南面正门迩接曲阜县城南门，作棂星门，其内前三进均为空庭，松柏苍茂。每进以丹垣区隔南北，正中辟门。自第四进以北，庙垣四隅建角楼，盖庙地之本身也。其南面正中门曰大中门，第四进之北，崇阁曰奎文，即上节所述明弘治十七年之建筑物也。奎文阁之前，庭院之正中，为同文门，与阁同时建，内立汉魏齐隋唐宋碑十九通。两侧碑亭则民国二十二年所建。庭院左右为驻跸与斋宿。奎文阁之北，为第五进庭院，有碑亭十三座，计金亭二、元亭二、明清亭九。庭院东西为毓粹、观德二门，为城东西二部交通之孔道。自此以北，乃达庙之中心部分，计分为三路；中部入大成门，至大成殿及寝殿。大成门两侧掖门曰金声门，曰玉振门，其北两侧为东庑西庑，历代贤哲神位在焉。大成殿之前，庭院正中为杏坛，相传为孔子讲学之址。寝殿之后更进一院为圣迹殿，明万历间建，以藏圣迹图刻石者也。东路南门曰承圣门，为元代遗构；门内为诗礼堂及崇圣祠，祀孔子五代祖先。西路南门曰启圣门，亦元建；门内为金丝堂及启圣殿与寝殿，祀孔子父母。此三路以北又合为最后一进，神庖、神厨在焉。

孔庙各个建筑中，前已略述金碑亭，元承、圣启圣二门，明奎文阁等，清代所建则以大成殿为最重要。大成殿平面广九间深五间，重檐九脊顶，立于重层石阶基之上，阶基之前更出月台，绕以栏楯。殿四周廊檐柱

---

9 梁思成《曲阜孔庙建筑及其修葺计划》，见《中国营造学社汇刊》第六卷第一期。

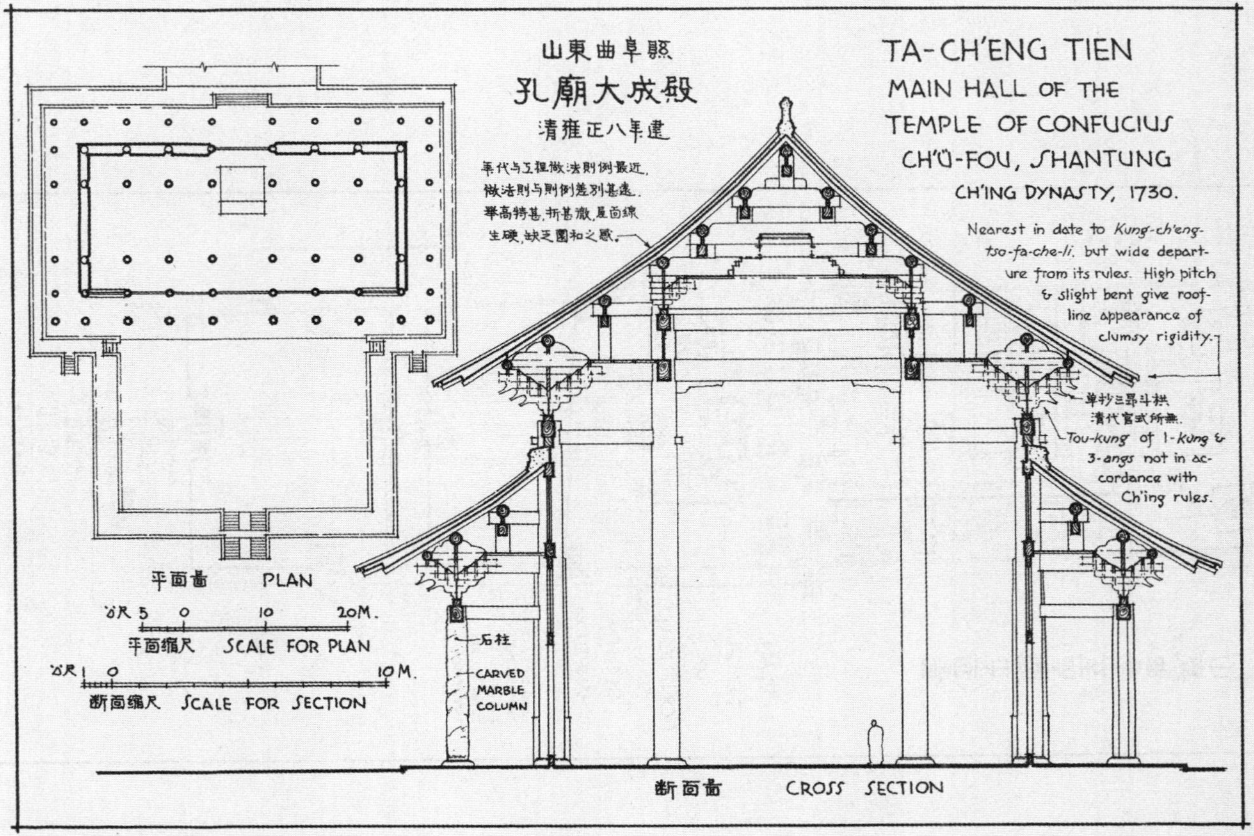

图7-23　山东曲阜县孔庙大成殿平剖面图

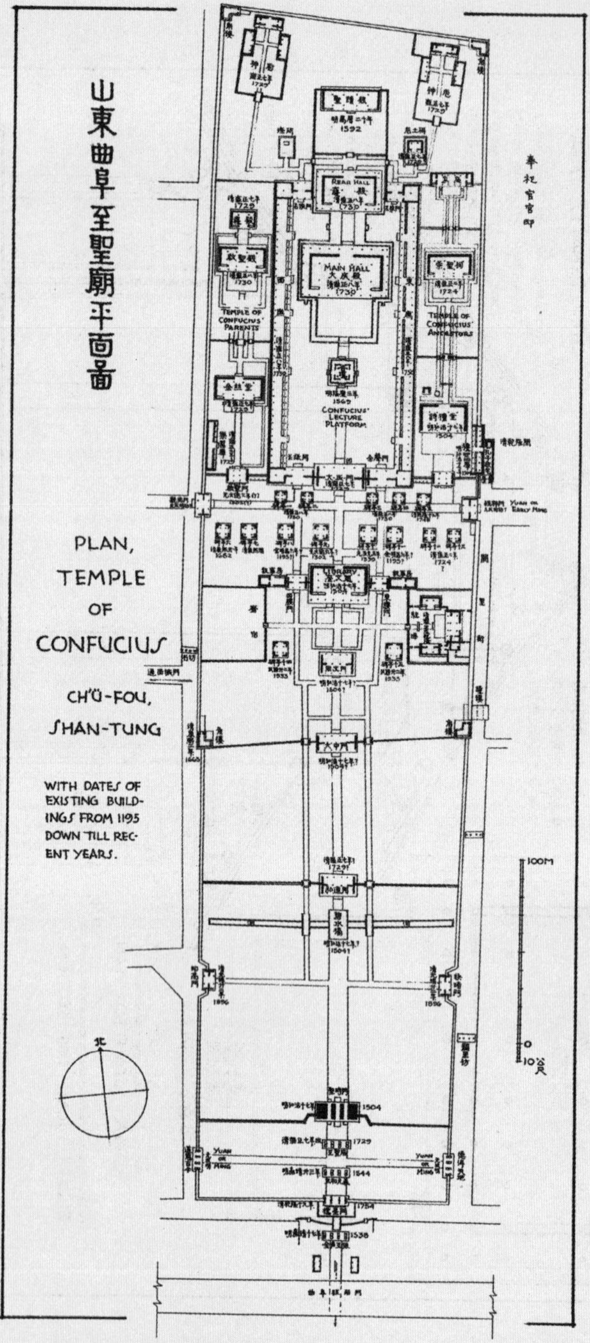

图7–24　山东曲阜至圣庙平面图

均用石制，其前面十柱均雕蟠龙围绕，上下对翔，至为雄伟，两侧及后面则为八角柱。其殿身檐柱及内柱则均木制。殿斗栱下檐单杪双昂，上檐单杪三昂，均为平置假昂。现存殿屋建于清雍正八年（公元1730年），盖雍正二年落雷焚烧后重建也。殿阶石刻则似明代遗物，大成门在大成殿之南，与奎文阁相对。其平面广五间，深两间，单檐九脊顶，立于白石阶基之上，其前后檐柱均为石柱，当心间两平柱雕龙如大成殿之制，斗栱重昂，溜金斗拱与大成殿同为清宫式标准样式。

佛寺

清代佛寺在平面之布置上，多遵明旧制。在中轴线上，最前为山门，门内庭院中，或于左右设钟鼓楼，次为天王门（或天王殿），又次为主要殿宇及配殿，在前后各进配殿之间，或以廊屋相连，如明以前之制。然只用配殿，不用廊屋，而各层庭院之间，以丹垣区隔者，亦极常见，如通常住宅然，尤以规模较小之寺庙为多。至于结构方面，大致以《工程做法则例》为主要标准。但在雕饰方面，则北京喇嘛寺，如雍和宫、黄寺等等，时有西藏作风之表现。至若颐和园万寿山北坡诸寺，与热河行宫诸寺，均以砖石砌作崇楼，颇似欧式建筑，盖均西藏影响，为明以前所未见也。

六、砖石塔

佛塔

清代建筑佛塔之风，虽不如前朝之盛，然因年代较近，故现存实物颇多，且地方为争取本地功名故，佛塔而外文峰塔遂几成为每一县城东南方所必有之点缀矣。

北海白塔

在北京北海琼华岛山巅，北京风景线上，最显著之一塔也。塔虽为佛塔，实为内苑风景之装饰品。建于顺治八年（公元1651年），为清代最早

图7-25　北京北海公园白塔

佛塔之一。塔作瓶形，下为高大之方须弥座，其上为金刚圈三重，上安塔肚（亦称宝瓶）。塔肚之正面，作龛如壶门，曰眼光门，塔肚以上为塔脖子，及其上十三天，并圆盘二重，日月火焰等。此式佛塔自元代始见于中国，至清代而在形制上发生显著之巨变。元塔须弥座均上下两层相叠，明因之，至清乃简化为一层，其比例亦甚高大。须弥座以上，元、明塔均作莲瓣以承塔肚，清塔则作比例粗巨之金刚圈三重。元、明塔肚肥矮，外轮线甚为圆和，清塔较高瘦梗涩，并于前面作眼光门以安佛像或佛号。元、明塔脖子及十三天比例肥大，其上为圆盘及流苏铎，更上为宝珠，至清塔则塔脖子十三天瘦长，其上施天盘地盘，而宝珠则作日月火焰。此盖受蒙古喇嘛塔之影响，而在各细节上有此变动也。

法海寺门塔

北京西山静宜园之南，有旧法海寺残址，其寺门之外，砌石为台，下为券门，上立瓶形塔[10]，清顺治十七年（公元1660年）所建也。其须弥座平面四出轩，座上不施金刚圈，而代以四层阶级形之座。塔肚四面均作眼光门；十三天高瘦如柱，仅微有收分，较之北京妙应寺元塔，迥异其趣。相传居庸关上，原亦有塔，今已不存，其原状殆亦与此相似者欤？

大云寺塔[见注7]

山西临汾大云寺砖塔，清顺治八年建。塔平面正方形，高五级，上更立八角形顶一层，骤观似为六层者。最下层内辟方室，于地面作莲瓣覆盆，上安庞大铁佛头，高约六七米，以上各层均实心，不可登临，各层塔身向上递减，线条方涩，毫无圆和之感。其四角皆作海棠瓣，上砌斗栱承檐，檐出甚短，塔身壁面镶嵌琉璃隐起佛像，或作方池，或作圆顶浅龛；上三层圆龛上且出小檐一段为饰。最上八角亭，八面且砌八卦。此塔全部样式为以往佛塔所未曾有，其对于建筑部分，亦似缺乏深切了解，虽别开生面，实非建筑上品也。

碧云寺塔

在北京西山碧云寺。寺建于元，明代重修，塔则清乾隆十二年（公元1747年）所建也。塔为金刚宝座式，形制与北京真觉寺明塔相似，但因地据山坡，且建于重层石台之上，故气魄较为雄壮。此外就各部细节比较，两塔不同之点尚多。明塔宝座平面方形，须弥座以上以檐将座身划分为五层；清塔则平面略作土字形，自下至上，以样式大小不同之须弥座五座相叠，在图案上呈现凌乱之象，不如明塔之单纯安定。明塔于宝座之上，立方形单层多檐塔五座，前面两塔之间立上檐圆下檐方之纯中国式砖亭；清塔则除五塔之外，其前更列瓶形塔二，其方亭上作半圆球顶，亭上四隅更各置瓶形小塔一，故全部所呈现象，与明塔完全异趣。此塔所用石料为西

---

10 梁思成、林徽因《平郊建筑杂录》，见《中国营造学社汇刊》第三卷第四期。

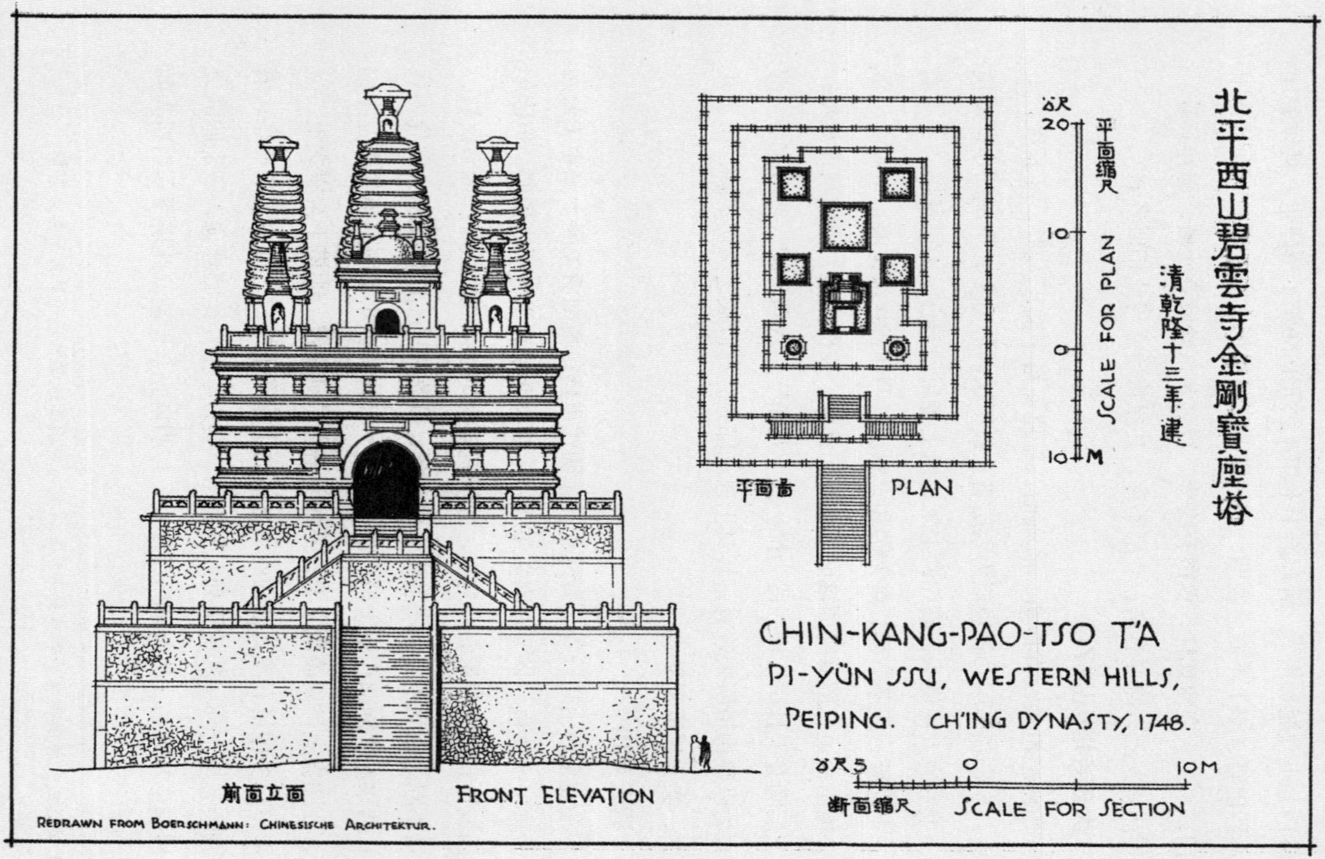

图7-26　碧云寺金刚宝座塔平立面图

图7-27　北京西山碧云寺金刚宝座塔

山汉白玉石，雕工至为精巧，然图案凌乱，刀法软弱，在建筑与雕刻双方均不得称为成功之作。

清代类似此式之塔，尚有北京黄寺塔。塔无宝座，仅于阶基之上立瓶形塔，四隅立八角四层塔各一。其瓶形塔之塔肚已失去元、明圆和肥硕之曲线，而成上大下小之圆锥体之一段，其十三天两侧雕作流云下垂，宝顶圆盘则八六瓣覆钟形，西藏喇嘛趣味极为浓厚。

此外各地所建佛塔，其形式以八角形为最普通，檐出胥短，鲜用斗栱。各地所见文峰塔，东南及西南诸省随地可见，其形制及结构，则与佛塔并无显著之区别也。

七、住宅

住宅建筑，古构较少，盖因在实用方面无求永固之必要，生活之需随时修改重建，故现存住宅，胥近百数十年物耳[11]，在建筑种类中，唯住宅与人生关系最为密切。各地因自然环境不同，生活方式之互异，遂产生各种不同之建筑。今就全国言，约略可分为四区；各区虽各有其特征，然亦有其共征，请先言其共征。

各区住宅之主要共征，平面上为其一正两厢四合院之布置。在各区中虽在配置之比例上微有不同，然其基本原则则一致也。在结构上，构架方法为各区一致之共征，在山西虽有砖券结构，晋豫陕黄土地带穴居之风虽盛，然构架建筑仍为其正统方法也。

就各区住宅之特征言：

（一）**华北及东北区**。住宅建筑以构架为主。正面辟广大之门窗面积，因北方地带，冬季日影甚斜，可以直入室内也。其后面及两山则甃以厚墙，或土或砖，盖可以隔绝温度，冬暖夏凉也。其厢房之位置，鲜有侵至正房之前者，盖以避免互相妨碍冬季阳光之曝取，故其庭院多宽敞方正，北京及河北山东东北诸省住宅多如是。北地冬季寒风凛冽，故屋多单层，鲜有楼居者。

（二）**晋豫陕北之穴居窑居区**。黄土地带居民，每于土崖挖穴，其较大之住宅，往往数穴并列，其间辟门相通；较富有者，穴内且甃以砖；乃至地面建筑，亦发券作窑居形。窑居之风，山西最为普遍。窑之结构，往往以砖券三五并列。券之两端或甃以砖壁，或隔以门窗；各券之间，又砌

11 解放后发现不少明代住宅，见刘敦桢《中国住宅概说》，1957年，建筑工业出版社出版。——陈明达注

小券为门相通。其屋顶或作平台，或葺瓦为檐不等，如太原永祚寺大殿，即此式中规模之较大，而用作佛殿者也。窑居建筑亦往往有与构架并用者，或以窑为下层，窑顶另立构架屋舍为楼者，构架制度之施用，未因窑居而废也。

（三）江南区。长江以南各省，东自江浙，西至川黔，南及闽越，大致均有一共同特征。因气候较北方温和，墙壁之用仅求其别内外，避风雨，故多编竹抹灰，作夹泥墙；屋顶亦无须望板苫背，仅于椽上浮置薄瓦已足。于是其全部构架，用材皆趋向轻简，所用构材均比例瘦细。因无须争取阳光，故窗牖面积较小，而厢房往往置于正房次稍间之前，乃至正房与厢房相连者；庭院因而狭小，称为天井焉。南方温暖卑湿少风，故楼居之风亦较盛。浙赣山岳地带，以石砌墙之民居甚多。

（四）云南区[12]。云南地高爽，虽远处南疆，气候四季如春，故其建筑乃兼有南北之风。其平面布置近于江南形式，然各房配合多使成正方形，称"一颗印"，为滇省建筑显著特征[13]。其平面虽如此拘束，但因楼居甚多，故正房厢房间，因高低大小之不齐，遂构成富有画意之堆积体。在结构方面，仍用构架法，其墙壁多用砖甃。因天清气朗，宜于彩色之炫耀，故彩画甚盛；其墙壁颜色亦作土黄色。至于滇西大理、丽江一带，石产便宜，故民居以石建筑者亦多。山林区中井干式木构屋，与北欧及美洲之Log cabin（森林小木屋）酷似，然以屋顶及门窗之不同，仍一望而知为中国建筑也。

---

12 刘敦桢《西南建筑图录》，未刊稿。

13 刘致平《云南一颗印》，见《中国营造学社汇刊》第七卷第一期。

图7-28　北京卢沟桥

八、桥梁

清代不唯将殿屋之结构法予以严格之规定，即桥梁做法亦制定官式，故北京附近桥梁，凡建于清代者，如卢沟桥及清宫苑囿中诸桥，皆为此式作品。清宫式桥梁以券桥为多[14]，券均用单数，自一孔至十五、十七孔不等。其券以两中心画成，故顶上微尖，盖我国传统之券式也。其三孔以上者，两券之间作分水金刚墙以承券脚，其桥下河床且作掏当装板，为一种颇不合理之结构。桥上两侧安石栏，形制如殿陛栏楯之法。

然在京师以外，地方或民间所建桥，则无定式，券桥固最为通行。其大者如浙江金华之金华江桥[见注8]，长十三巨孔，高约十六七米，桥面平阔，工程伟大，四川南充县西桥，亦类此式而略小。四川万县桥一孔如虹，上建小亭，富于画意。

14 王璧文《清官式石桥做法》，见《中国营造学社汇刊》第五卷第四期。

至于结构殊异之桥，特可注意者，尚有石柱桥及索桥二种。陕西西安附近之灞、浐、沣三水上桥[15]，均以石鼓垒砌为柱，盖因数千年来，桥屡修屡圮，尤以清初数次修建，均三五年即圮，故道光十三年（公元1833年）重修灞桥，乃以西安西南四十里之普济桥为蓝本。其基以柏木为桩，“石盘作底，石轴作柱，水不搏激，沙不停留”，故建筑以来百年，尚巩固焉。石轴每间六柱并列，柱中距离为径之一倍半，其上加石梁一层，梁上更施托木以受木梁。木梁之上乃置枋板，底土，石版路面焉。浐桥、沣桥，结构与此完全相同，盖同时所建也。

索桥为西南所特有，其索或竹或铁。贵州安南县盘江铁索桥，为近年滇黔道上行人所熟悉，最近已改建为近代索桥。西康泸定桥以铁链为索，云南元江桥以铁条为索，四川灌县竹索桥长三百三十余米，全部以竹索为之，亦我国所特有之结构法之[见注12]。

15 刘敦桢《石轴柱桥述要》，见《中国营造学社汇刊》第五卷第一期。

清官式三孔石橋做法要略 RULES FOR DESIGN AND CONSTRUCTION OF A THREE-ARCHED BRIDGE IN OFFICIAL CH'ING STYLE

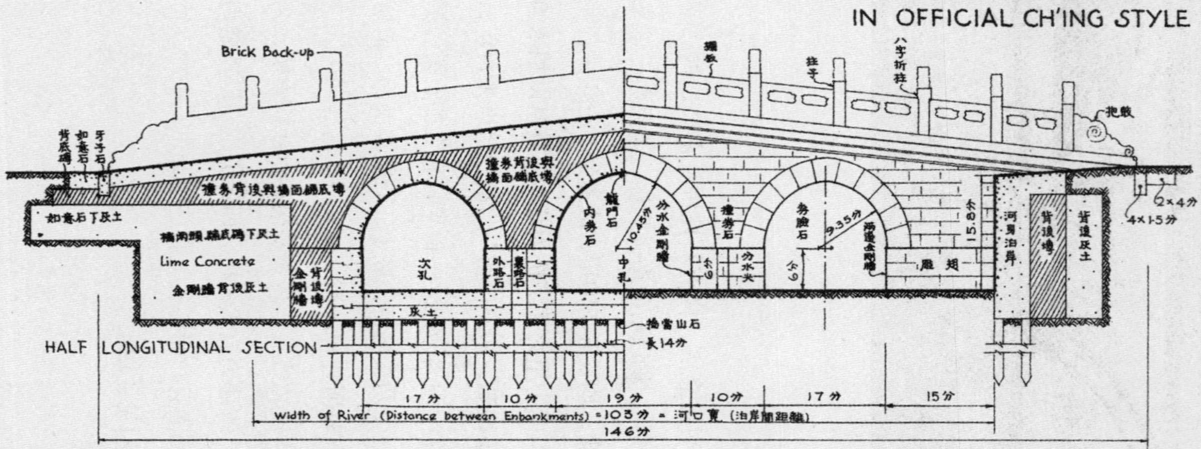

縱斷面　　主面 HALF ELEVATION

孔數 NUMBER OF ARCHES	河口寬度分作 DIST. BT'N EMBANKMENT DIVIDED INTO	(單位：分)孔寬 SPAN OF ARCHES (IN FEN) 自中孔左右 COUNTING FROM CENTRAL ARCH 中 C	I	II	III	IV	V	VI	VII	VIII
3	103 分 fen	19	17	—	—	—	—	—	—	—
5	153 " "	19	17	15	—	—	—	—	—	—
7	199 " "	19	17	15	13	—	—	—	—	—
9	251 " "	19	17½	16	14½	13	—	—	—	—
11	294 " "	19	17½	16	14½	13	11½	—	—	—
13	355 " "	19	18	17	16	15	14	13	—	—
15	399 " "	19	18	17	16	15	14	13	12	—
17	441 分 fen	19	18	17	16	15	14	13	12	11

分水金剛墻一律寬 10分；高 6分.
All Piers: Width = 10 fen; Height = 6 fen.

雁翅一律出 15分；高 6分.
Abutments: Width = 15 fen; Height = 6 fen.

關於其他細節參閱
For Further Details, cf.
王璧文：清官式石橋做法

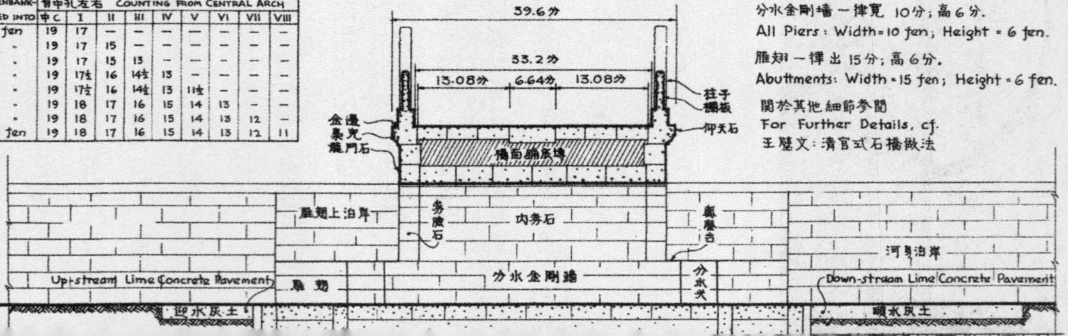

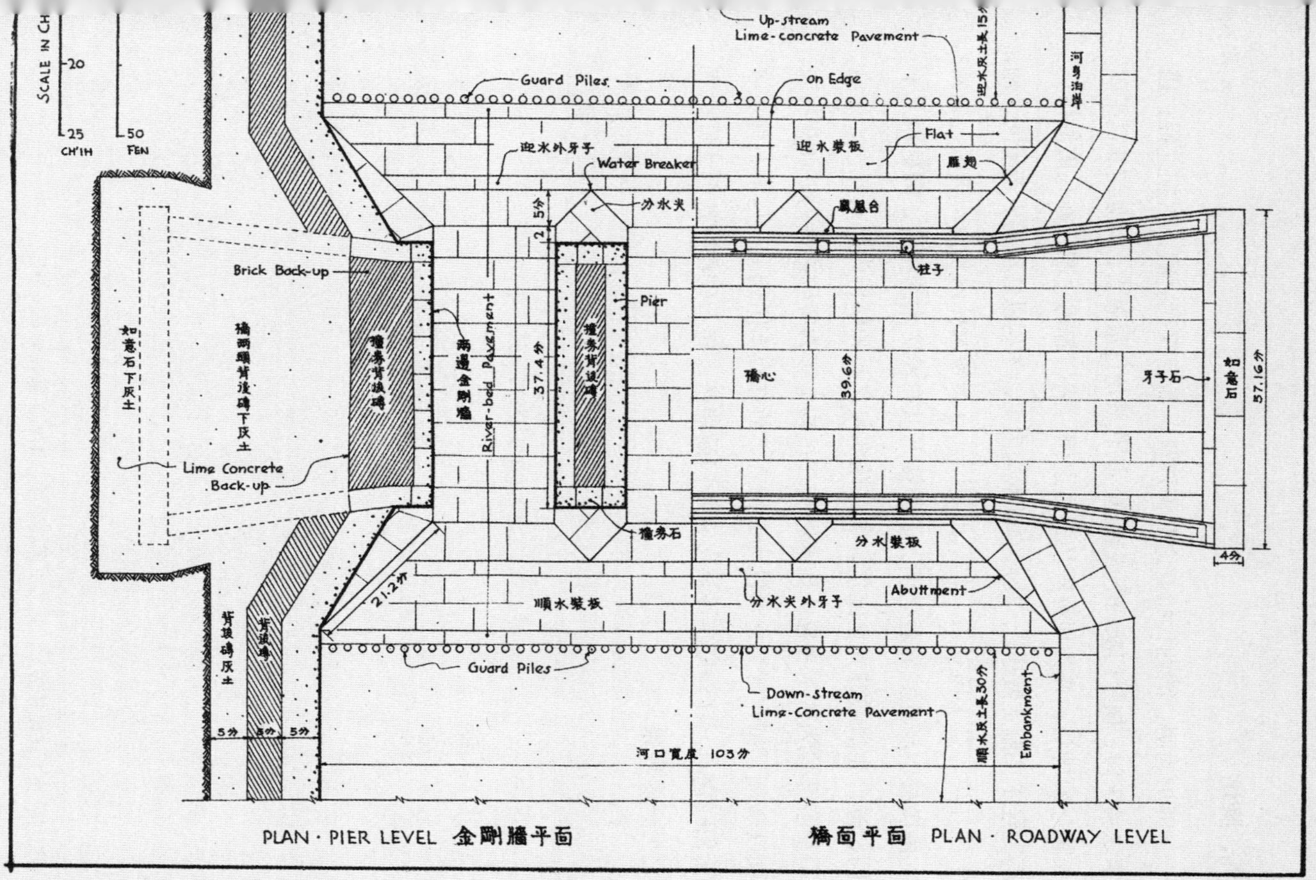

图7-29 清官式三孔石桥做法要略图

九、牌坊

牌坊为明、清两代特有之装饰建筑，盖自汉代之阙，六朝之标，唐宋之乌头门、棂星门演变形成者也。明代牌坊之最著者，莫如河北昌平明长陵之石牌坊，亦为现存牌坊最古之例。清代牌坊之制，亦与殿屋桥梁同，经工部制定做法[16]，其形制以木构为主，木构以柱额构成若干间，额上施斗栱，其上盖瓦顶。北京正阳门外五牌楼及城内东西四牌楼，大高玄殿牌楼，皆此式显著之例。石牌楼乃以石模仿木牌楼者，因材料之不同，遂产生风趣迥异之比例，如东陵西陵之石牌楼皆为此式要例，而以明长陵牌坊为蓝本者也。琉璃牌坊在结构上实为砖砌之券门，而在其表面以琉璃瓦砌作牌坊之形以为装饰者，故在权衡比例上，与木石牌坊实无相同之点。江南庙宇民居多喜于门前墙壁以砖石砌作牌坊形，亦此式之另一表现也。

16 刘敦桢《牌楼算例》，见《中国营造学社汇刊》第四卷第一期。

第五节　元、明、清建筑特征之分析

一、建筑型类

城市设计

元、明、清三朝，除明太祖建都南京之短短二十余年外，皆以今之北京为帝都。元之大都为南北较长东西较短之近正方形。在城之西部，在中轴线上建宫城；宫城西侧太液池为内苑。宫城之东西北三面为市廛民居。

京城街衢广阔，十字交错如棋盘，而于城之正中立鼓楼焉。城中规模气象，读马可波罗行记可得其大概。明之北京，将元城北部约三分之一废除，而展其南约里许，使成南北较短之近正方形，使皇城之前驰道加长，遂增进其庄严气象。及嘉靖增筑外城，而成凸字形之轮廓，并将城之全部砖甃。城中街衢冲要之处，多立转角楼牌坊等，而直城门诸大街，以城楼为其对景，在城市设计上均为杰作。

元、明以后，各地方城镇，均已形成后世所见之规模。城中主要街道多为南北、东西相交之大街。相交点上之钟楼或鼓楼，已成为必具之观瞻建筑。而城镇中心往往设立牌坊，庙宇之前之戏台与照壁，均为重要点缀。

平面布置。在我国传统之平面布置上，元、明、清三代仅在细节上略有特异之点。唐、宋以前宫殿庙宇之回廊，至此已加增其配殿之重要性，致使廊屋不呈现其连续周匝之现象。佛寺之塔，在辽、宋尚有建于寺中轴线上者，至元代以后，除就古代原址修建者外，已不复见此制矣。宫殿庙宇之规模较大者胥增加其前后进数。若有增设偏院者，则偏院自有前后中轴线，在设计上完全独立，与其侧之正院鲜有图案关系者。观之明、清实例，尤为显著，曲阜孔庙、北京智化寺、护国寺皆其例也。

至于各个建筑物之布置，如古东西阶之制，在元代尚见一二罕例，明以后遂不复见。正殿与寝殿间之柱廊，为金代建筑最特殊之布置法，元代尚沿用之，至明、清亦极罕见。而清宫殿中所喜用之“勾连搭”以增加屋之进深者，则前所未见之配置法也。

就建筑物之型类言，如殿宇厅堂楼阁等，虽结构及细节上有特征，但均为前代所有之类型。其为元明清以后所特有者，个别分析如下：

城及城楼。其实物仅及明初，元以前实物，除山东泰安岱庙门为可疑之金、元遗构外，尚未发现也。山西大同城门楼，为城楼最古实例，建于明洪武间，其平面凸字形，以抱厦向外，与后世适反其方向。北京城楼为重层之木构楼，其中阜成门为明中叶物，其余均清代所建。北京角楼及各瓮城之箭楼、闸楼，均为特殊之建筑型类，甃以厚墙，墙设小窗，为坚强之防御建筑，不若城楼之纯为观瞻建筑也。至若皇城及紫禁城之门楼角楼，均单层，其结构装饰与宫殿相同，盖重庄严华贵，以观瞻为前提也。

砖殿。元以前之砖建筑，除墓藏外，鲜有穹窿或筒券者。唐、宋无数砖塔除以券为门外，内部结构多叠涩支出，未尝见真正之发券。自明中叶以后，以筒券为殿屋之风骤兴，如山西五台山显庆寺、太原永祚寺、江苏吴县开元寺、四川峨眉万年寺，均有明代之无梁殿。至于清代则如北京西山无梁殿及北海、颐和园等处所见，实例不可胜数。此法之应用，与耶稣会士之东来有无关系，颇堪寻味。

佛塔。自元以后，不复见木塔之建造。砖塔已以八角平面为其标准形制，偶亦有作六角形者，仅极少数例外，尚作方形。塔上斗栱之施用，亦随木构比例而缩小，于是檐出亦短，佛塔之外轮廓线上已失去其檐下深影之水平重线。在塔身之收分上，各层相等收分，外线已鲜见唐宋圆和卷杀。塔表以琉璃为饰，亦为明、清特征。瓶形塔之出现，为此期佛塔建筑一新献，而在此数百年间，各时期亦各有显著之特征。元明之塔座，用双层须弥座，塔肚肥圆，十三天硕大，而清塔则须弥座化为单层，塔肚渐趋瘦直，饰以眼光门，十三天瘦直如柱，其形制变化殊甚焉。

陵墓。明、清陵墓之制，前建戟门享殿，后筑宝城宝顶，立方城明楼，皆为前代所无之特殊制度。明代戟门称祾恩门，享殿称祾恩殿；清代改祾恩曰隆恩。明代宝城，如南京孝陵及昌平长陵，其平面均为圆形，而清代则有正圆至长圆不等。方城明楼之后，以宝城之一部分作月牙城，为清代所常见，而明代所无也。然而清诸陵中，形制亦极不一律。除宝顶之平面形状及月牙城之可有可无外，并方城明楼亦可省却者，如西陵之慕陵是也。至于享殿及其前之配置，明清大致相同，而清代诸陵尤为一律。

清代地宫据样式房雷氏图，有仅一室一门，如慕陵者，亦有前后多重门室相接者，则昌陵、崇陵皆其实例也。

桥。明、清以后，桥之构造以发券者为最多，在结构方法上，已大致标准化，至清代而并其形制比例亦加以规定[1]，故北京附近清代官建桥梁，大致均同一标准形式。至于平板石桥、索桥、木桥等等，则多散见于各地，各因地势材料而异其制焉。

民居。我国对于居室之传统观念，有如衣服鲜求其永固，故欲求

1 王璧文《清官式石桥做法》。

三四百年以上之住宅，殆无存者。故关于民居方面之实物，仅现代或清末房舍而已。全国各地因地势及气候之不同，其民居虽各有其特征，然亦有其共征，盖因构架制之富于伸缩性，故能在极端不同之自然环境下，适宜应用。已详上文，今不复赘。

牌楼。宋、元以前仅见乌头门于文献，而未见牌楼遗例。今所谓牌楼者，实为明清特有之建筑型类。明代牌楼以昌平明陵之石牌楼为规模最大，六柱五间十一楼。唯为石建，其为木构原型之变型，殆无疑义，故可推知牌楼之形成，必在明以前也。大同旧镇署前牌楼，四柱三间，其斗栱、檐栱横贯全部，且作重檐，审其细节似属明构。清式牌楼，亦由官定则例[2]，有木、石、琉璃等不同型类。其石牌坊之作法，与明陵牌楼比较几完全相同。

庭园。我国庭园虽自汉以来已与建筑密切联系，然现存实物鲜有早于清初者。宫苑庭园除圆明园已被毁外，北平三海及热河行宫为清初以来规模；北京颐和园则清末所建。江南庭园多出名手，为清初北方修建宫苑之蓝本。

二、细节分析

阶基及踏道

元、明、清之阶基除最通常之阶基外，特殊可注意者颇多。安平圣姑庙全部建于高台之上，较大同华严寺善化寺诸例尤为高峻，且全庙各殿，均建于台上，盖非可作通常阶级论也。曲阳北岳庙德宁殿及赵城明应王殿阶级比例亦颇高。正定阳和楼之砖台则下辟券门，如城门之制，明、清二代如长陵祾恩殿、太庙前殿及北京清故宫诸殿均用三层或重层白石陛，绕

2 梁思成《营造算例》，刘敦桢《牌楼算例》。

以白石栏杆，而殿本身阶基亦多作须弥座，饰以雕华，至为庄严华丽。至若天坛圜丘，仅台三层，绕以白石栏杆，尤为纯净雄伟。宫殿阶陛之前侧各面，多出踏道一道或三道，其居中踏道之中部，更作御路，不作阶级，但以石版雕镌龙凤云水等纹，故宫太和门太和殿阶陛栏杆及踏道之雕饰，均称精绝。

勾栏

元代除少数佛塔上偶见勾栏，大致遵循辽、金形制外，实物罕见。明、清勾栏，斗子蜀柱极为罕见。较之宋代，在比例上石栏杆趋向厚拙，木栏杆较为纤弱。《营造法式》木石勾栏比例完全相同，形制无殊。明、清官式勾栏，每版仅将巡杖以下荷叶墩之间镂空，其他部分自巡杖以至华版仅为一厚石版而已。每版之间均立望柱，故所呈印象望柱如林，与宋代勾栏所呈现象迥异。至若各地园庭池沼则勾栏样式千变万化，极饶趣味[3]。河北赵县永通桥上明正德间栏版则尚作斗子蜀柱，及斗子驼峰以承巡杖，有前期遗风，为仅有之孤例。

柱及柱础[4]

自元代以后，梭柱之制，仅保留于南方，北方以直柱为常制矣。宣平延福寺元代大殿内柱，卷杀之工极为精美，柱外轮线圆和，至为悦目。柱下复用木櫍石础，如宋《营造法式》之制，北地官式用柱，至清代而将径与高定为一与十之比，柱身仅微收分，而无卷杀。柱础之上雕为鼓镜，不加雕饰。但在各地则柱之长短大小亦无定则，或方或圆随宜选造。而柱础之制江南巴蜀率多高起，盖南方卑湿，为隔潮防腐计，势所使然，而柱础雕刻，亦多发展之余地矣。

---

3 梁思成、刘致平《建筑设计参考图集》第二集《石栏杆》。

4 梁思成、刘致平《建筑设计参考图集》第七集《柱础》。

文庙建筑之用石柱为一普遍习惯，曲阜大成殿、大成门、奎文阁等等均用石柱，而大成殿蟠龙柱尤为世人所熟识。但就结构方法言，石柱与木合构，将柱头凿卯，以接受木阑额之榫头，究非用石之道也。

门窗[5]

造门之制，自唐、宋迄明、清，在基本观念及方法上几全无变化。营造法式小木作中之版门及合版软门，尤为后世所常见。其门之安装，下用门枕，上用连楹以安门轴，为数千年来古法。连楹则赖门簪以安于门额，唯唐及初宋门簪均为两个，北宋末叶以后则四个为通常做法。门板上所用门钉，古者仅用以钉门于横楅，至明、清而成为纯粹之装饰品矣。

屋内隔扇所用方格球纹、菱纹等图案，已详见于《营造法式》，为明、清宫殿所必用。《营造法式》所有各种直棂或波纹棂窗，至清代仅见于江南民居，而为官式所鲜用。清式之支摘窗及槛窗，则均未见于宋、元以前。在窗之设计方面，明、清似较前代进步焉。江南民居窗格纹样，较北方精致纤巧，颇多图案极精，饶有风趣者。

长春园欧式建筑之窗均为假窗，当时欧式楼观之建筑，盖纯为园中“布景”之用，非以兴居游宴寝处者，故窗之设亦非为通风取光而作也。

斗栱[6]

就斗栱之结构言，元代与宋应作为同一时期之两阶段观。元之斗栱比例尚大；昂尾挑起，尚保持其杠杆作用；补间铺作朵数尚少，每间两朵为最常见之例，曲阳德宁殿、正定阳和楼所见均如是。然而柱头铺作耍头之增大，后尾挑起往往自耍头挑起，已开明清斗栱之挑尖梁头及溜金斗起秤杆之滥觞矣。

---

5 陈仲篪《识小录》，见《中国营造学社汇刊》第六卷第二期。

6 梁思成、刘致平《建筑设计参考图集》第四集、第五集《斗栱》。

明、清二代，较之元以前斗栱与殿屋之比例，日渐缩小。斗栱之高，在辽宋为柱高之半者，至明、清仅为柱高五分或六分之一。补间铺作日见增多，虽明初之景福寺大殿及社稷坛享殿亦已增至四朵六朵，长陵祾恩殿更增至八朵，以后明清殿宇当心间用补间铺作八朵，几已成为定律。补间铺作不唯不负结构荷载之劳，反为重累，于是阑额（清称额枋）在比例上渐趋粗大；其上之普拍枋（清称平板枋），则须缩小，以免阻碍地面对于纤小斗栱之视线，故阑额与普拍枋之关系，在宋、金、元为T形者，至明而齐，至明末及清则反成凸字形矣。

在材之使用上，明清以后已完全失去前代之材栔观念而仅以材之宽为斗口。其材之高则变为二斗口（二十分），不复有单材足材之别。于是柱头枋上，往往若干材“实拍”累上，已将栔之观念完全丧失矣。

在各件之细节上，昂之作用已完全丧失，无论为杪或昂均平置。明、清所谓之“起秤杆”之溜金斗，将耍头或撑头木（宋称衬枋头）之后尾伸引而上，往往多层相叠，如一立板，其尾端须特置托斗枋以承之，故宋代原为荷载之结构部分者，竟亦沦为装饰累赘矣。柱头铺作上之耍头，因为梁之伸出，不能随斗栱而缩小，于是梁头仍保持其必需之尺寸，在比例上遂显庞大之状，而挑尖梁头遂以形成。

构架[7]

柱梁构架在唐、宋、金、元为富有机能者，至明、清而成单调少趣之组合。在柱之分配上，大多每缝均立柱，鲜有抽减以减少地面之阻碍而求得更大之活动面积者。梁之断面，日趋近正方形，清式以宽与高为五与六之比为定则，在力学上殊不合理。梁架与柱之间，大多直接卯合，将斗栱部分减去，而将各架槫亦直接置于梁头，结构简单化，可谓为进步。明

7 梁思成《清式营造则例》。

栿、草栿之别，至明清亦不复存在，无论在其平闇之上下，均做法相同。月梁偶只见于江南，官式则例已不复见此名称矣。

平梁之上，唐以前只立叉手承脊槫，宋、元立侏儒柱，辅以叉手。明、清以后，叉手已绝，而脊槫之重，遂改用侏儒柱（脊瓜柱）直接承托。

举折之制，至清代而成举架，盖宋代先定举高而各架折下，至清代则例则先由檐步按五举、六举、七举、九举递加，故脊槫之高，由各架递举而得之偶然结果，其基本观念，亦与前代迥异也。

藻井[8]

平綦样式至明、清而成比例颇大之方井格，其花纹以彩画团花、龙凤为多，称天花板。藻井样式明代喜以斗栱构成复杂之如意斗栱，如景县开福寺大殿及南溪旋螺殿所见。至如太和殿之蟠龙藻井，雕刻精美，为此式中罕有之佳例。

墙壁

墙壁材料自古有砖、板筑、土砖三种。北京护国寺千佛殿墙壁土砖垒砌，内置木骨[9]，为罕贵实例。在砖墙之雕饰上，清代有磨砖对缝之法至为精妙。雕砖及琉璃亦为砖墙上常见之装饰。明、清官式硬山山墙，作为墀头，为前代所未见。

屋顶[见注7]

屋顶等第制度，明、清仍沿前朝之制，以四阿（庑殿）为最尊，九脊（歇山）次之，挑山又次之，硬山为下。清代四阿顶将垂脊向两山逐渐屈出，谓之推山，使垂脊在四十五度角上之立面不作直线，而为曲线。其制

8 梁思成、刘致平《建筑设计参考图集》第十集《藻井》。

9 刘敦桢《北平护国寺残迹》，见《中国营造学社汇刊》第六卷第二期。

盖始于《营造法式》“两头增出脊槫”之法，至清代乃逐架递加其曲度，而臻成熟之境。九脊顶之两山，在宋代大多与梢间补间铺作取齐，至清代乃向外端移出，大致与山墙取齐，故两山之三角部分加大，宋、元两山皆如“挑山”之制，以梁架为内外之间隔，山际施垂鱼、惹草等饰。明、清官式则因向外端移出，遂须支以草架柱子，而草架柱子丑陋，遂掩以山花板。于是明、清官式歇山屋顶，遂与宋以前九脊顶迥然异趣矣。

屋顶瓦饰[见注7]

瓶（筒瓦）、瓪瓦（板瓦），明、清仍沿前朝之旧，元代琉璃瓦实物未之见。清代琉璃瓦之用极为普遍。黄色最尊，用于皇宫及孔庙；绿色次之，用于王府及寺观；蓝色象天，用于天坛。其他红、紫、黑等杂色，用于离宫别馆。

瓦饰之制，宋代称为鸱尾者，清称正吻，由富有生趣之尾形变为方形之上卷起圆形之硬拙装饰，宋、金、元鸱尾比例瘦长，至明、清而近方形，上端卷起圆螺旋，已完全失去尾之形状。宋代垒瓦为脊者，至清代皆特为制范，成为分段之脊瓦，及其附属线道当沟等。垂脊与正脊相似而较小，垂兽形制尚少变化，但垂脊下端之蹲兽（走兽）及嫔伽（仙人），则数目增多，排列较密。

通常民居，只用仰覆板瓦，上作清水脊，脊两端翘起，称朝天笏，为北京所最常见。

宧瓦之法，北方多于椽上施望板，板上施草泥二三寸，以垫受瓦陇，盖因天寒，屋顶宜厚以取暖。南方则胥于椽上直接浮放仰瓦，其上更浮放覆瓦，不施灰泥，盖气候温和，足蔽雨露已足矣。

雕饰

明、清；以后，雕刻装饰，除用于屋顶瓦饰者外，多用于阶基、须弥座、勾栏、石牌坊、华表、碑碣、石狮，亦为施用雕刻之处。太和殿石陛及勾栏、踏道、御路，皆雕作龙、凤、狮子、云水等纹。殿阶基须弥座上、下作莲瓣，束腰则饰以飘带纹。雕刻之功，虽极精美，然均极端程式化，艺术造诣不足与唐、宋雕刻相提并论也。

彩画

元代彩画仅见于安平圣姑庙，然仅红土地上之墨线画而已。北京智化寺明代彩画，尚有宋《营造法式》“豹脚”、“合蝉燕尾”、“簇三”之遗意。青、绿叠晕之间，缀以一点红，尤为夺目。清官式有合玺与旋子两大类。合玺将梁枋分为若干格，格内以走龙蟠龙、为主要母题。旋子作分瓣圆花纹于梁枋近两端处，因旋数及金色之多寡以定其等第。离宫别馆民居则有作写生花纹等，更有将说书戏剧绘于梁枋者，亦前代所未见也。

第八章 结尾

History of Chinese Architecture

后记1　清末及民国以后之建筑

圆明园虽以欧式建筑为点缀，各地教会虽建立教堂，然洋式建筑之风至清中叶犹未盛。自清末季，外侮凌夷，民气沮丧，国人鄙视国粹，万事以洋式为尚，其影响遂立即反映于建筑。凡公私营造，莫不趋向洋式。然在当时外人之执营造业者率多匠商之流，对于其自身文化鲜有认识，曾经建筑艺术训练者更乏其人。故清末洋式之输入实先见其渣滓。然数十年间正式之建筑师亦渐创造于上海租界，洎乎后代，略有佳作。

清宣统间，建大理院于北京，规模宏大，为文艺复兴式。虽非精作，材料尤非佳选，然尚不失规矩准绳，可称为我国政府近代从事营建之始。至如参谋本部、财政部等官署，皆约略同时者也。

民国初年，北京正阳门瓮城之拆除，两侧增辟门洞，但保存箭楼，作为纪念建筑，由内务总长朱启钤主持其事，由瑞典建筑师史达克（Stark）设计监工，颇费慎思，为市政上一新献。

至国人留学欧美，归国从事建筑业者，贝寿同实为之先驱，北京大陆银行为其所设计。欧美同学会则就石达子庙重修改造，保留东方建筑之美者也。民国十一二年顷，关颂声自美国归来，组织基泰工程公司，建树于津、沪颇多。其后留学生中学习建筑者渐众。然在此时，欧美建筑师之在华者已渐着意我国固有建筑之美德，而开始以中国建筑之部分应用于近代建筑，如北京协和医学院、燕京大学、南京金陵大学、成都华西大学，皆其重要者也。然而此数处建筑中，颇呈露出其设计人对于我国建筑之缺乏了解，如协和医学院与华西大学，仅以洋房而冠以中式屋顶而已。至如燕京大学，则颇能表现我国建筑之特征，其建筑师Murphy[1]，以外人而臻此，亦堪称道；然其所作南京阵亡将士纪念塔，则比例瘦弱，细节纤靡，而立塔地位未能选置高耸之处，而幽处山怀，亦其缺点也。

国民政府成立以竞选方式征求孙中山陵墓图样，建于南京紫金山。中选人吕彦直，于山坡以石级前导，以达墓堂；墓堂前为祭堂，其后为墓室。祭堂四角挟以石墩，而屋顶及门部则为中国式。祭堂之后，墓室上作圆顶，为纯粹西式作风。故中山陵墓虽西式成分较重，然实为近代国人设计以古代式样应用于新建筑之嚆矢，适足以象征我民族复兴之始也。

自此以后，南京新都建设中，创作颇多。范文照、赵深设计之铁道部已表示对于中国建筑方法与精神有进一步之了解。杨廷宝之中央医院及赵深之外交部，均以欧式体干，而缀以中国意趣之雕饰，能使和谐合用，为我国实用建筑别辟途径。至若徐敬直、李惠伯之中央博物馆，乃能以辽、宋形式，托身于现代结构，颇为简单合理，亦中国现代化建筑中之重要实例也。

在现代式建筑方面，如李惠伯之南京农业试验所、童寯之上海大戏院、梁思成之北京大学学生宿舍均平素去雕饰，而纯于立体及表面之比例、布置之权衡上发挥其图案效果。陆谦受各地之中国银行有其一贯之风格，谨严素雅，不陷俗套。

---

1 Murphy，即亨利·墨菲（1887—1954），又译茂飞，美国建筑设计师。曾先后为中国规划设计了多所大学的校园或主要建筑，如沪江大学、福建协和大学、燕京大学等。

在市政设计方面，南京原有全部首都计划，惜未能实行，而各部院各行其是，故各个建筑虽有其独到之优点，然就全市言，乃毫无联系，漫无组织，不唯财力耗费，抑在行政效率上，亦因而受其影响，是可惜也。

上海市中心区董大酉设计，乃能在同一计划之下逐步完成，虽规模较小于南京甚远，然因能按部实现，故能呈现雄伟之气概。使南京亦以整个计划设施，则其气概之雄伟又将何如?

在古建筑之修葺方面，刘敦桢、卢树森之重修南京栖霞寺塔，实开我修理古建筑之新纪元。北京故都文物之整理，由基泰工程司杨廷宝与中国营造学社刘敦桢、梁思成等共负设计之责，曾修葺天坛、国子监、玉泉山、各牌楼、五塔寺等处古建筑。计划而未实现重修者如曲阜孔庙，曾一度拟修，由梁思成计划。此外如杭州六和塔、赵县大石桥、登封观星台、长安小雁塔等等，皆曾付托中国营造学社计划，皆为战事骤起，未克实现。梁思成、莫宗江设计之南昌滕王阁则为推想古代原状重建之尝试计划也。

在中国建筑之研究上，朱启钤、周诒春于民国十七年创立中国营造学社，纠集同志，从事研究已十余年于兹。其研究之结果，将来无论在古物之保存上，或在新建筑之产生上，或均能于民族精神之表现有重大之影响也。

梁思成

1944 年于四川李庄

后记2　油印本《中国建筑史·前言》

1953年秋季起，我为清华大学建筑系的教师、研究生和北京市内中央及市级若干建筑设计部门的工作同志们讲中国建筑史，本拟每讲编写讲义，因限于时间，写的赶不上讲的速度，而同志们要求讲义甚切，我只好将这部十年前所写的旧稿拿出来付印，暂时作为补充的参考资料。

这部“建筑史”是抗日战争期间在四川南溪县李庄时所写。因为错误的立场和历史观点，对于祖国建筑发展的前因后果是理解得不正确。例如：以帝王朝代为中心的史观，将各时期人民辉煌的劳动的创造和智慧的累积，竟说成了封建主和贵族的成就；对于各时期的建筑物及其特征，只是罗列现象，没有发展的观点。元、明、清三个朝代，因限于时期，省略过甚。当时为了节省篇幅而用文言；并且引经据典时，只用原文而不再加解释，给读者增加了不便。有许多建筑，因缺乏文献资料，单凭手法鉴定年代，以致错误。例如五台佛光寺文殊殿，在这稿中认为是北宋所建，最近已发现它脊檩下题字，是金代所建。又如太原晋祠圣母庙正殿是北宋崇宁元年所建，误作天圣间所建。山西大同善化寺大殿和普贤阁，也可能将金建误作辽建。这类的错误，将来一定还会发现的。此外缺点还很多，这几个只是其中最突出的而已。

解放后不久，中国科学院编译局曾建议付印，我因它缺点严重，没有同意，现在同意用油印的形式印出，仅是作为一种搜集在一起的“原始资料”，供给这次听讲的，已经有了一定的马列主义理论基础的同志们把它当作一部“古人写的古书”，来批判参考之用。原稿本有插图，因限于条件，未能一并印出，也是很大缺憾。

尽管这部稿子写得很不好，它仍然是一部集体劳动的果实。绝大部分资料都是当时中国营造学社的研究人员和工作同志的实地调查、测绘的成果。在编写的过程中，林徽因、莫宗江、卢绳三位同志都给了我很大的帮助，林徽因同志除了对辽、宋的文献部分负责搜集资料并执笔外，全稿都经过她校阅补充。精美的插图都出自莫宗江同志的妙笔，可惜在这油印本中不能与读者见面，卢绳同志在元、明、清的文献资料搜集和初步整理上费了不少气力。

在这次讲课的同时，我仍将努力将讲义编出，希望能写出一部比较正确的中国建筑发展的简史，届时将要恳求同志们毫不吝啬地给予指正和批评。

梁思成

1954年1月

附文：读乐嘉藻《中国建筑史》辟谬

回忆十年前在费城彭大建筑学院初始研究中国建筑以来，我对于中国建筑的史料，尤其是以中国建筑命题的专著搜求的结果，是如何地失望；后来在欧美许多大图书馆，继续地搜求，却是关于中国建筑的著作究如凤毛麟角，而以“史”命题的更未得见。近二三年间，伊东忠太在东洋史讲座中所讲的《支那建筑史》，和喜瑞仁（Osvald Siren）中国古代美术史中第四册《建筑》，可以说是中国建筑史之最初出现于世者。伊东的书止于六朝，是间接由关于建筑的文字或绘刻一类的材料中考证出来的，还未讲到真正中国建筑实物的研究，可以说精彩部分还未出来。喜瑞仁虽有简略的史录，有许多地方的确能令洋人中之没有建筑智识者开广见闻，但是他既非建筑家，又非汉学家，所以对于中国建筑的结构制度和历史演变都缺乏深切了解。现在洋人们谈起中国建筑来，都还不免隔靴搔痒。

十年了，整整十年，我每日所寻觅的中国学者所著的中国建筑史，竟无音信。数月前忽得一部题名《中国建筑史》的专书，乐嘉藻先生新近出版的三册，这无疑的是中国学术界空前的创举。以研究中国建筑为终身志愿的人，等了十年之久，忽然得到这样一部书，那不得像饿虎得了麋鹿一般，狂喜地大嚼。岂知……

我希望我只须客客气气地说声失望，这篇书评也就省了。但是我不能如此简单的办，因为对于专门的著作，尤其是标题如此严肃的《中国建筑史》，感到有良心上的责任。

外国人讲我们的东西而没有讲到家的，我们都不应该放松，应该起来辩驳它或纠正它，或是自己卷起袖子来做他们所未能做到的。现在无端来一部如此标题的专著，而由专业眼光看去，连一部专书最低的几个条件都没有做到。在这东西学者众目昭彰之下，我们不能不费些时间来批评他，不然却太损中国人治学的脸面。

最简单的讲来，这部书既称为"'中国''建筑''史'"了，那么我们至少要读到他用若干中国各处现存的实物材料和文籍记载，专述中国建筑事项循年代次序赓续的活动，标明或分析各地方时代的特征，相当地给我们每时代其他历史背景，如政治、宗教、经济、科学等等所以影响这时代建筑造成其特征的。然后或比较各时代的总成绩，或以现代眼光察其部分结构上演变，论其强弱优劣。然后庶几可名称其实。

乐先生这部书非但不是这么一回事，并且有几章根本就没有"史"的痕迹，而是他个人对于建筑上各种设计的意见。如第一章后半"庭园"，他并没有叙述由文献或实例上所得知道的古今庭园是若何，却只说老太太爱在院内种葵花、玉米、黄瓜、蚕豆……年青人爱种花，谁有金鱼缸，等等，又说"庭园应以……宜有……可以……须较……"整整三十八页，而在绪论中却再三声明其为"属历史一方面"，这岂非指鹿为马？绪论中同时又说这是"专取一部分研究"，"一部分"是"一部分"，"研究"是"研究"，何能谓之"史"？

更有令人不解的，除去是否"史"的问题外，就是乐先生章节之分配。为什么把屋盖与庭园放在一章？如屋盖是中国建筑之一部分，为什么乐老先生只研究屋盖部分而不研究其他部分如梁、柱、台基、墙、斗栱、门窗装修等等？而庭园，据乐先生自已说，是一种“特别之建筑装饰”（这是什么意思先不讲），又为何与建筑“一部分”——屋盖——同一章呢？

如果庭园是特别之建筑“装饰”，依此原则，则宫苑、民居、官衙、寺观、城市都成为“特别之建筑装饰”，那么请问建筑之本身又是什么呢？

名称与章节既如上述的令人不解，现在我们单取其中几个普通的例，一探书的本质。

第一编第七页论屋盖之曲线，先生说，“清代曲线，应载于《工部工程作法》中，余现手底无是书，故不能举”。请问这是正正经经说的还是当笑话说的？中国四千年遗留下来的古籍中，关于建筑术的专书，只有宋《营造法式》和清《工部工程做法》两书存在；而研究四十余年，著中国建筑史的人竟能“手底无是书”已属奇怪，因此“故不能举”，更属奇怪；这岂是著书立说的人所应有的态度？何不一张白纸，正中间一行楷书，“中国建筑史”，下写“现因手底无参考书，故不能举”，最为简洁了当？

第一编后半关于庭园的历史或与史微有关系的纪录，则有第十页“周制，皋门之内，应门之外，有三槐”一段；有“鉏麑触槐而死”的故事，和其他两三处类似的史料。应门外的三槐，固然是当时的制度。至于赵盾院内有一株槐树，有甚稀奇？何必大惊小怪引为史证？北方的槐树比北平街上的野狗还多；赵宅院内有一株槐树，不要说不足为史证，况且何必要证？证又何益？若连这都要大书特书，则我可以告诉乐先生，晋灵公家里有女人，有厨子，厨子有手，因为“宰夫胹熊蹯不熟，杀之……使妇人载以过朝，赵盾士季见其手……”如此做法，则全部《四库全书》都成了建筑史了。乐先生对于史料之选择及应用是如此。至于他对于中国建筑之构造术之了解，则又何如？再举屋盖为例：他说“……屋盖上之曲线，其初乃原因于技术与材料上之弱点而成之病象……其后乃将错就错，利用之以为美，而翘边与翘角，则又其自然之结果耳”。这是乐先生对中国屋顶之演变唯一的解释，若是先生必作如是见解，至少也请老先生拿出一点有力的证据来。翘边翘角又怎么“是其自然之结果”，我们也愿意明白。无论它是结构上有许多极巧合的牵制所使然的，抑或是因美观上或实用上所需要，在合乎结构原则之下而成功的，它绝对不是如乐先生所说那样神乎其神的“将错就错”哲学的“自然结果”。

第二编十四页说“斗即斗栱在檐下者也，此亭上装饰之可考者也……”，凡是对中国建筑术稍有认识的人，都知道斗栱是中国宫室构架中最重要的有机能部分，而不是装饰；凡是对于中国建筑在史的方面稍有认识的人，都知道中国各代建筑不同之特征，在斗栱之构造、大小、及权衡上最为显著。斗栱在中国建筑上所占的位置，尤其是研究各时代结构演变经过和形成外观特征上如此重要，而乐老先生对它，只有不满一行的论说，其书之价值亦可想见矣。

建筑是一种造型美术（Plastic Art），所以研究建筑的人，对于它形状的观审必须精慎。第二编中一大部分是塔之讨论。按其形状，乐先生将塔分为许多种，并举实物为例，这是很好的态度。但是乐先生的观察，似乎尚欠准确。例如嵩山嵩岳寺塔，乐先生说是圆的，图也画成圆的，但是关野贞等《支那建筑史》内照片极清楚是多角的，而评解中也说是十二角的。这是因为看不清楚所致的错误，难道老先生的眼镜需要重配了吗？

锦县的古塔，老先生也说是圆的。假使这“古塔”是指城内广济寺的塔说，则其平面是八角的。我自己去摄影并写生过。但是这塔的上部，因为檐层已毁，棱角消失，看来确是不规则的圆锥一个。若称此为圆塔，则几千年后，全中国的塔，无论八角、四角、五角、三角的，都要变成圆塔了。在这里我想责备先生的眼镜也不能了。

至于乐先生对于古建筑年代之鉴别力，即就塔中取一个例，第一条：

“北魏兴和时建，今之真定临济寺青塔，六方直筒形，狭檐密层。临济宗尚在后，寺名当是后世所改。”

在这寥寥数字中，除去可证明先生对建筑年代之无鉴别力外，更暴露两个大弱点：（一）读书不慎；（二）观察不慎。换言之——浮躁。县志卷十五第四页说：“临济寺，北魏兴和二年建，在城东南二里许临济村。唐咸通八年，寺僧义元有道行，圆寂后，建塔葬之，遂移寺建于城内。金大定二十五年，元至正三年重修……”

北魏之寺在城外，今之寺在城内，今寺之非魏寺，固甚明显。且塔之建既在咸通八年，又哪得来魏塔？即使有魏塔，也只应在城外，不应在城内。志既有金元重修的记录，在形制方面看来，其清秀的轮廓和斗栱之分布、雕饰之配置、命题和雕法，与其他金代砖塔极相似。我自己详细研究过的，临济寺青塔外（见《中国营造学社汇刊》四卷二期）尚有赵县柏林寺真际禅师塔，也是金大定间建，形制差不多完全相同，其为金建无疑。这还是由学问方面着眼。在常识方面，则塔乃临济宗始祖义元禅师的墓塔；“北魏的义元塔”，直是一部宋版康熙字典，岂止“寺名当在后世所改”哉？至于八角看成六角，独其余事耳。

此外所举多条的塔的年代，我未得逐条去校查，以我所知约有三分之一以上已是的确错误的。假使老先生对于建筑的年代稍识之无，就是读书时更忽略一点，也不至有这种的错误。

关于桥的历史，尚没有多少人研究过。但是武断如第二编二十七页所说“唐时巨川，虽无起拱之桥……”一类的话，是须有证据才可说的。鼎鼎大名的赵州大石桥，乃隋匠李春所造。一个单券长四十公尺（约十二丈），正可以证明乐老先生这句话，如同他许多别的话一样，是无所根据，不负责任的。

至于“北海叠翠桥建于辽，卢沟桥建于金，玉蛛桥建于元”，若就桥初建的年代说，的确不错，但若谓为“古代之桥今可得见者”，则完全错误。北海两桥，不要说明清修改已有详细的记录，单就形制而论，其券面之砌法、券顶兽面之刀法、桥檐的枭混、栏杆之雕刻，无一而非明以后的标准“官式”做法。著中国建筑史的人岂可连这一点的认识都没有？至于鼎鼎大名的卢沟桥，则：

“康熙元年，桥圮东西十二丈，重修……雍正十年重修桥面。乾隆十七年，重修券面、狮柱、石栏。五十年重修桥面东西两陲，加长石道……”

请问经过这种重修之后，“古代之桥，今可得见”的部分，还有多少？

第二编下，是“仿欧人就用途上分类”的：城市、宫殿、明堂、园林、庙寺观，是老先生分的类。这里所谓“欧人”，不知是欧洲的哪一个人？什么是“城市”？城市就是若干“宫殿、明堂、园林、庙寺观”等等合起来而成的。乐老先生说，“世界所谓建筑，皆就一所建筑物而言，然论中国建筑，则有时须合城市论之……”请问这“世界”是谁的世界？“世界”现代的建筑家和现在的建筑学校，有只“就一所建筑物而言”，而不“合城市而论之”的吗？古代的雅典、罗马、帕尔密拉、斯帕拉陀等等；近代大火后之伦敦、巴黎之若干部分，新大陆整个的大都市如华盛顿、纽约、费城及其他，“皆选定区域，合城市宫室作大规模之计划，而卒依其计划而实现者也。”若要畅谈“世界”，至少也须知晓世界大势，不然则其世界，只是他一个人的世界罢了。

论完世界大势之后，乐老先生将“都城之规制”，自“周之东都”，以至“清人入关，都于北京”，数千年的沿革，一气呵成。宫室制度，亦自周始至清，赓续的叙述，在此书中的确是罕贵的几段“史”。然而自周初至今，三千余年，仅仅二三千字，先生虽自谓为“大略”，不怕读者嫌其“太略”？

苑囿园林一节，未能将历代之苑囿园林，如城市宫室之叙述出来。其中一段只将汉唐以来的苑囿名称罗列，而未能记其历代活动之体相，尤嫌其太略，尚不如“都城”“宫室”两节。对于清代园囿建造之年代，老先生也如对于塔的年代一样的不清楚。例如“康熙有畅春园，清华园……”之句，不知乐先生何所据而作此论？近数月来专心研究圆明园史料的刘敦桢先生说，畅春园乃明李伟清华园故址，康熙并未另营清华园。又如“圆明园内之小有天，仿西湖汪氏”，案小有天在圆明园北路武陵春色，乐先生的话出处不详，恐怕尚待考罢。这不过是一两个例而已。

中国历代建筑遗物，以祠庙寺观为最多；古代建筑之精华，多赖寺观得以保存下来。在这调查工作刚刚开始、遗物实例极端稀少的时候，在一部《中国建筑史》中，现在已经学者们测绘研究过有限的几处辽宋金元遗物，每处至少也值得一页半页的篇幅；庙寺观全节，至少也须享受数十页，乃至更多的记述，才算对得住我们手造这些杰作的先哲。而此书之对庙寺观，只是寥寥数语，不满两页，将古代实物十分之九，如此轻轻撇开，还讲什么中国建筑史！

第三编则为“关于建筑之文”三篇，分论中国建筑之美、仿古及保存三问题。关于建筑的哲学，犹其他抽象问题，辩论是无止境的。但是在“美”和“仿古”两问题上，有几句不能不说的话，现在合在一起讨论。

建筑之三要素：合用、坚固、美观，已是现代建筑界所公认。三者之中，美的问题，最难下定论。不过合用而且坚固，我们可以说是一座美好的建筑所必须有的先决条件。要创造新的中国建筑，若不从实用和坚固上下手，而徒事于“轮廓、装饰、色彩”的摹仿——盲从，则中国建筑的前途，岂堪设想！

“北平旧建筑保存意见书”是第三篇中最后一文。文中提议将北平古建筑若干部分拆毁。建设新都市，诚然有时不能不牺牲多少的古物。但是都市设计中的杰作如地安门、西安门、中华门及各牌楼等，乐先生竟说“皆宜撤去，以求交通上之便利”。北平道路宽大，房舍稀松，大街均整齐地通南北东西，极少有不便交通的地方，须要撤去极堂皇的大座建筑物的。更不用说那地安门、西安门等本身便是都市中不可少的点缀。假使法国有个老头子，提议把巴黎的凯旋门、圣典尼斯门、刚哥广场水池等等，一概“撤去，以求交通上之便利”，那老头子脑部的健康，恐怕就有问题了。

第三册整本是图，在今日制建筑图，丁字尺和鸭嘴笔较毛笔方便。即使用毛笔，亦须准确，不能徒然写意，尤其是建筑的部分。如二编上附图三十，平坐斗栱，竟用皴笔涂绘如同团絮；又如图三十一，檐及屋顶，竟放在鸟巢上，原来也算是斗栱；图三十二，却又将檐下斗栱画成曲纹，如折扇联置，其与实物之肖似程度，还远不如一张最劣的界画。至于平面图，只能算许多方格。现代工程界有几种公认的方法，符号和标识，制图人应先稍事认识，以便采用。不然，中国旧法木匠们，也有他们的符号标识，也可采用的。

总而言之，此书的著者，既不知建筑，又不知史，著成多篇无系统的散文，而名之曰“建筑史”。假若其书名为“某某建筑笔记”，或“某某建筑论文集”，则无论他说什么，也与任何人无关。但是正在这东西许多学者，如伊东、关野、鲍希曼等人，正竭其毕生精力来研究中国建筑的时候，国内多少新起的建筑师正在建造“国式”建筑的时候，忽然出现了这样一部东西，至自标为“中国建筑‘史’”，诚如先生自己所虑，“招外人之讥笑”，所以不能不说这一篇话。

二十三年二月二十五日 北平

（原载1934年3月3日《大公报》第十二版，

《文艺副刊》第六十四期）